RESEARCH ON PUBLIC-RENTAL HOUSING
CONSTRUCTION WITH PUBLIC-PRIVATE
PARTNERSHIP MODEL

公共租赁住房的
政府与社会资本合作(PPP)建设模式研究

马世昌　黄卫根　著

北京理工大学出版社
BEIJING INSTITUTE OF TECHNOLOGY PRESS

版权专有 侵权必究

图书在版编目（CIP）数据

公共租赁住房的政府与社会资本合作（PPP）建设模式研究 / 马世昌，黄卫根著 . —北京：北京理工大学出版社，2019.10
ISBN 978 - 7 - 5682 - 8012 - 9

Ⅰ. ①公… Ⅱ. ①马…②黄… Ⅲ. ①政府投资 - 合作 - 社会资本 - 应用 - 住宅建设 - 研究 - 中国 Ⅳ. ①F299.233.5

中国版本图书馆 CIP 数据核字（2019）第 285036 号

出版发行 /	北京理工大学出版社有限责任公司
社 址 /	北京市海淀区中关村南大街 5 号
邮 编 /	100081
电 话 /	（010）68914775（总编室）
	（010）82562903（教材售后服务热线）
	（010）68948351（其他图书服务热线）
网 址 /	http：//www.bitpress.com.cn
经 销 /	全国各地新华书店
印 刷 /	保定市中画美凯印刷有限公司
开 本 /	710 毫米 × 1000 毫米 1/16
印 张 /	13.25
字 数 /	217 千字
版 次 /	2019 年 10 月第 1 版 2019 年 10 月第 1 次印刷
定 价 /	58.00 元
责任编辑 /	刘兴春
文案编辑 /	李丁一
责任校对 /	周瑞红
责任印制 /	李志强

图书出现印装质量问题，请拨打售后服务热线，本社负责调换

序

　　安居乐业是人民美好生活需要的重要组成部分，住有所居是人民美好生活的基础和根本。早在两千多年前，墨子就提出"食必常饱，然后求美；衣必常暖，然后求丽；居必常安，然后求乐"的观点，唐代大诗人杜甫更是疾呼"安得广厦千万间，大庇天下寒士俱欢颜"。古往今来，住房问题都是关系到全体人民福祉的重大民生问题。

　　在世界范围内，保障性住房是中低收入阶层的安身立命之本。本人长期以来关注和研究房地产尤其是保障性住房领域。2006年以来，本人遍历美国、英国、德国、日本、新加坡等全球主要发达国家，近距离接触住房保障群体，亲身经历住房市场的浪潮起伏，考察了不同的住房保障模式，也大量走访了国内不同层面的住房保障部门，深感住房保障责任之重，保障性住房资金之巨、缺口之大。固然，政府承担有社会保障之基本职能，但倘若完全依靠政府财政支出，实现"幼有所育、学有所教、劳有所得、病有所医、老有所养、住有所居"仍是困难重重的。在这样的背景下，政府与社会资本合作，共同建设基础设施、提供公共服务，成了公共服务资金短缺的有效解决方案，PPP模式便应运而生。2013年7月31日，国务院常务会议提出"要利用特许经营、投资补助、政府购买服务等方式吸引民间资本参与经营性项目建设与运营"，这被学界和业界视为PPP模式开启的信号。2015年，PPP模式得到空前应用和发展，被称为"PPP元年"。

　　我的博士研究生马世昌早在2011年就开始关注和研究保障性住房的融资问题，在"PPP元年"开启前的2014年，他就完成了博士论文《公共租赁住房BOT特许经营契约设计研究》，表现出了较强的学术前瞻性和社会责任感。但是，在国内近年来大力推广PPP模式的过程中，出现了鱼龙混杂、牛骥同皂的不堪局面，国家发展和改革委员会、财政部等主管部门因而陆续推出了一系列规范PPP健康发展的制度文件，很多行业被明确定性为不适于采用PPP模式建设，一些相关项目被紧急叫停。然而，大浪淘沙，潮水退去后我们看到，保障性住房尤其是公共租赁住房PPP建设模式的可行性不仅毫无动摇,反而更加坚定且必要,表现出了马世昌较准确的学术判断力。因此,考虑到近几年PPP学界和业界涌现了一些新成果和新进展,我建议马世昌在过往研究的基础上进一步深化和完善,本书因此而得以出版问世。

我推荐大家阅读本书,更欢迎您与我们的研究团队沟通交流,讨论会让我们越来越接近真相。

罗孝玲

2019年10月12日于洛杉矶

自 序

保障性安居工程是党和国家保障重视人民群众住房权益、保障人民群众住房权益的重要举措,其中公共租赁住房是保障性住房体系中的重要组成部分。在保障性住房面临巨大的建设资金缺口和近年来国家鼓励、规范发展政府与社会资本合作(PPP)模式的宏观背景下,采用以BOT模式为代表的PPP模式来建设公共租赁住房成为一种可行的解决方案。

提供公共租赁住房是政府向社会提供公共产品和服务的基本职能,而与传统方式不同的是,政府采用PPP模式可以将自己的基本职责通过市场化的方式交予社会资本建设和管理,这就不得不涉及政府与市场的边界问题,这也是亚当·斯密、凯恩斯、弗里德曼、哈耶克、布坎南、奥尔森等经济学家一百多年来孜孜不倦探讨和争论的焦点。著名经济学家周其仁教授曾在纪念中国改革开放30周年的讲话中提出一个悖论性难题:"要求合法强制力提供产权界定的公共服务,但社会怎样约束、监督合法强制力不被滥用、私用,从而导致产权界定过程变歪,远离普遍的、原则面前人人平等的权利承认和保障体系呢?"周其仁教授所提出的解决方案是制度和契约,这也是布坎南、科斯、斯蒂格·利茨等新制度经济学家所强调的。基于此,本书以契约理论为指导,以公租房BOT项目合约设计及履约问题为着眼点,研究公租房的PPP模式构建,为政府和社会资本共同建设管理保障性住房提供指导,为破解以公租房为核心的保障性住房体系的融资难题提供可行依据。

本书共包括8个章节,第1章为绪论,第2章为特许经营理论与PPP模式概述,第3章为采用PPP模式建设公租房的必要性和可行性分析,第4章为公共租赁住房BOT模式的价格问题,第5章为公共租赁住房BOT模式的特许经营期限问题,第6章为公共租赁住房PPP模式的政府行为问题,第7章为基于长沙市椰梨公租房的案例研究,第8章为结论与展望。本书的前6章内容主要由马世昌完成,第7章案例部分以及本书中所涉及的大量的有关数据和政策更新部分,主要由中国电力建设集团有限公司黄卫根博士完成。在二人的通力配合下，本书才得以定稿出版。

借本书出版的机会，我要对我提供无私帮助的各位老师朋友表示衷心感谢，这些无私的帮助并不仅仅体现在本书的撰写出版过程中，更是在自己过去十几年的求学生涯当中，在自己当前工作的每一天当中。我要感谢我的博士生导师、中南大学罗孝玲教授对我的悉心指导和培养，感谢我的博士后合作导师、北京大学吴晓磊教授对我的无私帮助和指引，感谢北京建筑大学经济与管理工程学院姜军院长、周霞副院长和秦颖副院长对我工作的鼎力支持与包容，感谢北京理工大学出版社在本书付梓出版过程中付出的艰辛努力。感谢北京市自然科学基金青年项目（编号：9184021）对本书出版的支持。最后要感谢自己因工作繁忙而疏于关照的妻子给予我的理解和无条件支持，妻子和女儿的爱是我前进的永恒动力。

需要声明的是，本书是作者在 PPP 模式研究领域的阶段性成果，均代表作者本人的观点。由于作者在学识、认知等方面的不足，本书难免有纰漏甚至错误之处，敬请各位读者批评指正。

马世昌

2019 年 5 月 18 日于北京建筑大学

目 录

第1章 绪论 ··· 1
1.1 研究背景与意义 ··· 1
1.1.1 研究背景 ·· 1
1.1.2 研究意义 ·· 3
1.2 文献综述 ··· 4
1.2.1 保障房融资的文献综述 ······································ 4
1.2.2 PPP模式的文献综述 ·· 8
1.3 研究内容与方法 ·· 11
1.3.1 研究内容 ··· 11
1.3.2 研究方法 ··· 12

第2章 特许经营理论与PPP模式概述 ······························ 14
2.1 特许经营理论概述 ··· 14
2.1.1 特许经营权和特许经营权竞标理论概述 ··················· 14
2.1.2 特许经营权竞标理论的基本内容 ··························· 15
2.1.3 对特许经营竞标理论的争论 ································ 16
2.2 PPP模式概述 ·· 18
2.2.1 PPP模式的含义与特征 ····································· 18
2.2.2 PPP模式的优点 ··· 20
2.2.3 PPP模式的分类 ··· 22
2.2.4 PPP模式的施行意义与政策演进 ·························· 24
2.2.5 PPP模式在我国的应用发展 ······························· 25
2.3 PPP项目的成功与失败案例 ······································ 26
2.3.1 成功案例1：马来西亚南北高速公路项目 ················ 26
2.3.2 成功案例2：广西来宾B电厂项目 ······················· 27

2.3.3 失败案例1：日本 Taraso Fukuoka 项目 …………………… 28
2.3.4 失败案例2：英法海底隧道项目 ……………………………… 29
2.3.5 经验与教训总结 ………………………………………………… 30

第3章 采用 PPP 模式建设公租房的必要性与可行性分析 … 33

3.1 国外保障性住房融资建设经验 …………………………………… 33
3.1.1 新加坡集合民间资本的中央公积金制度 ……………………… 33
3.1.2 美国社会资本以市场化方式参与保障房 ……………………… 34
3.1.3 英国的私人主动融资（PFI）模式 …………………………… 35
3.1.4 国外经验与启示 ………………………………………………… 37

3.2 公租房建设采用 PPP 模式的现实必要性 ……………………… 37
3.2.1 保障房建设的资金需求分析 …………………………………… 38
3.2.2 保障房建设的资金供给分析 …………………………………… 38
3.2.3 保障性住房建设的融资特点 …………………………………… 40

3.3 保障性住房建设采用 PPP 模式的现实可行性 ………………… 41
3.3.1 政策可行性 ……………………………………………………… 41
3.3.2 客观条件可行性 ………………………………………………… 42

3.4 公租房 PPP 建设模式的理论论证 ……………………………… 43
3.4.1 比较模型的建立 ………………………………………………… 44
3.4.2 信息对称情形下的模型分析 …………………………………… 46
3.4.3 信息不对称情形下的模型分析 ………………………………… 48
3.4.4 价格管制情形 …………………………………………………… 59

3.5 公租房 PPP 模式的选择与构建——BOT 模式 ………………… 61

第4章 公共租赁住房 BOT 模式的价格问题 ……………… 64

4.1 基于社会保障的公租房实际租金定价 …………………………… 66
4.1.1 国内外实践与经验 ……………………………………………… 66
4.1.2 实际租金的定价思路 …………………………………………… 68
4.1.3 基于剩余收入法的基础租金确定 ……………………………… 69
4.1.4 基于区位因素和特征价格模型的租金修正 …………………… 71
4.1.5 梯度公租房租金标准制定 ……………………………………… 74

4.2 基于特许经营的公租房名义租金定价 …………………………… 75
4.2.1 特许经营产品定价概述 ………………………………………… 75
4.2.2 公租房特许经营价格定价模型 ………………………………… 76

4.3 基于调节基金制度的 BOT 模式公租房租金调整机制 ………… 79
   4.3.1 其他行业 BOT 项目价格调整 ………………………… 80
   4.3.2 BOT 模式公租房租金调整的原则 …………………… 82
   4.3.3 BOT 模式公租房租金的动态调整模型 ……………… 84
   4.3.4 BOT 模式公租房调节基金制度 ……………………… 88

第 5 章　公共租赁住房 BOT 模式的特许经营期限问题 ………… 91

5.1 引子 ………………………………………………………………… 91
5.2 固定特许经营期限决策支持系统 ……………………………… 93
   5.2.1 决策支持系统的构建思路 …………………………… 94
   5.2.2 模型准备 ………………………………………………… 95
   5.2.3 基于蒙特卡洛模拟的决策支持系统建立 …………… 98
5.3 基于 LPVR 模型的弹性特许经营期限设计 ………………… 103
   5.3.1 弹性特许经营期限的引入 …………………………… 103
   5.3.2 公租房 BOT 项目 LPVR 模型构建 ………………… 106
   5.3.3 公租房 BOT 项目弹性特许权期模式 ……………… 109
5.4 租金与特许经营期限的互动关系与契约实践模式 ………… 114
   5.4.1 固定特许经营期限下的租金动态调整契约模式 …… 115
   5.4.2 固定租金标准下的弹性特许经营期限契约模式 …… 117
   5.4.3 弹性特许经营期限下的灵活租金标准契约模式 …… 118

第 6 章　公共租赁住房 PPP 模式的政府行为问题 ……………… 120

6.1 不完全契约与政府非理性行为 ………………………………… 120
6.2 公租房 PPP 模式的政府保证过度 …………………………… 121
   6.2.1 公租房 PPP 模式政府保证的基本概念及内涵 …… 121
   6.2.2 公租房 PPP 项目的政府保证过度现状及风险 …… 123
   6.2.3 公租房 PPP 政府保证过度的规避 ………………… 125
6.3 公租房 PPP 模式的政府规制俘获 …………………………… 126
   6.3.1 政府俘获的内涵 ……………………………………… 127
   6.3.2 基本模型 ……………………………………………… 128
   6.3.3 政府俘获不发生的情形 ……………………………… 131
   6.3.4 政府俘获发生的情形 ………………………………… 134
6.4 PPP 模式下公租房建设工期的政府激励 …………………… 135
   6.4.1 工期激励模型建立 …………………………………… 136

6.4.2 施工效率可观测的最优工期激励 …… 140
6.4.3 施工效率不可观测的最优工期激励 …… 142

第7章 基于长沙市榔梨公租房项目的案例研究 …… 146
7.1 项目简介 …… 146
7.2 实际租金的定价 …… 148
    7.2.1 基础租金的计算 …… 148
    7.2.2 基于区位因素和特征价格模型的租金修正 …… 149
    7.2.3 梯度公租房租金标准制定 …… 150
7.3 名义租金的定价 …… 151
    7.3.1 实证结果 …… 151
    7.3.2 关于公租房租住率的分析 …… 152
    7.3.3 关于项目公司期望收益率与折现率的分析 …… 155
    7.3.4 关于特许经营期限的分析 …… 157
    7.3.5 其他参数的分析 …… 158
7.4 特许经营期限的确定 …… 159
    7.4.1 仿真结果 …… 159
    7.4.2 最优特许经营期限 …… 161
    7.4.3 纳入风险信心水平的分析 …… 163

第8章 结论与展望 …… 165
8.1 研究结论 …… 165
8.2 研究展望 …… 167

附录1 2014—2019年4月PPP政策梳理 …… 169

附录2 公共租赁住房定价问题的调查问卷 …… 183

附录3 特许经营期限研究中的调查问卷 …… 187

参考文献 …… 190

第 1 章

绪 论

1.1 研究背景与意义

1.1.1 研究背景

住有所居是人类生存的必要条件,享有住宅是一项基本人权。然而,自 2004 年开始,我国商品性住房价格出现持续上涨,与此同时,由于收入分配机制尚未及时改革,拥有住房成了普通家庭尤其是中低收入家庭所面临的最大困难。在这样的背景下,为了改善城市中低收入居民的居住条件,国务院于 2007 年 8 月 7 日发布了《关于解决城市低收入家庭住房困难的若干意见》(国发〔2007〕24 号文),标志着保障性安居工程正式启动。

党和国家高度重视住房保障问题,2013 年 10 月,中共中央总书记习近平同志重申了保障性住房的重要性,强调加快推进住房保障和供应体系建设是满足群众基本住房需求、实现全体人民住有所居目标的重要任务,是促进社会公平正义、保证人民群众共享改革发展成果的必然要求。习近平总书记指出:"加快推进住房保障和供应体系建设,要处理好政府提供公共服务和市场化的关系、住房发展的经济功能和社会功能的关系、需要和可能的关系、住房保障和防止福利陷阱的关系。只有坚持市场化改革方向,才能充分激发市场活力,满足多层次住房需求。"2016 年 2 月,习近平总书记再次就保障性住房建设作出指示:"保障和改善民生没有终点,只有连续不断的新起点,要采取针对性更强、覆盖面更大、作用更直接、效果更明显的举措,实实在在帮群众解难题、为群众增福祉、让群众享公平。要从实际出发,集中力量做好普惠性、基础性、兜底性民生建设,不断提高公共服务共建能力和共享水平，织密扎牢托底的民生保障网、消除隐患，确保人民群众安居乐业、社会秩序安定有序。"

保障性住房建设工程肩负着改善民生、促进社会和谐稳定的重任，自开工以来，建设完成数量和建设目标规模不断翻番，"十一五"期间，通过以廉租房、公租房、经济适用房为主要形式的保障性住房建设，初步形成了"低端有保障，中端有支持"的住房保障体系框架，解决了360万户城镇中低收入家庭和1140万户低收入家庭的住房困难；"十二五"期间，我国保障性住房的覆盖率大幅提升到20%以上；"十三五"期间，我国将继续实施城镇保障性安居工程，计划开工改造各类保障性住房2000万套。

然而，数量庞大的保障房建设项目，一直面临着巨大的资金压力。资金的短缺严重地阻碍了保障性住房的建设，自2009年以来，几乎每年保障性住房的资金缺口都超过了1000亿元。能否有效地拓宽保障性住房建设的资金来源，保证保障性住房资金的可持续投入，是我国将要长期面对的严峻考验。

当前，保障性住房的资金来源主要有各级财政拨款、土地出让金净收益、住房公积金增值收益、各类住房及配套商业地产租售收入和社会捐赠等。但是，如前所述，所有的这些资金供给渠道都不能满足保障性住房建设的融资需求。因此，仅仅依靠地方政府的财力是不可能的，政府大包大揽模式也不是一个能保证较高效率的好模式，必须积极引导、拉动社会资金的参与，才能顺利实现保障性住房的建设目标。在这样的背景下，引入民间资本和私人资本建设保障性住房显得非常有必要。而且，中央和各级政府也在积极鼓励民间资本参与保障性住房等民生体系的建设，在2010年下发的《国务院关于鼓励和引导民间投资健康发展的若干意见》（国发〔2010〕13号文）中，明确提出"鼓励和引导民间资本进入市政公用事业和政策性住房建设领域"，"鼓励民间资本参与政策性住房建设。支持和引导民间资本投资建设经济适用住房、公共租赁住房等政策性住房，参与棚户区改造，享受相应的政策性住房建设政策"。自此，利用社会资本建设保障性住房在法律和政策上变得可行。

保障性住房体系，一般而言，包括经济适用房、两限房（限房价、限套型普通商品住房）、廉租住房、公共租赁住房和棚户区改造等类别。关于保障性住房引入民间资本的理论研究，著名财经专家、财政部财政科学研究所原所长贾康，财政部财政科学研究所孙洁研究员提出了不同类别的保障性住房应当采取不同形式的政府与社会资本合作模式（PPP，Public Private Partnership），他们认为：经济适用房和两限房当前并不存在较大的资金缺口，如果引入民间资本可以考虑 REITs 房地产信托投资基金 Real Estate Investment Trust（REIT）等方式；廉租住房的建设可采用三种模式——BT（建设—移交，Build-Transfer，BT）模式、政府和房地产商合作通过土地平台开发的模式、政府按揭模式；公租房相对于廉租房有一定的现金流量，应采用 BOT 模式（Build-Operate-Transfer，BOT）。此外，对于现存的私有房产可采用与私人持有者合作的模式，将其转化为公共租赁住房。

本书重点关注公共租赁住房的融资和建设问题，应用以 BOT 模式为典型代表的 PPP 模式来建设公共租赁住房在国内已有先例，如北京回龙观限价房项目、深圳市龙珠八路西保障性住房项目、青岛市黄岛区辛安公共租赁住房项目等。BOT 特许经营权是现代合同式管制的主要实现方式，但机制设计和政府管制体制重建是其所面临的重要问题。前一个问题涉及如何确定资本回报率，后一个问题涉及政府承诺的可信度。基于这样的考虑，本书拟以契约理论为指导，以公共租赁住房（以下简称公租房）BOT 项目合约设计及履约问题为着眼点，研究公租房的 PPP 模式构建，为政府和社会资本共同建设管理保障性住房提供指导，为破解以公租房为核心的保障性住房体系的融资难题提供可行依据。

1.1.2 研究意义

在理论层面，一方面，本书的研究可以深化特许经营理论，以公租房 BOT 特许经营为切入点，能够切实解决公租房 PPP 模式建设管理过程中的若干关键问题，更深入地解决 PPP 特许经营中的理论问题。另一方面，本书的研究可以深化公共设施建设的民间资本参与理论。近年来随着市场化经济体制的改革，民间参与基础设施、公共设施建设成为实践和理论研究的热点，本书的研究将丰富社会资本发展理论。此外，本书在研究当中依据特许经营产品（公租房）的多重属性，将其定价进行了区分且分别定价，此项研究丰富了公共租赁住房和特许经营产品定价理论。

在现实实践层面，本书的研究可以为公租房项目 PPP 特许经营的规范化、科学化、合理化提供帮助，为社会资本参与保障性住房建设提供可行的路径，切实解决公租房建设的资金短缺问题。在地方政府财政困境约束和政府对住房保障的民生福祉关怀的双重压力下，借助社会资本完成保障性住房建设是一条切实可行的路径。然而，从近年来的 PPP 实践来看，民间资本参加保障性住房建设管理的范围、模式和具体运作尚处于探索阶段。无论是政府还是社会资本方，由于在决策阶段所存在盲目性，所签订的PPP特许经营协议缺乏科学合理的决策方法,极易导致项目失败。本书研究了在公租房PPP项目招投标之前,政府和社会资本方双方拟签订的PPP特许经营协议组成要素的合理决策问题,以明确政府和社会资本方的权责,保障政府和社会资本方的利益,保证公租房的如期建设与合理运营。在规范政府与社会资本方合作的背景下,本书的研究过程和结果对于政府和社会资本方开展公租房BOT特许经营都有很强的现实指导意义,对于其他行业引入社会资本也具有很强的参考借鉴意义。

1.2 文献综述

1.2.1 保障房融资的文献综述

1.2.1.1 国外文献综述

早在1919年,英国颁布《住宅法》并针对实施过程中的问题不断修改和完善,最终确立了公共住宅政策,建立了比较完善的公共住宅理论体系。在这以后,各国也针对低收入群体的住房保障问题制定了相关的法律,如新加坡的《建屋与发展法》、美国的《国民住宅法》、日本的《公营住宅法》、德国的《住宅补贴法》等,通过颁布一系列的法律法规明确了住房保障制度的保障标准、保障形式,形成了完善的保障性住房制度,为这些国家执行保障性住房制度提供了相关法律基础和现实依据。与此同时,学术界也针对住房保障制度进行了系统的研究。Quigley和Harsman(2012)通过分析梳理世界各国住房政策,总结出保障性住房政策的四个典型特征:一是保障性住房政策制度难以设计评估;二是保障性住房政策制度与社会、经济政策密不可分;三是住房支出是最大的生活必需品支出;四是保障性住房的相关政策和法规的调整需要比较长的时间。

发达国家由于房地产市场发展较早,因而形成了比较完善的住房保障融资体系,加之金融业的长足发展,出现了很多新型融资手段和工具,如,资产证券化(ABS)、公私合作融资(PPP)、房地产信托、融资租赁、金融贷款等。Noah Kofi Karley、Christine Whitehead(2002)对英国近年来抵押贷款证券化市场进行了分析,认为这种证券化有利于提高资本流动性、形成良好的住房融资体系。吴红宇(2004)介绍了国外公共住房金融支持政策,如美国的住房抵押贷款融资模式、德国的储蓄资金模式、新加坡的中央公积金融资模式、俄罗斯以私有化为目的的转轨模式等。Patricia M. Austin(2008)详细阐述了新西兰保障性住房的PPP融资模式,分析了私企愿意接受合作的条件、面对的机遇及问题。Disney（2017）认为拓展保障性住房的融资渠道，通过引进社会资本来推动保障性住房的发展，比如通过"国家可支付租房奖励的计划"，将民间捐赠的资金集中起来，支付给房东，作为租房者房租补贴的资金，从而达到房东可以获得应有的稳定租金，低收入群体可以获得住房租住。Taffin（2017）阐述了社会和个人租住房的原理理论，并从欧洲国家的实践中进行了证明。

谢宏杰（2008）通过对欧美公共住房政策的比较研究，为我国公共住房建设提出一些启示。殷燕（2012）研究了美国、新加坡、中国香港、德国和日本五个国家（地区）的公共住房建设资金的筹集模式，为我国保障性住房融资模式选择提供参考。谢恒、周雯珺（2012）介绍了美国、加拿大、英国、日本、瑞士等多个国家的保障性住房建设融资方式，对美国的"REITs"融资和德国的"先存后贷"模式给予了认可。总体而言，各个国家在应对公共住房融资问题上都有其独到之处，其中，美国、新加坡的融资模式比较成功，成为众多学者研究的主要对象。

具体来讲，Tyabji（1989）对新加坡保障性住房融资进行了回顾。William（1990）就美国住房金融和保障性住房补助项目进行了具体分析。Michael（1991）阐述了美国税收抵免应用在保障性住房上存在成本高、效率低的缺陷，从而对金融创新支持保障性住房建设提出了质疑。James（1995）探讨了美国联邦政府对保障性住房融资的支持方式，并阐述了私人及公共住房机构的作用，建议对保障性住房建设一些费用进行减免、对非营利开发商的财政支持。Roberto（1997）认为公共住房机构应当像市场上的企业一样将租赁房多元化，更多地吸引私人资本的投入。Charles（2000）将美国从1949年到1999年50年间的保障性住房政策发展分为两个阶段：1949—1973年，尼克松执政期和1974年至1999年；并对此期间三项主要的住房政策——住房抵用券、住房分类财政补贴、保障性住房税收减免进行了具体分析。Douglas（2009）认为布什政府在保障性住房需求上升时期，却减少了对低收入家庭住房的财政补助与金融支持，导致了保障性住房供应不足。自1986年美国税收法案改革以来，保障性住房税收抵免（LIHTC）就成为联邦政府对低收入家庭住房的主要金融支持手段。然而，LIHTC对公共住房的金融支持效力并不是很显著，也受到不少美国学者的质疑。如Stephen（2002）针对LIHTC项目对美国住房供给量的影响，通过构建跨州模型，发现两者之间并不存在显著相关性。Sinai（2005）对低收入家庭进行住房补贴是否会增加住宅存量进行分析，实证结果表明财政补贴确实能提高住房供给，但其促进作用较为有限，政府金融支持一栋房屋的建设对整个市场房屋存量的增加量仅为 1/3～1/2。Nathaniel（2009）承认 LIHTC 项目刺激了保障性住房开发建设量的增加，但同时使得出租房建设量减少。Gregory（2011）的研究发现承租者在 LIHTC 项目中的受益很小，承租者的房租压力往往超过了其工资承受水平。O'Regan（2013）也发现获得 LIHTC 项目的承租者中有超过 40% 是极端贫困的家庭。

1.2.1.2　国内文献综述

早期的保障性住房融资的研究大多停留在传统融资方式上，如詹朝曦（2001）从住房储蓄、住房投资和住房融资三个方面就我国社会保障商品房的融资过程进行了研究，提出了以强制储蓄为主、住房储蓄和互助储蓄为辅的多元化储蓄融资模式。冯宗容（2001）提出建立廉租住房基金，以保证廉租房建设和运作的资金来源。高阳、张静（2003）提到中央和地方政府财政收入的不断提高、住房金融的不断完善为廉租房制度的构建提供了资金保障。刘鹏（2004）认为我国廉租房缺乏制度建设，资金来源过于依赖公积金和政府，并以重庆市为例提出以公共财政为基础设立专项基金，辅以住房公积金、社会福利、捐赠等多个渠道筹集廉租房的建设资金。褚超孚（2005）研究发现我国保障性住房建设缺乏稳定的资金来源渠道，住房公积金存在覆盖面窄、资金大量沉淀、使用率偏低等问题。

2002 年国务院下发了《住房公积金管理条例》，该条例明确了职工缴存的住房公积金属于职工个人所有，然而在很长一段期间，住房公积金的增值收益却成为我国保障性住房建设的主要经济来源。刘清华（2003）对我国住房公积金制度进行了分析，并与国外住房制度进行了比较，认为将住房公积金用于城镇廉租房的补助应该作出调整。王琳（2007）借鉴澳大利亚住房金融制度，认为我国住房公积金应创新贷款品种、贷款政策向中低收入者倾斜，以实现对保障性住房的金融支持。2009 年 10 月，国务院下发《关于利用住房公积金贷款支持保障性住房建设试点工作的实施意见》，这是首个正式将住房公积金纳入保障性住房建设中的官方文件，文件明确提出可将其 50% 以内的住房公积金结余资金贷款支持保障性住房建设。张世涵（2009）对住房公积金支持保障性住房建设项目贷款的必要性和可行性进行了分析，并探讨了其运作的条件和需要解决的问题。吴荫强（2009）通过建立住房公积金投资组合模型，为住房公积金投资增值提供了决策依据。2010 年，住建部全面开展住房公积金支持保障性住房建设的试点工作。戴友英（2011）对以住房公积金支持保障性住房政策的实施背景、面临的问题及对策进行了探讨，建议为该政策建立有力的法律依据，明确职权职责。夏岩松（2011）、徐宁远（2011）对此也有类似的研究，同时他们还建议拓宽政策性住房的融资渠道。车亚君（2012）总结了近两年试点工作的经验，认为应通过成立专门机构进行保障性住房的融资与建设、允许以住房公积金增值收益抵偿欠款等方式改善该政策效果。袁平（2012）针对住房公积金支持保障房建设的金融风险提出了一些相应的防范对策。李雪萍（2012）、张奕（2011）、栾世红等（2012）、郭丽（2013）也阐述了住房公积金支持保障性住房建设的意义及存在的问题，认为应加强住房公积金的投资管理、风险监管，完善相关法律法规，明确职责，从而充分发挥住房公积金的住房保障作用。

随着我国金融业的发展，越来越多的学者开始探讨借鉴国际上一些成熟的融资手段。田一琳（2006）提出采取政府和私人机构合作开发建设保障性住房的模式，以满足国民住房需求。徐婷（2006）针对廉租房融资渠道单一已然成为阻碍保障性住房建设进程的关键因素这一事实，提出扩大住房公积金规模、征收住房保障税、运用信托投资和BOT四种融资方式。巴曙松等（2006）也提出要将保障性住房融资方式多元化，整合财政和金融资源。刘颖（2006）在拓宽廉租住房融资渠道方面建议从土地财政拨款、住房保险基金、社会公益基金及房地产信托业务四个方面着手，并设计了中国廉租房REITs融资模式。王月虹（2007）主张发掘更为灵活的金融制度，以商业化融资模式如BOT、PPP、福利彩票模式等满足廉租房融资需求。持有相似观点的学者还有罗志红等（2007）、高峰（2007）、艾茜（2007）、侯春雷（2008）、林建设（2011）、景建华（2015）、孔扬（2015）等。

之后，不少学者开始对某一项融资方式进行深入探讨。如：田一琳在PPP模式的基础上提出把以中间组织为枢纽的公司合伙制（Public–Intermediary Private Partnerships，简称PIPP）运用到公共住房保障体系中。韩祯妮（2010）也针对实物配租的保障方式，以大连市为例，设计了廉租住房PPP运作模式。而司军辉（2010）则在国外房地产信托基金（REITs）运作模式的经验基础上，结合我国保障性住房的特点，设计出经济适用房的REITs模式。李静静、杜静（2011）针对保障性住房REITs融资在我国金融环境和房地产市场下存在诸如缺乏相关法律、配套政策支持，缺乏专业基金和资产管理人等问题，提出了相应的对策。黄坤（2012）将BOT融资模式引入我国公共租赁租房建设项目，从公共租赁住房的性质、条件、社会资本等方面论证了其可行性和必要性。这方面类似的研究文献还有很多，例如郑彦璐等（2010）、张彦春等（2012）、楼望赟（2016）、石政

(2018)、管红兵(2019)等。

然而，正如一些学者所指出的，没有完善的保障性住房金融支持体系，再多再好的融资创新方式都将无法付诸实践。北京市金融学会课题组(2013)认为要发挥财政资金在保障性住房建设中的基础作用，同时强化银行信贷资金的保障功能，在此基础上再构建以"住房公积金支持保障性住房建设"为中心的多元化融资体系。

1.2.2 PPP 模式的文献综述

1.2.2.1 国外文献综述

(1) 关于 PPP 模式的起源与定义。英国是最早采用 PPP 模式开展公共基础设施建设的国家。1990 年，《马斯特里赫特条约》的签订及英国对降低财政赤字的承诺，促使英国公用基础设施开始进行了大规模的市场民营化改革，通过不同形式将电力、电信、自来水和煤气等行业转让给私人部门经营。从此，PPP 模式在英国、加拿大、澳大利亚等发达国家率先得到快速发展。关于 PPP 模式定义方面的研究，G. Peirson 和 P. Mcbride(1996)认为 PPP 模式是指公共部门与私营部门之间达成长期合作协议，由私营部门实体参与公共部门基础设施的建设或管理，或由私营部门向社会提供协议要求的产品和服务的一种模式。E. S. Savas (2002) 从广义角度上讲 PPP 模式是公共部门和私营部门共同参与生产和提供物品与服务的任何安排，合同承包、特许经营、政府财政补助等形式符合这一定义。

(2) PPP 模式优势与不足。PPP 模式在资金使用效率等方面具有相当大的优势，关于其优势和作用，Jonathan P. (2009) 认为当前各个国家，尤其是发展中国家对基础设施的财政支出不足，不利于基础设施投资建设和运营效率的提高。政府部门通过积极引入私人投资，建立公私合作伙伴关系，根据具体的研究项目，对项目进行复杂的策划、执行、监测和控制，充分发挥 PPP 模式的优点，不同的国家政策、环境将产生差异化的效果。Matti Siemiatycki (2011) 通过对英国 1987—2009 年期间 PPP 项目的研究，得出 PPP 模式对项目会产生积极和负面的影响：一方面，参与 PPP 项目各方的长期合作有助于降低交易成本与鼓励创新；另一方面，长期稳定的合作关系可能会削弱竞争，进而导致成本提高和质量下降。PPP 模式推广应用，有利于提升发展中国家的公共基础设施水平和质量。Olabisi Delebayo Akinkugbe (2013) 就基于非洲区域交通基础设施投资的困境，探讨引入 PPP 模式的可行性及显著优势，为非洲区域交通设施的投资与发展提供了新的希望，有利于促进区域经济发展。Gonzalo Ruiz Diaz (2016) 认为

PPP模式在发展中国家得到广泛应用,是促进和吸引私人投资的一种手段。PPP合同通常明确了关于基础设施设计、建设、管理等的权利与义务以及政府的监督管理机制,可能包括规定有关关税的操作和维护。

(3) PPP模式风险分析。PPP模式的运作风险也是学者研究的重点。Darrin Grimsey和Mervyn K. Lewis (2002) 分析了PPP模式实施中可能会产生的风险,从政府和社会资本的角度详细分析了评价指标和评价方法,指出只有平衡好项目各参与方的风险分担问题,项目合作才会成功。Loosemore等(2006)总结了PPP模式下风险分担的条件:一是公私双方必须有能力阻止风险的产生或承受风险带来的后果;二是最有控制力的一方应该承担项目可能产生的风险;三是必须愿意承担风险;四是准确识别和评估一切可能存在的风险。K. C. Iyer和Mohammed Sagher (2010) 认为,有效控制风险是取得项目成功的关键,应当深入研究了风险发生的可能性和对项目的影响程度。Richard Burke和Istemi Demirag (2016) 以爱尔兰道路建设PPP项目为例,分析了PPP模式下的风险分担和项目公司股东关系,深入研究政府部门对复杂股东利益关系的管理策略。国外对PPP风险评估模型的研究主要有敏感性分析模型法、链接分析模型法、模拟模型法、CAPM模型法、PPP矩阵法、PSC模型法和PPP参考模型法。其中,敏感性分析模型法是国外研究人员最常用的风险评估和管理方法之一。

1.2.2.2 国内文献综述

我国引进PPP模式相对较晚,对其研究也处于起步阶段。国内研究多侧重于PPP模式的含义、风险分析、风险分担原则、存在的问题以及对策建议等方面。我国对PPP模式的相关研究内容总结如下。

(1) 在PPP模式概念方面,王灏(2004)探析了PPP模式的定义及分类,以北京地铁四号线为例分析了票价在PPP模式运作中的作用,并根据美国和英国的地铁票价管制模型提出了适合中国项目的前补偿模式和后补偿模式。贾康、孙洁(2009)通过对机构给出的PPP模式概念和专家给出的PPP模式概念进行两个角度分析,PPP模式主要有项目目标一致、利益共享和风险分担等特征。PPP模式区别其他项目模式的显著标志是政府部门和私人部门风险共担。简迎辉、包敏(2014)通过对PPP模式核心要素的分析,明确界定了PPP模式的内涵。董光耀(2015)指出政府部门及业界对PPP模式的认识已经从作为政府部门融资工具的微观范畴上升至促进投资体制改革的宏观层面。这一认识的转变是各种因素综合作用的结果。董再平(2017)指出PPP模式是指政府与私人资本签订协议,授权社会资本进入公共服务领域,代替政府建设、运营或管理公共设施并向公众提供公共服务。同时指出 PPP 模式是一种实践的产物，因此其内涵随着实践的发展而不断深化，不同组织和学者，基于不同国别、行业和项目，对 PPP 模式的定义和分类也不同。

（2）在 PPP 模式风险分析与分担方面，彭桃花、赖国锦（2004）认为，PPP 项目的风险主要包括政策风险、汇率风险、技术风险、财务风险、营运风险五个方面。成功运用 PPP 模式的关键在于对风险的识别与合理分配，参与方应权责对应，且应该把风险分配给相对最有力承担的合作方。亓霞、柯永建、王守清（2009）通过对我国 16 个失败案例分析，认为中国 PPP 项目的失败主要是由法律变更风险、审批延误风险、政治决策失误或冗长风险、政治反对风险、政府信用风险、不可抗力风险、融资风险、市场收益不足风险、项目唯一性风险、配套设备服务提供风险、市场需求变化风险、收费变更风险、腐败风险 13 种风险造成的，同时指出，这些风险之间具有关联性。史可（2014）指出，PPP 模式中政府部门和私人部门是合作伙伴关系，双方必须共担风险和责任。同时，私人部门不应抱着获取高回报的期待进入该类项目。崔媛媛（2016）指出，PPP 模式存在的风险主要包括七个方面，分别是政治风险、法律与合同风险稳、经济风险、融资风险、项目建设风险、项目运营风险以及合作风险。

（3）对于 PPP 模式风险分担的原则，贾康、孙洁（2006）指出，财务经济分析对 PPP 项目风险分担十分重要。财务经济分析是合理的收益分配、风险分担以及具体的 PPP 操作方案的基础，是判断决策是否合理的依据。杜亚灵、闫鹏（2013）指出 PPP 项目需要参与方精诚合作，但我国的 PPP 项目容易因各种分歧而造成资源浪费和管理绩效低下。周和平、陈炳泉、许叶林（2014）指出特许经营合同不能穷尽 PPP 项目的全部风险，并提出相应的风险分配方案，合理的方案是实现 PPP 项目风险分担的重要途径。崔媛媛（2016）指出，风险分担能够保证 PPP 项目能够顺利运行。若要保证 PPP 模式的效率，风险分担应该遵循以下原则，风险控制力与风险分担相协调原则，风险分担与收益分配相一致原则、风险的承担要有上限原则、因果原则等。

（4）在 PPP 模式的推广方面，高鹏程（2014）在分析了我国 PPP 模式发展问题的基础上，提出了以下对策建议：加快法制体系建设；设置专门机构监管；全面评估咨询；强化风险管控。刘薇（2015）在总结分析国外案例的基础上指出，我国推广 PPP 模式需要从四个方面着手：加快 PPP 法律法规体系建设；培育契约精神，积极推动法治化契约制度建设；创新金融支持模式，多方合作支持 PPP 机制推广；建立规范系统的监督管理机制，防范财政风险与隐患。贺卫华（2017）指出政府应从四个方面加强对PPP模式的管理：强化PPP模式制度供给；注重项目谋划和规范运作；搭建融资与建设平台，解决资金问题；缓解政府债务压力，控制财政风险。许光东、管治华（2017）从以下四个方面给出了政策建议：统筹划分PPP项目管理部门职责；完善PPP项目定价和收益保障机制；建立地方政府信用约束制度；完善PPP信息公开制度。罗潇（2017）在分析国内PPP模式具体实例的基础上，分析了发展PPP模式的对策建议，主要有：完善风险分担机制和利益共享机制；完善相应的法律法规；建立专门的监管机构。

1.3 研究内容与方法

1.3.1 研究内容

本书主要研究在政府采用PPP模式建设公共租赁住房时，政府应当与参与建设的社会资本方之间达成怎样的特许经营契约关系，并如何履行该契约等内容。具体而言，本书的研究内容主要包括：

（1）本书第2章为特许经营理论与PPP模式概述。介绍特许经营理论的基本内容，并详细介绍PPP模式的概念、特点、分类与应用等，并阐述国内外典型PPP项目成功的经验和失败的教训。

（2）本书第3章为采用PPP模式建设公租房的必要性和可行性分析。从公租房的资金需求、资金供给和融资特点三个方面分析公租房采用PPP模式的现实必要性，从政策可行性和客观条件可行性两个方面来分析公租房采用PPP模式的现实可行性；建立了一个公租房政府建设公共管理与PPP特许经营的比较模型，分别研究信息对称情形、信息不对称情形和价格管制情形下两种公租房建设管理模式的优劣，为公租房PPP模式提供理论上的支撑。本章最后完成了公租房PPP模式的合理选择——BOT模式。

（3）本书第4章为公共租赁住房BOT模式的价格问题。特许经营产品定价是BOT特许经营契约的重要组成要素，公租房作为一种特殊的特许经营产品，兼具了社会保障职能和项目公司的盈利职能。依据PPP模式的多重属性，本章将公租房定价划分为名义租金和实际租金，并分别予以科学计算。在此基础上，考虑到长时间的特许经营权期里未来经济和政策的不确定性，提出公租房租金的动态调整机制，建立公租房租金动态调整模型，并在价格调节基金制度的引导下探索公租房租金调节基金制度。

(4）本书第 5 章为公共租赁住房 BOT 模式的特许经营期限问题。特许经营期限是 BOT 特许经营契约的另一个重要组成要素。本书建立了一个特许经营期限的决策支持系统来研究固定特许经营期限的决策；然后考虑到普通 BOT 项目常常出现的固定特许权期模式的诸多缺陷，本书拟基于 LPVR 模型建立公租房弹性特许经营期限决策机制；并研究公租房租金与特许经营期限之间的互动机理和实际操作方案。

（5）本书第 6 章为公共租赁住房 BOT 模式的政府行为问题，包括特许经营协议缔约、履约中的政府行为与风险分担问题。在公租房 BOT 模式当中，项目公司作为项目执行方存在诸多劣势，由于政府的非理性行为导致所签订的特许经营协议往往是不完全契约，因此研究政府行为对于契约的设计和履行都是非常必要的。本书研究 BOT 模式公租房特许经营协议缔约、履约中的政府过度保证问题和规制俘获问题，并寻求这些问题的解决方案。最后从交易成本的视角来研究公租房 BOT 模式项目的最优风险分担问题。

（6）本书第 7 章为案例研究。本书选择长沙市长沙县榔梨公租房第三期项目作为研究案例对象开展实证研究和仿真，在该公租房项目采用 BOT 形式开展的前提下，分别实证研究和模拟仿真了该公租房项目的名义租金、实际租金和特许经营期限，研究对于该项目的最优风险分担策略，并深入分析不同因素对租金和特许经营期限的影响，为政府和社会资本方提供相关建议。

1.3.2 研究方法

本书主要研究了以 PPP 模式开展公共租赁住房的特许经营契约要素设计与缔约履约问题，具体而言，本书所采用的研究方法包括：

（1）文献综述与比较分析。研究立意、研究思路和模型的建立与求解离不开国内外相关文献的阅读与学习。本书通过对保障性住房融资的相关研究提炼出本书的研究立意，即引导社会资本以 PPP 特许经营的方式建设和管理公共租赁住房；通过对其他行业 PPP 项目的相关研究文献，结合和比较公共租赁住房的实际特征，确定本书在研究特许经营价格、特许经营期限等的研究方法和模型。

（2）定性与定量结合。对于公租房是否有必要、是否有条件以 PPP 特许经营的方式来展开，本书以定性和定量相结合的方式展开阐述，既从理论上和逻辑上探讨必要性与可行性，又结合财政数据、公租房建设数据等描述必要性与可行性。

（3）博弈论、净现值法、蒙特卡洛模拟等数学模型方法。数学模型和方法在管理学研究当中是必不可少的工具。本书在研究过程中，在对公租房是否采用 PPP 模式进行理论论证时、在研究公租房建设工期的激励问题时，采用博弈论方法；在研究名义租金定价时采用净现值法模型；在研究实际租金定价时综合使用剩余收入法、IDW 法等数学方法；在研究固定特许经营期限时，基于蒙特卡洛模拟建立决策支持系统；在研究弹性特许权期时，基于 LPVR 方法建立相关模型；在研究风险分担策略时，建立的模型是基于神经网络方法。

（4）案例研究与模拟仿真。在所建立数学模型的基础上，本书以长沙市梨公租房第三期项目为实际案例进行实证研究，展示和检验所建立的模型的具体操作。在案例研究的过程中，运用已经存在的客观数据和使用客观数据对一些问题进行研究，如实际公租房租金的定价，通过 Matlab、SPSS 等数学软件对这些客观数据进行实证研究；由于特许经营期限的长期性，导致未来数据的不确定性和未知性，需要以这些数据为基础。

第 2 章

特许经营理论与 PPP 模式概述

2.1 特许经营理论概述

2.1.1 特许经营权和特许经营权竞标理论概述

特许经营权是政府授予的一种特权，是政府对公共事业进行规划提供的一种方式，在授予特许经营权的过程中，政府往往要对获得该项权利的企业进行一定程度的审核和管制。《市政公用事业特许经营管理办法》中规定：政府部门依照相关法规，通过市场竞争的方式遴选出一些公共事业建设者，明确该经营建设者在一定期限范围内的各项权利的制度便是特许经营。城市的垃圾处理、公用交通、供水、供热等经营服务均属于特许经营的应用。

竞标者参与特许经营权的竞标是为了在一定期限内成为某一特定行业的自然垄断商，特许经营权竞标获得大众的关注源于 Chadwick（1985）对法国自来水行业特许经营权竞标制度的研究。他的研究认为，特许经营权竞标制度主要由以下两种方式构成：一种是竞价最高者获得特许经营权，竞标总价一次性付清；一种是竞标单位产品最低价赢得特许经营权。由于前者总体上降低了消费者福利，所以在现实操作过程中，特许经营权的竞标采取后者的情况比较多。

新古典学派经济学家认为，由一个供应者垄断的自然垄断性行业在一定市场规模条件下是有效的。但是，由于自然垄断者势必会通过价格垄断提高自身收益，降低了社会总体的福利，所以在此过程中政府应对该自然垄断行业进行一定干预，增大社会福利。但是，尽管在此过程中政府会作出一定的努力提高社会总体福利，但是由于政府与自然垄断供应商之间的信息不对等，自然垄断供应者存在道德风险，政府直接干预方式的效果不如间接激励的效果。

Demsetz（1988）认为，特许经营权竞标是自然垄断行业中政府激励的一种典型方式，因为在自然垄断行业当中，单一的自然垄断供应者与垄断价格之间没有极强的相关性。新古典经济学派并未深入厘清对事前竞标数量与事后供给条件之间的关系，因为只要事前竞标过程中有大量的竞标者参与竞标，那么中标的供应商势必会以一个比较低的价格区间赢得竞标，这无疑提高了后期的供给市场中的社会福利。Demsetz 的研究成果为后来的经济学家指明了一个新的研究方向。

特许经营权竞标理论自提出以来，该理论随着经济学的不断发展和更新也得到了经济学家们的不断完善，经济学家先后采用委托—代理理论、拍卖理论等对其进行研究、分析，在不断地研究讨论中，特许经营权竞标理论得到了充分发展。如：Jean Michel Glachant（2002）分析得出，特许经营权竞标可采用网络产业规制来提高社会整体的福利和效率。Williamson 等（2017）结合特许经营权竞争中的交易成本指出，只有根据不同的条件制定专项的特定竞标制度，才能整体提高中标后经营管理中的社会效率。随着委托—代理理论、拍卖理论等研究的不断深入，特许经营权竞标理论也逐渐嵌入了信息不对等等因素的研究。

2.1.2 特许经营权竞标理论的基本内容

特许经营权竞标理论主要由以下基本假设构成：参与特许经营权竞标的企业具有技术和成本上的优势，数量众多，以利润最大化为企业经营中心；市场不存在不确定的需求；特许经营权竞标行业无行业壁垒；特许经营权竞标的规划者主要以消费者福利最大化为目标重心；参与招投标的各利益集团无利益输送。

基于以上特许经营权竞标理论的基本假设，该理论的研究成果主要由以下五个方面构成：一是招标者为众多投标者制定一系列规范化的合约，如：一次性合约、定期续签合约和不完全长期合约等，以规范化的合约来减少信息不对等所导致的道德风险；二是投标者之间是相互独立的，他们的投标价格之间不存在线性关系；三是由于投标者数量众多，中标者就算获得特许经营权，该投标者的利润空间也会下降，但是投标者的投标价格和投标者的数量无相关性；四是尽管通过竞标会增大消费者剩余，但是消费者剩余的增加并不会影响招标者对投标者的激励；五是不管中标者是否以高成本中标,但招标者会给予一定的补贴来提高中标者的投资回报。(Riorand 和 Sappington,1987;Daniel F.SpullMr,1999;J.Laffont 和 J.Thole,2004;Arlmtrong 和 Sappingtma,2015)。

新规制经济学家 J.Laffont 和 J.Thole 对特许经营权竞标的运营机理研究指出,竞争把企业的效率分布区间从 $[\underline{\beta}, \bar{\beta}]$ 截成了 $[\underline{\beta}, \beta^i]$,其中 β^i 是倒数第二低的报价。随着竞标企业数量增加,中标企业的生产效率参数 β^i 会收敛于 $\underline{\beta}$,努力水平收敛于最优努力水平。Littletchild(2002)通过分析 LUL 公司和 SPL 公司之间为期 15 年的合约指出,他们之间的合约能够有效缓解特许经营权签订过程中的各种障碍。Jaffe 和 Kanter(2010)基于美国前 100 家广播市场在引入中间环节竞争后美国有线电视业运营效率的情况指出,特许经营权竞标模式显而易见地增大了消费者剩余。

2.1.3 对特许经营竞标理论的争论

尽管特许经营权竞标理论自提出以来饱受实务界的欢迎,但是由于其机制存在不可避免的局限性,该理论自提出以来也一直受到一些经济学家的抨击。Penner(1972)研究指出,特许经营权竞标尽管有意解决垄断所带来的消费者剩余减少,提升整个机制的运营效率,但是其难以全面解决由于垄断带来的信息不对等所导致的道德风险,如利益输送、社会福利减小等。植草益(1992)综合考虑各方对特许经营权竞标理论的抨击指出,由于投标者之间不可能存在完全的不相关,而该自然垄断市场也不可能完全无门槛,所以在特许经营权的竞标过程中,招标者无疑会面临签约后对中标企业的有效监管问题,并且采用特许经营权竞标制度来解决招投标项目中沉没成本高、投资门槛大、市场需求和技术手段不确定的项目时,该制度的有效性还有待商榷。总而言之,特许经营权竞标理论在学术界所面临的抨击主要由以下几个方面构成:

(1)特许经营权竞标合约的不完备性。Williamson 结合实际案例得出,特许经营权合约的达成不可能是一次性的,因为招标者与投标者之间存在着严重的信息不对等,招标者很难一次性把控所有可预见的风险来对投标者进行规制,降低垄断企业的利润空间。因此,就算双方达成了特许经营权协议,在协议签订后的实施过程中,招标者势必会针对签约前未考虑的风险因素对中标者实施管制。Goldberg(1976,1977)研究指出,不管招标者和投标者之间签订的是短期或是长期特许经营权协议,投标者在签约和实施过程中都会充分地关注竞标价格及竞争对手和招标人的各方信息,因此,特许经营权的签约是一个价格发现和信息发现的结果。Williamson

（1996）基于美国奥特兰市有线电视特许经营权竞标数据的研究指出，特许经营权的假设在现实生活中不可能实现。此外，特许经营权竞标制度并未有效解决搭便车、有限理性和资产专用性等问题。

（2）特许经营权再竞标过程的公平性。由于垄断行业的特有特征，在位企业由于其在固定资产规模、规模效应、资产专用性等方面的优势往往对后入行业者形成一个自然垄断门槛，因此，在特许经营权的后续再竞标过程中，在位企业的自然垄断优势降低了特许经营权竞标制度的效率。Williamson（1988）认为，新进企业在特许经营权再竞标过程中的劣势主要由下面两个方面构成：一个是新进企业与在位企业之间对垄断行业的信息不对等，新进企业无法对该行业的资产专用性投资进行全面无误的核查；二是新进企业在管理经验上与在位企业之间的差距，对该垄断行业风险的把控能力远远低于在位企业，并且在人员结构上，新进企业的整体员工素质水平一般也低于在位企业的整体员工素质水平，在特许经营权的再竞标过程中难以与在位企业进行完全的平等竞争。

（3）专用性资产投资动力不足。由于在位企业担忧其特许经营权在竞标的过程中被新进企业而取代，在位企业的专用性投资动力不足。Armstrong 和 Sappington（2005）基于动态机制对特许经营权竞标机制进行研究发现，由于专用性投资资产的资产转移问题，该资产极易变成沉没成本，因此在后续的特许经营权再竞标制度的过程中，资产专用性的投资对在位企业来说是沉没成本，而对新进企业来说，资产专用性投资仅仅是一种可转移的投资，在位企业的一阶段的专用性投资极易转化为新进企业的使用资源，这严重影响了双方的实际中标成本，在位企业的专用性投资激励大大减弱。Mark A. Zupan（2009）基于重新竞标的 3 500 多个有线电视特许经营权竞标实证数据得出，新进企业取代在位企业的特许经营权情况微乎其微，在 3 500 个样本中仅 7 家新进企业竞标获取成功，但是特许经营权再竞标的中标价格较初期中标价格平均高出 12 个百分点。

（4）特许经营权竞标的共谋风险。由于特许经营权竞标理论的基本假设是投标者的报价之间不存在相关性，但是在实际操作过程中，投标者之间总会存在着一定联系。Jan Potters 等（2004）研究指出，尽管把众多投标者置于完全市场竞争条件下，特许经营权竞标制度所产生的社会福利将远远大于政府直接管制的水平。但是在实际投标过程中，招标者难以遏制投标者之间的共谋。不管招标者的规制如何完美，在实际操作中，投标者之间总会达成某种不可预见的共谋。J. Laffont 和 J. Tirole 研究指出，在采用特许经营权竞标的过程中，招标者所提供的规制打压了利润空间，投标者以利益最大化为企业目标,招标将难以完成。为了企业利润的最大化,投标企业有着巨大的激励去达成共谋。

(5) 特许经营权竞标机制的有效性。众多学者指出,特许经营权竞标制度在某些时候上并不比政府直接管制有效,不能完全把特许经营权竞标制度凌驾于政府直接管制之上。Telser 和 LesterG (1969) 研究指出,由于政府直接管制的目标往往是提高社会的整体福利,而特许经营权竞标制度往往是为了降低中标企业的回报率,所以在采取特许经营权竞标制度的过程中可能会偏离政府的目标。Daniel F. Spulber (2009) 研究指出,特许经营权竞标制度的本质就是政府管制,不能把它当成一种市场机制。

2.2 PPP 模式概述

2.2.1 PPP 模式的含义与特征

PPP 是 Public Private Partnership 的缩写,即政府和社会资本合作,是公共基础设施中的一种项目运作模式。在该模式下,政府(Public)与社会资本(Private)进行合作,基于提供产品和服务出发点达成特许权协议,形成"利益共享、风险共担、全程合作"伙伴合作关系(Partnership),共同完成公共基础设施的建设。PPP 模式能够使合作各方达到比单独行动预期更为有利的结果:政府的财政支出更少,社会资本方的投资风险更小。

在 PPP 模式中,"Public"指的是政府、政府职能部门或政府授权的其他合格机构;而"Private"主要是指依法设立并有效存续的自主经营、自负盈亏、独立核算的具有法人资格的企业,包括民营企业、国有企业、外国企业和外资企业,但不包括本级政府所属融资平台公司及其他控股国有企业。

PPP 模式是以市场竞争的方式提供服务,主要集中在纯公共领域、准公共领域。PPP 模式不仅是一种融资手段,而且是一次体制机制变革,涉及行政体制改革、财政体制改革、投融资体制改革。PPP 模式有三大重要特征。

2.2.1.1 伙伴关系

伙伴关系是 PPP 模式的第一大特征。政府购买商品和服务、给予授权、征收税费和收取罚款,这些事务的处理并不必然表明合作伙伴关系的真实存在和延续。比如,即使一个政府部门每天都从同一个餐饮企业订购三明治当午餐,也不能构成伙伴关系。PPP 模式中社会资本方与政府公共部门的伙伴关系与其他关系相比，独特之处就是项目目标一致。公共部门之所以和民营部门合作并形成伙伴关系，核心问题是存在一个共同的目标：在某个具体项目上，以最少的资源，实现最多最好的产品或服务的供给。社会资本方是以此目标实现自身利益的追求，而公共部门则是以此目标实现公共福利和利益的追求。形成伙伴关系，首先要落实到项目目标一致之上。但这还不够，为了能够保持这种伙伴关系的长久与发展，还需要伙伴之间相互为对方考虑问题，具备另外两个显著特征：利益共享和风险分担。

2.2.1.2 利益共享

PPP 模式中的公共部门与社会资本方并不是简单分享利润，还需要控制社会资本方可能的高额利润，即不允许社会资本方在项目执行过程中形成超额利润。其主要原因是，合规的 PPP 项目都是带有公益和社会保障性质的，并不以利润最大化为目的。服务价格的肆意提升必然会带来社会公众的不满，甚至可能会引起社会混乱。因此，利益共享是指除了共享 PPP 的社会成果，还使作为参与者的社会资本方取得相对平和、长期稳定的投资回报。利益共享显然是伙伴关系的基础之一，如果没有利益共享，也不会有可持续的 PPP 类型的伙伴关系。

2.2.1.3 风险共担

伙伴关系作为与市场经济规则兼容的 PPP 机制，利益与风险也有对应性，风险分担是利益共享之外伙伴关系的另一个基础。如果没有风险分担，也不可能形成健康而可持续的伙伴关系。在 PPP 模式中，公共部门与社会资本方合理分担风险的这一特征，是其区别于公共部门与社会资本方其他交易形式的显著标志。例如，政府采购过程，之所以还不能称为公私合作伙伴关系，是因为双方在此过程中是让自己尽可能小地承担风险。而在 PPP 模式中，公共部门却是尽可能大地承担自己有优势方面的伴生风险，而让对方承担的风险尽可能小。一个明显的例子是，在隧道、桥梁、干道建设项目的运营中，如果因一定时间内车流量不够而导致社会资本方达不到基本的预期收益，公共部门可以对其提供现金流量补贴，这种做法可以在"分担"框架下，有效控制社会资本方因车流量不足而引起的经营风险。与此同时，社会资本方会按其相对优势承担较多的具体管理职责，而这个领域，却正是政府管理层"官僚主义低效风险"的易发领域。由此，风险得以规避。

2.2.2　PPP 模式的优点

与传统的基础设施和公共设施供给模式相比，PPP 模式的优点主要体现在以下方面：更高的经济效益、更高的时间效率、增加基础设施项目的投资、提高公共部门和私营机构的财务稳健性、基础设施/公共服务的品质得到改善、实现长远规划、树立公共部门的新形象、私营机构得到稳定发展等。

2.2.2.1　PPP 模式有助于增加基础设施项目的投资资金来源

PPP 模式下，项目融资更多地由社会资本方完成，从而缓解了公共部门增加预算、扩张债务的压力，因此公共部门可以开展更多、更大规模的基础设施建设。在政府因财政紧缩，或信用降低而无法进行大规模融资时，PPP 模式可以为政府提供表外融资。

PPP 模式下，政府不仅可以节省基础设施的初期建设投资支出，还可以锁定项目运行费用支出，一方面降低短期筹集大量资金的财务压力，另一方面提高预算的可控性，这两个方面都有利于政府进一步扩大对基础设施的投入。PPP 模式的这一优势对现阶段的国内地方政府意义重大，通过推广 PPP 模式，可以化解地方政府性债务风险。运用转让—运营—移交（TOT）、改建—运营—移交（ROT）等方式，将融资平台公司存量基础设施与公共服务项目转型为政府和社会资本合作项目，引入社会资本参与改造和运营，将政府性债务转换为非政府性债务，可以减轻地方政府的债务压力。

2.2.2.2　PPP 模式可以实现更高的经济效率，实现物有所值

PPP 项目依靠利益共享、风险共担的伙伴关系，可以有效降低项目的整体成本。在公共部门独立开展项目时，项目的整体成本由以下几个部分构成：项目建设成本、运营成本、维修和翻新成本、管理成本以及留存的风险。在 PPP 模式下，项目建设成本、运营成本、维修和翻新成本以及私营机构的融资成本统称为 PPP 合同约定成本，由于私营机构在建设施工、技术、运营管理等方面的相对优势得以充分发挥，PPP 合同约定成本会小于公共部门独立开展项目时的相应成本。另外，由于 PPP 项目需要协调更多参与方的利益，项目管理成本（包括公共部门对项目监管、为项目提供准备工作和支持等产生的成本）会略高于公共部门独立开展项目的成本。在风险留存方面，由于不同的风险分配给管理该类风险具有相对优势的参与方，因此项目的总体风险状况得到明显改善。各项成本的变化以及风险状况的降低，形成了 PPP 项目的优势，即所谓的"物有所值"部分。

艾伦咨询集团（Allen Consulting Group）的对比研究结果显示：PPP模式在成本效率方面显著优于传统模式，从项目立项到项目结束，PPP模式的成本效率比传统模式提高了30.8%。艾伦咨询集团的调研结果显示，PPP模式在效率上的优势不仅体现在经济效率上，还体现在时间效率上。数据表明，PPP项目的完工进度平均比计划提前3.4%，而传统模式项目的完工进度平均比计划推迟23.5%。另外，传统模式下，项目完工的超时程度受项目大小影响较为严重，项目越大，工程进度延期的程度越高，但在PPP模式下，没有发现项目大小对工程进度的显著影响。

是否能够提高项目总体效率，是判断PPP模式是否适用的关键。财政部在2014年发布的《政府和社会资本合作模式操作指南》中明确提出，财政部门要会同行业主管部门，从定性和定量两方面开展物有所值评价工作。

2.2.2.3　PPP模式可提高政府和社会资本方的财务稳健性

一方面，由于政府将部分项目责任和风险转移给了社会资本方，项目超预算、延期或在运营中遇到各种困难而导致的或有财政负债增加的风险被有效隔离。

另一方面，由于PPP模式下的项目融资在整个项目合同期间是有保障的，且不受周期性的政府预算调整的影响，这种确定性可以提高整个项目生命周期。项目投资计划的确定性和效率，提高了公共部门的财务稳健性。

此外，PPP项目的性质决定了项目需求所产生的风险相对较低，项目的未来收入比较确定，提高了社会资本的财务稳健性。

2.2.2.4　PPP模式可提高基础设施/公共服务的品质

一方面，参与PPP项目的私营机构通常在相关领域积累了丰富经验和技术，私营机构在特定的绩效考核机制下有能力提高服务质量。

另一方面，PPP模式下，私营机构的收入和项目质量挂钩：政府付费的项目中，政府会根据项目不可用的程度，或未达到事先约定的绩效标准而扣减实际付款（付款金额在项目开始时约定）；在使用者付费的项目中，使用者的需求和项目的质量正相关，这就使私营机构有足够的动力不断提高服务质量。如果设施或服务由公共部门单独提供，由于其缺乏相关的项目经验，且由于其在服务提供和监督过程中既当"运动员"又当"裁判员"，绩效监控难以落到实处。在传统政府模式下，地方政府通常为某项重大工程临时组织指挥部之类的专门工作团队，负责组织项目设计与建设，建设完成后移交给政府下属事业单位或国有企业日常运营。由于工作团队缺乏相关项目运作经验，所以难以保证项目建设质量，无力控制项目建设成本，甚至会因经验不足导致项目失败；并且，工作团队付出大量学费积累的经验和教训，在当地可能再无用武之地，因为当地不会经常有同类重大项目需要新建，资源浪费与效率较低问题突出。

2.2.2.5 PPP 模式有助于政府/社会资本方实现长远规划

在传统政府模式下，一个项目会被分包成很多子合同，由不同的参与者执行，这些参与者之间通常并没有紧密的合作。在 PPP 模式下，由于项目的设计、建设和运营通常都由同一个联合体执行，虽然联合体也由不同的参与者构成，但由于各个参与者需要为同一个目标和利益工作，项目的不同参与者之间可以得到充分整合，实现良好的协同。此外，由于项目的收益涉及整个生命周期，在利益驱动下，私营机构将基于更长远的考虑，选择最合适的技术，实现设施长期价值的最大化和成本的最小化。而在传统政府模式下，则更多是基于短期的财政压力、政策导向和预算限制来考虑。

此外，PPP 模式为私营机构提供了风险较低、现金流稳定、由政府合同背书的长期投资机会，可以有效刺激当地产业发展，增加就业机会。在 PPP 模式得到良好推广和执行的情况下，所有项目都能按时、按预算完成，而且基础设施/公共服务的品质得到有效提高，可以使公众对政府的美誉度增加，政府的财政管理能力信心倍增。

2.2.3 PPP 模式的分类

从广义的层面讲，PPP 模式的应用范围很广，总体而言，PPP 模式广义范畴内的运作模式主要包括表 2-1 所示的几种。

表 2-1 PPP 模式的分类

PPP 模式类型	具体内容
建造—运营—移交（BOT）	私营部门的合作伙伴被授权在特定的时间内融资、设计、建造和运营基础设施组件（和向用户收费），在期满后，转交给公共部门的合作伙伴
民间主动融资（PFI）	PFI 是对 PPP 项目融资的优化，指政府部门根据社会对基础设施的需求，提出需要建设的项目，通过招投标，由获得特许权的私营部门进行公共基础设施项目的建设与运营，并在特许期（通常为 30 年左右）结束时将所经营的项目完好地、无债务地归还政府，而私营部门则从政府部门或接受服务方收取费用以回收成本的项目融资方式

续表

PPP 模式类型	具体内容
建造—拥有—运营—移交（BOOT）	私营部门为设施项目进行融资并负责建设、拥有和经营这些设施，待期限届满，民营机构将该设施及其所有权移交给政府方
建设—移交—运营（BTO）	民营机构为设施融资并负责其建设，完工后将设施所有权移交给政府方；随后政府方再授予其经营该设施的长期合同
重修—运营—移交（ROT）	民营机构负责既有设施的运营管理以及扩建/改建项目的资金筹措、建设及其运营管理，期满将全部设施无偿移交给政府部门
设计—建造（DB）	私营部门的合作伙伴设计和建造基础设施，以满足公共部门合作伙伴的规范，往往是固定价格。私营部门合作伙伴承担所有风险
设计—建造—融资及经营（DB-FO）	私营部门的合作伙伴设计，融资和建造一个新的基础设施组成部分，以长期租赁的形式，运行和维护它。当租约到期时，私营部门的合作伙伴将基础设施部件转交给公共部门的合作伙伴
建造—拥有—运营（BOO）	私营部门的合作伙伴融资、建立、拥有并永久地经营基础设施部件。公共部门合作伙伴的限制，在协议上已声明，并持续进行监管
移交—运营—移交（TOT）	政府部门将拥有的设施移交给民营机构运营，通常民营机构需要支付一笔转让款，期满后再将设施无偿移交给政府方

其中，BOT 模式是指 Build-Operate-Transfer，即建设—经营—转让模式，是政府通过契约授予社会资本以一定期限的特许专营权，许可其融资建设和经营特定的公用项目，并准许其通过向用户收取费用或出售产品以清偿贷款，回收投资并赚取利润；特许权期限届满时，该项目无偿移交给政府部门。BOT 模式是基础设施投资、建设和经营的一种最常用的 PPP 模式，已经被广泛应用于高速公路、机场、港口、污水处理、垃圾处置、供水、供气、供暖、发电等领域，譬如国内的广西来宾发电厂、上海竹园第一污水处理厂、北京地铁 4 号线等。然而，不得不指出的是，就全球范围内的 BOT 项目实施来看，并不是所有的 BOT 项目是成功的，部分 BOT 项目由于收益预测不准确、特许期设定不合理、风险管理措施不足等因素

导致失败，譬如希腊雅典机场、泰国曼谷高速公路项目等，前期决策、BOT 契约设计等都关系到 BOT 项目的成败。

2.2.4　PPP 模式的施行意义与政策演进

政府和社会资本合作模式是在基础设施及公共服务领域建立的一种长期合作关系。通常模式是由社会资本方承担设计、建设、运营、维护基础设施的大部分工作，并通过"使用者付费"及必要的"政府付费"获得合理投资回报；政府部门负责基础设施及公共服务价格和质量监管，以保证公共利益最大化。当前，我国正在实施新型城镇化发展战略。城镇化是现代化的要求，也是稳增长、促改革、调结构、惠民生的重要抓手。立足国内实践，借鉴国际成功经验，推广运用政府和社会资本合作模式，是国家确定的重大经济改革任务，对于加快新型城镇化建设、提升国家治理能力、构建现代财政制度具有重要意义。

（1）推广运用政府和社会资本合作模式，是促进经济转型升级、支持新型城镇化建设的必然要求。政府通过政府和社会资本合作模式向社会资本开放基础设施和公共服务项目，可以拓宽城镇化建设融资渠道，形成多元化、可持续的资金投入机制，有利于整合社会资源，盘活社会存量资本，激发民间投资活力，拓展企业发展空间，提升经济增长动力，促进经济结构调整和转型升级。

（2）推广运用政府和社会资本合作模式，是加快转变政府职能、提升国家治理能力的一次体制机制变革。规范的政府和社会资本合作模式能够将政府的发展规划、市场监管、公共服务职能，与社会资本的管理效率、技术创新动力有机结合，减少政府对微观事务的过度参与，提高公共服务的效率与质量。政府和社会资本合作模式要求平等参与、公开透明，政府和社会资本按照合同办事，有利于简政放权，更好地实现政府职能转变，弘扬契约文化，体现现代国家治理理念。

（3）推广运用政府和社会资本合作模式，是深化财税体制改革、构建现代财政制度的重要内容。根据财税体制改革要求，现代财政制度的重要内容之一是建立跨年度预算平衡机制、实行中期财政规划管理、编制完整的体现政府资产负债状况的综合财务报告等。政府和社会资本合作模式的实质是政府购买服务，要求从以往单一年度的预算收支管理，逐步转向强化中长期财政规划，这与深化财税体制改革的方向和目标高度一致。推广使用 PPP 模式，是支持新型城镇化建设的重要手段，也有利于吸引社会资本，拓宽城镇化融资渠道，形成多元化、可持续的资金投入机制。

随着我国PPP模式在多个行业、多种模式下的不断应用，相关监管政策不断推出和成熟。2014年以前，尽管各地有零星尝试，但PPP模式尚缺乏顶层制度设计；2014年以来，PPP模式的发展经历了推广应用期、高速发展期和规范发展期三个阶段。国家各相关部门针对PPP模式的政策规范逐步完善：基本框架上，PPP模式利益共享、风险共担的原则不断明确；适用范围上，PPP模式可适用项目范围更加明确，狭义公益性基建项目、土储项目等适用PPP模式受到一定限制；在具体操作上，信息公开、评价流程、财政接轨、合作模式和合同范本等内容不断细化，一定程度借鉴了国内外的先进经验。未来，针对不同类型的项目，将可能出台更为细致的规范。本书附录1全面汇总了2014年至2019年4月国家各部委或各行业主管部门出台的相关PPP行业的政策条文。从密集出台下发的政策环境中能够看出PPP行业的规范性正逐渐清晰明朗，系列的政策法规出台也将推进PPP业务的全面法制化管理。

2.2.5 PPP模式在我国的应用发展

从1984年开始在我国基础设施领域实践应用，按照发展历程，PPP模式大致可分为三个阶段：

第一阶段（1980—1998年）：在此期间，PPP模式以外资参与的PPP运作模式为主。据相关资料记载，我国最早的关于PPP领域的立法可追溯到1995年国务院各部委颁发的有关PPP模式的两个通知。在这两个通知的指引下，社会资本开始积极地参与能源、自来水等项目建设。我国第一个实际意义上的PPP项目为1984年香港和合电力（中国）有限公司和深圳特区电力开发公司（深圳市能源集团有限公司）采取合作经营的方式建设而成的沙角B电厂。1995年法国电力公司及阿尔斯通公司联合体获得广西来宾B电厂18年的特许经营权，成为我国第一个允许外国投资者拥有100%股权的PPP试点电力项目。

第二阶段（1999—2009年）：自2001年我国加入世界贸易组织（WTO）之后，我国对基础设施建设领域的投资需求剧增，为了吸引社会资本、外国资本进入高速公路、地铁等交通基础设施项目以及污水处理、燃气及供暖等此类收入稳定、风险较低的投资项目，2002年原住建部发布《关于加快市政公用行业市场化进程的意见》（建城〔2002〕272号）；2005年"非公经济36条"提出"允许非公有资本进入公用事业和基础建设领域"。这些政策在一定程度上推动了市政公用领域PPP模式的发展。2008年北京奥运会的场馆建设成为PPP模式运用最为集中的案例，在30

个奥运场馆中，超过2/3的场馆采用PPP模式开发建设，北京鸟巢体育馆是我国第一个PPP体育馆项目。北京地铁四号线是我国第一个城市交通基础设施PPP项目，总投资153亿元人民币，其中30%由项目建设和运营方负责筹集。但是，2008年以后，受金融危机的影响，全球和中国经济增速下降，我国基础设施建设主要依赖政府投融资平台，社会资本参与度有所下降，同时也让地方政府承受了庞大的债务负担。

第三阶段（2013年底至今）：2013年开始我国经济增速放缓，逐步进入从高速增长向中速增长的换挡期。同时由于世界其他主要经济体复苏并不强劲，我国经济所面临的外部需求下降。在这种背景下，地方政府的债务风险开始显现。为了应对地方债务，我国政府一方面采取债务置换、允许地方政府发债等方式缓解地方债务风险，另一方面开始推动的PPP模式重新成为补充城市基础设施建设资金的主要方式。2014年9月，国务院颁布43号文，随后财政部、银监会、发展改革委、银监会等部委连续下发了6个配套政策和文件，这些政策和文件形成了PPP模式运作的管理体系，旨在推进PPP项目的迅速落实。各地方政府也先后出台了配套的促进PPP项目的相关政策。2016年1月1日，《政府和社会资本合作（PPP）综合信息平台运行规则》正式实施，PPP模式在我国开启了规范化管理的新纪元。2017年11月16日，财政部办公厅发布了财办金〔2017〕92号文《关于规范政府和社会资本合作（PPP）综合信息平台项目库管理的通知》，进一步明确了PPP项目的边界红线，促进PPP项目的规范发展，此后至2018年8月的9个月里，累计5 678项PPP项目退库，对应的投资金额共计5.59万亿元。经过了前两年的野蛮生长，2018年PPP模式进入了规范发展期。

2.3 PPP项目的成功与失败案例

2.3.1 成功案例1：马来西亚南北高速公路项目

1987年，马来西亚政府所属的公路管理局在建设南北高速公路项目中，由于资金受阻，被迫停工。为解决财政难题，使项目重新开工，在考虑到多方因素后，马来西亚政府决定采取PPP融资模式。马来西亚政府通过两年时间与马来西亚联合建筑投资公司（以下简称联合建筑投资公司）就工程的建设、经营管理、融资等一系列的问题进行协商后与该公司达成特许经营协议。在此次特许经营协议的签署中，马来西亚政府与该公司签署的 PPP 融资协议由国际银团、项目建设人和马来西亚政府授予的特许经营合约构成。

在马来西亚政府与联合建筑投资公司签约的特许经营协议中规定：

（1）马来西亚政府为该项目的联合建筑投资公司提供收入担保，假如在该项目在未来的经营过程中出现由于交通流量不足引起的投资回报过低的情况，马来西亚政府直接对联合建筑投资公司给予一定的利润补贴。

（2）特许经营合约期间，马来西亚政府将原 400km 的高速公路经营权转移给联合建筑投资公司，让联合建筑投资公司获得额外的收入来源来加快回款，但是联合建筑投资公司必须对原政府建造的高速公路进行改进，提高其建筑功能。

（3）尽管联合建筑投资公司需要自己筹措资金对项目进行投资建设，但是马来西亚政府将给予该公司一笔 6 000 万美金的 11 年期的循环信用专项贷款。

（4）联合建筑投资公司有权在其合约经营期内依照政府规定的收费标准对其投资新建的高速公司在合约期内对使用者进行收费。

在与政府成功签署协议后，项目投资者为及时融资并组织项目建设实施，又分别与贷款银团和由 40 多家工程公司组成的工程承包集团签订了一系列契约协议，最终花费 7 年时间完成了总长度 512 公里的马来西亚南北高速公路建设，并在 30 年里将其管理经营得井井有条。

英投资银行的 Morgan Grenfell（摩根）在此 PPP 项目融资过程中以项目顾问的身份为该项目作出了重大的贡献。Morgan Grenfell 为此 PPP 融资项目提供了 15 年期的共计 9.21 亿美元的贷款，该贷款份额占此次融资总额的 40% 以上，但是该笔贷款为有限追索项目贷款，这就要求联合建筑投资公司承担市场和完工风险。尽管联合建筑投资公司需要承担完工和市场风险，但是由于马来西亚政府给予了该融资项目收入保证，联合建筑投资公司所需承担的风险基本转换为完工风险。尽管项目完工的期限对项目的收益有着重大的影响，但是由于该公司可分段投入使用，整个投资项目的完工风险也由此大大降低。

2.3.2 成功案例 2：广西来宾 B 电厂项目

广西来宾 B 电厂是全国电力行业第一个 BOT 特许经营项目，投资规模达到 6.16 亿美元。该电厂具有很重要的战略地位，它是广西电网的骨干电源，同时也是"西电东送"战略的 个重要支撑点。按照特许经营协议的内容，该电厂在 2015 年正式结束特许经营而向政府移交。

来宾 B 电厂的建设经历了较多的波折，直到 1995 年 5 月原国家计委（现国家发改委）才正式批准该项目采用 PPP 模式试点。来宾 B 电厂在选择特许经营者时采取的是国际通用的竞争性招标方式。整个招标过程分为资格预审阶段、投标阶段、评标阶段、谈判阶段和协议签订阶段。

资格预审文件中所提出的资格预审评定标准有以下 3 点：（1）申请人在近几年内是否有开发与来宾 B 电厂相当规模电厂的经验。（2）申请人是否有足够的财务能力来完成整个项目的开发；在融资信誉状况方面，并且要求出具有关金融机构对该项目的融资意向书和金融机构对申请人的融资信誉评价。（3）近几年内对各种合同、协议的履约状况，是否有因自己的过失而导致应履约合同的争议或仲裁。经过评委会审查，提交预审材料的 31 家世界知名公司中有 6 家被审定具有资格，获邀投标。

评标阶段以评分制方式进行。总分 1 000 分中，600 分为电价，400 分为非电价因素，非电价因素部分由融资方案、技术方案、运营维护和移交方案、对招标文件的响应程度和造成后果的影响程度这几部分组成。评委会对 6 家公司的标书进行详细评估并进行审查后最终决定法国电力联合体、香港新世界联合体和美国国际发电（香港）有限公司这 3 家投标人进入最后谈判阶段。

谈判的内容主要是针对投标人对协议文本所提出的修改文本进行确认。另外对技术指标和其他一些修改的东西进行确认。谈判从 1996 年 7 月 8 日开始，首先与排名第一的法国电力联合体进行。经过 3 轮 4 个阶段的谈判，到 1996 年 10 月底，双方就所需要确认的有关问题达成了一致意见。最终在 1996 年 11 月 11 日，广西政府与法国电力联合体在北京进行了有关文件的草签仪式。

2.3.3　失败案例 1：日本 Taraso Fukuoka 项目

1997 年，为了有效利用沿海垃圾处理设施在焚烧垃圾时产生的热能，日本福冈市政府决定运用 BOT 模式建设地区公共设施 Taraso Fukuoka。该设施致力于为市民提供温水游泳池以及公共交流区域，总面积 2 870 平方米，分为地上和地下两层。遗憾的是，该项目由于契约的不完全造成风险分担不合理，导致风险转移的悖论问题发生，最终成为日本第一个失败的 PPP 项目。

该项目的发起人是以株式会社大木建设为首的企业联合体，运营商为株式会社 Taraso 福冈，运营期为 15 年。在特许期内，Taraso 福冈作为项目公司自行筹资，进行该公共设施的建设、管理和运营，特许期满后，将该项目无偿交还给政府。在运营期内，Taraso 福冈对使用该设施的市民进行收费，以此获得部分收益；同时，福冈市政府对该项目提供免费的使用地和电力。

该项目在筹划和准备阶段进行了两次的利用者需求量分析。第一次是1999 年，福冈市政府在没有类似设施数据的情况下，通过对游泳池和健身房的利用者数量进行市场调查，发现利用人数为 10 万人。由于考虑到使用者数量较少，福冈市政府认为仅仅依靠使用者的支付无法平衡项目公司的收支，因此，政府决定对项目公司支付一定额度的服务费。

在该项目中，政府支付的服务费的数额是由招投标决定的，在其他条件相似的情况下，要求服务费金额最小的民间企业中标。2000 年，在招投标阶段，大木建设组合进行了第二次需求量分析的市场调查，预测利用人数为 24.7 万人。较高的需求者预测使得该企业对该项目未来的收益有较高预期，因此，其在投标中对政府支付的服务费金额设定远低于其他企业，中标的结果同时也意味着其承担了较大部分的需求风险。Taraso Fukuoka 项目的运作模式如图 2-1 所示。

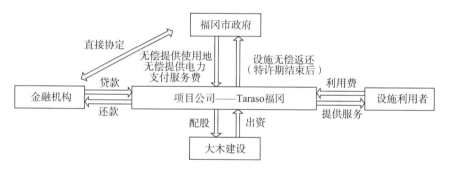

图 2-1 Taraso Fukuoka 项目的运作模式

在该项目开始运营之后，第一年的消费者只有 10.9 万人，商店、餐馆等附属设施利用率较低，利润仅为 2.1 亿日元，亏损 6 000 万日元。为了改善收益，Taraso 福冈对设施进行了装修，拆除商店和餐馆，增加了健身器材，并委托外部运营公司进行运营。虽然利用者人数有上升，但是收支状况没有得到根本改善，仍然处于亏损状态。同时 2004 年，大木建设组合破产，项目公司 Taraso 福冈宣布破产，Taraso Fukuoka 项目停止运营。

2.3.4 失败案例 2：英法海底隧道项目

英法海底隧道是世界上最大的由私人资本建造的工程项目。该隧道于1994 年 5 月 6 日开通，是一条把英国英伦三岛连往法国的铁路隧道，总长

153km，是目前世界上最长的海底隧道。项目采用 PPP 模式建设和运营，总耗资 100 多亿英镑。

1981 年 9 月 11 日，英法两国首脑决定将海峡隧道交由社会资本方出资建设，随后在 1985 年 3 月 2 日，两国政府对海峡隧道工程进行招标，最终在 1986 年 1 月 20 日宣布 CTG – FM 提出的双洞铁路隧道方案中标，两国于 1986 年 2 月 12 日正式签订海峡隧道条约。1986 年 3 月 14 日，两国政府和 CTG – FM 签订特许权协议，授权建设经营隧道 55 年，后来延长到 65 年（包括计划 7 年的建设期）。随后成立了欧洲隧道公司，并与 TML 公司签订施工合同，合同类型为固定总价和目标造价合同。1987 年隧道英国段正式开挖，1993 年工程建设完成，TML 公司将项目转交给欧洲隧道公司。1994 年，英法海峡隧道正式开通。

该项目主要由欧洲隧道公司和 CTG – FM 采用合伙制组织负责实施。建设期内，英国政府要求建设、筹资和经营的一切风险均由社会资本方承担。政府不对贷款作担保，项目公司用项目建成后的收入来支付费用、偿还债务；同时，其必须持有 20% 的股票。作为政府方，其只承诺 33 年内不设横跨海峡的二次连接设施，项目公司有权决定收费定价，两国政府不提供担保，但为欧洲隧道公司提供必要的基础设施。除特许期较长外，政府没有向该公司提供支持贷款、最低经营收入担保、经营现有设施特许权、外汇及利率担保。

该项目在建设过程，虽然遇到过诸多风险，但最终都得以解决。隧道工程在采购时，采用成本加酬金的方式订立合同，由于没有激励因素造成了工程的延迟和超支。另外，固定设备工程中采用总价合同也并不合理。而隧道工程在签订合同时还没有详细的设计，这就在合同执行中隐藏了分歧、争议和索赔。

然而在经营问题上，项目公司却面临失败。隧道通车后，运营方损失不小，仅 3 年就累计亏损 32 亿美元。因为大部分横渡海峡的游客宁愿在轮渡上欣赏海上风光，而不愿选择海底隧道。1997 年 7 月 10 日，欧洲隧道公司进行了财务重组，之后，巴黎商业法庭表示批准欧洲隧道公司的破产申请保护。2007 年，该公司通过公开换股，债务重组成功，欧洲隧道集团首次在巴黎和伦敦证券交易所上市交易，替代欧洲隧道公司负责英法海峡隧道的经营。

2.3.5　经验与教训总结

自 PPP 模式被提出以来，国内外应用 PPP 模式展开了众多项目的建设，上节简单介绍了马来西亚南北高速公路项目、中国广西来宾 B 电厂项目两个成功的 PPP 项目和日本 Taraso Fukuoka 项目、英法海底隧道项目两个失败的 PPP 项目，对于每一个项目的成功或失败，笔者做如下的总结：

（1）马来西亚南北高速公路 PPP 项目成功的原因主要在于以下几个方面：

①政府与投资经营者间的特许权合约条款规定全面而明确，双方权利、义务清楚明细又不失公允。完备的契约让一系列具体操作和责任措施简单明了，使工程项目更具执行力。

②政府为项目投资经营者提供了最低收入保证，无疑是给投资经营者吃了一颗定心丸，投资经营者可以无太多后顾之忧进行公路建设和设施改进。

③政府的最低收入保证增加了贷款银团的贷款信心，降低了投资者的融资难度，为 PPP 项目的顺利实施奠定了坚实基础。一言以蔽之，由于契约的合理制定，使得马来西亚南北高速公路 PPP 项目中的参与者分工明确，各司其职，同时降低了整体风险，进而使项目得以顺利进行。

（2）广西来宾 B 电厂 PPP 项目成功的原因主要在于以下几个方面：

①对申请人和投标人有严格的审查机制。资格预审文件中所提出的资格预审评定标准在经验、财务、技术、信誉等方面作出了严格规定，对项目投资经营者本身有高标准要求，增加了来宾电厂 B 电厂项目的成功概率。

②评标标准注重电价水平走出了回报率的误区。在来宾 B 电厂的评标权重中，上网电价及其走势占据该评标体系权重的 60%，换言之，在技术法律融资等方面基本满足投标条件的情况下，上网电价之间的差异成为中标的主要因素。在该项目招标过程中，中国政府部门打破常规，不以回报率来推导上网电价，让本次中标协议中来宾 B 电厂赢得了一个低水位的电价水平。

③政府部门对该次融资的成功给予了巨大的支持。由于本次来宾 B 电厂是广西第一个标准化的 PPP 融资项目，中央各级部门对此非常关心，同时也对该项目给予了巨大支持。在该项目融资过程中，国家外汇管理局、原国家计委外资司对项目的资格审查、资信证明、项目的建设过程都给予了重大的关注与协调。此外，广西壮族自治区人民政府还为此项目专门成立了一个领导小组，该领导小组由广西壮族自治区政府主要领导担任组长，下设办公室专门与该 PPP 项目进行对接。

（3）日本 Taraso Fukuoka 项目 PPP 模式失败的原因主要在于以下几个

方面:

①项目发起人在项目招投标的准备阶段对项目的需求状况进行了错误的预测,导致其过度地承担了项目的需求风险。

②福冈市政府缺乏对项目存在的风险进行准确评估的能力,未能对项目发起人应对风险的措施进行评估和审查。过分依赖企业,将风险大部分转移给项目公司,而未能考虑到他们的承受能力。

③契约的不完全性,在政府和项目公司之间没有建立风险承担机制,未能制定适当的风险分担条款,契约不够灵活。如将政府的支付方式改为在一定利用者人数范围内,支付基础服务费,低于某一人数,减少支付,高于该人数,增加支付,则能激励项目公司采用积极措施吸引消费者,促使他们在投标中更加谨慎地评估风险,制定合理的服务费价格。

(4) 英法海底隧道 PPP 项目失败的原因主要在于以下几个方面:

①由于政府只承诺 33 年内不设横跨海峡的二次连接设施,且政府没有向该公司提供支持贷款、最低经营收入担保、经营现有设施特许权、外汇及利率担保,所以,在建设、经营过程中,项目公司承担了部分应该由政府、承包商或放贷者承担的风险,当风险发生后,项目公司没有能力应对处理,导致其资金压力巨大,面临破产。

②在签订的合同中,英国政府要求建设、筹资或经营的风险均由社会资本方承担。风险会使项目公司的工期延长,进而减少经营期的时间,影响项目的收益和债务偿还。

③合同各方的对抗引发了多次危机。

④项目公司对隧道的交通需求预测过高,对效益的预测过于乐观,导致经营期内损失巨大。

从上文对每一个 PPP 项目的成功经验或失败教训总结来看,决定 PPP 项目成败的根本原因在于能否有效控制未来经济、政策等环境的不确定性所导致的风险,而控制未来不确定性导致的风险的根本方式在于事先将不确定性条款的处理方式写入契约并严格执行,因此,特许经营契约设计的合理与否是 PPP 项目特许经营成败的关键。从上述成功的 PPP 经营案例来看,其契约无一不是特许经营契约合理设计的典范,而失败的 PPP 项目恰恰是特许经营契约的不完备和不合理所导致的。因此,特许经营契约对于 PPP 特许经营是至关重要的,是决定 PPP 特许经营效果的最关键要素。

第 3 章

采用 PPP 模式建设公租房的必要性与可行性分析

3.1 国外保障性住房融资建设经验

3.1.1 新加坡集合民间资本的中央公积金制度

新加坡保障性住房以建屋发展局投资和建造的组屋为主，主要针对中低收入群体，覆盖了 80% 以上的新加坡居民。新加坡政府实施独特的"居者有其屋"住房保障政策和中央公积金制度，成功地解决了国土面积小、人口相对集中所带来的居住难题。

在保障性住房的资金来源方面，新加坡政府最大的创新就是在建设和运营组屋的时候发明和建立了中央公积金制度（见图 3-1），新加坡政府的组屋建设管理资金几乎全部都来自公积金。其具体运作方式是：

首先，新加坡政府实施强制公积金制度，在操作上就是要求每一位职工都要缴纳 40%~50% 的收入至中央公积金局，以此形成了"公积金池"，该公积金池当中 80% 以上的资金都是用来建设和运营保障性住房的。中央公积金局留足会员提款后将剩余的公积金通过购买政府债券的方式转移给中央政府，中央政府再以拨款和贷款的形式转移给建屋发展局。在这其中，中央政府拨款的主要用途是补贴租房居住的人群，中央政府划拨的贷款则主要是用来建设房屋和购买房屋，而且该资金的偿还是通过组屋的销售来完成的，在时间期限安排上一共是 60 年，随后随着制度的实施后被调整压缩为 20 年，贷款利率遵从的是中央公积金的存款利率。在这样的情形下，购房贷款是建屋发展局从政府获取该项贷款后，再将其作为购房贷款

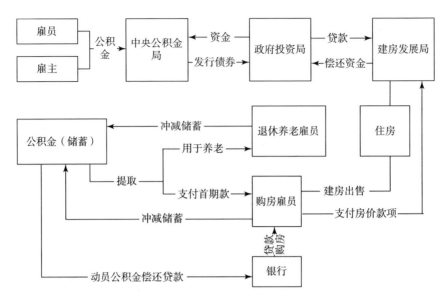

图 3-1　新加坡中央公积金制度模式

贷借给组屋买主；组屋买主通过每月提取公积金来分期偿还，建屋发展局汇集组屋买主的分期付款后，再将其偿还给政府。建屋发展局购房贷款利息比公积金存款利息略高，但比商业银行的按揭贷款利率低。这样，建屋发展局实际上同时扮演着发展商和按揭银行的双重角色。此外，新加坡政府还常年以赤字补助金的形式弥补建屋发展局的经营财政赤字。

新加坡政府坚持以政府主导、市场为辅的原则，在中央公积金的保障下，成功地解决了各收入阶层的住房问题。居住水平的提高增强了国民凝聚力和社会稳定性，人民团结努力共同推动新加坡经济发展。

3.1.2　美国社会资本以市场化方式参与保障房

为了扩大资金来源，美国引进资本市场，增加融资渠道，从政府财政的单一投资模式转向政府主导的多元化融资模式，通过充分吸收资本市场中的社会公众投资，以市场化方式参与建设、持有或管理保障性住房，提高闲散资金的利用效率并有效弥补资金缺口。

一方面，美国政府采用房地产信托投资基金（REITs）方式集合众多投资者的资金参与保障性住房投资建设，并给予房地产开发的税收优惠。如图 3-2 所示。REITs 通过证券市场进行 IPO 或是增发股票，由专业房地产金融机构持有并管理投资组合，投资者可以在证券市场进行股票和受益凭证的自由交易。投资者收益主要来源于利息、分红收益和二级市场交易产生的资产增值,投资收益按投资比例分配。房地产具有较好的保值能力,且 REITs 具有较高的分红收益,较好的抗通胀性和稳定的收益吸引了大量偏好资金安全的投资者,REITs 不受地域限制,极具灵活性且分散了风险,没有持股数量限制极大地方便了小型投资者,吸引了大量小额投资者和机构投资者。

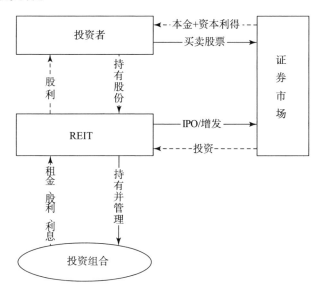

图 3-2 公开上市交易的 REITs 运作模式

更一方面,美国政府通过建立制度化合作方式引导私营开发商和非营利机构参与保障性住房投资建设,在保障性住房的供应结构中私营开发商和非营利组织的比例达到 69%。私营开发商和非营利机构的介入拓宽了资金来源,提高了运营效率并降低了资金风险,很大程度上减轻了政府的管理负担。政府提供财政激励政策鼓励私人机构参与投资建设,如制定灵活的税收减免政策、土地规划、开发配建等方式。在求同存异的基础上寻求合作,实现降低风险、增加回报和优化资源的"多赢",既弥补了资金缺口,私人机构也获得了合理的收益。

3.1.3 英国的私人主动融资 (PFI) 模式

为了控制保障性住房建设的政府财政支出,充分利用闲散资金和社会技术,英国政府在保障性住房融资建设中引入住房私人主动融资 (PFI, Private Finance Initiative) 模式。英国政府强调民间资本的重要性,鼓励国内社会资本方主动参与公共项目的开发、建设和特许运营,形成多元化的融资、建设、运营渠道，一定在程度上解决了传统公共项目建设中存在的高投入、低效率和资源浪费等问题。

英国政府通过提案制定、资金支持和项目监督对 PFI 项目进行管理和控制。公共授权当局根据社会需求和发展规划制定提案并评估成本、效益、资金等，发起适应于 PFI 模式的项目。如图 3-3 所示，由 SPV（Special Purpose Vehicle，SPV）组织运行模式，直接承担项目经营管理。通过分包合同如工程分包合同和管理分包合同，SPV 可以转移部分风险，实现风险最小化和利润最大化。政府当局与 SPV 签订长期服务合同建立契约关系，并根据合同提供支持、协调和监督。通过 PFI 模式能募集大量民间资本，为使 SPV 顺利获得金融机构的贷款，政府与提供贷款的金融机构签订对 SPV 的支付承诺协议，为项目收益提供保障。英国财政部有专门的审查小组对 PFI 项目进行审批和监督，指导并规范项目实施。获得特许权的民间财团负责项目的建设、维护和竣工后运营，在特许期结束时需将完好无损的项目移交给政府，由此可见，投资者承担建设成本、维护成本和运营成本，还需注重其实际功能、长期维护性和长久利益。政府根据 PFI 项目的使用率和社会效用向投资方支付租金或使用费，效用越高，投资者从政府获取的支付费用就越高，促使 PFI 项目在保证质量的前提下如期完工。政府通过 PFI 融资模式将超支风险和长期维护风险转移到了社会资本领域，缓解了政府财政支出压力，充分利用社会资本方的技术优势和管理经验，注重建筑质量并提高供给效率。同时政府建立风险分担机制，对于无法通过市场行为应对的风险给投资者提供担保，避免额外风险造成民间投资者利益损失，实现政府公共部门和社会资本方的互利共赢。

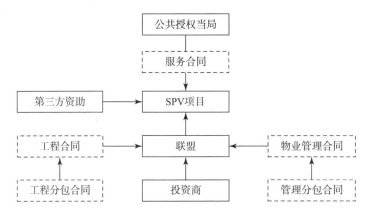

图 3-3 英国 PFI 项目结构图

3.1.4 国外经验与启示

保障性住房的资金障碍是每个国家都存在的,在政府财政能力有限的现实背景下,各个国家和地区进行的对社会资本的引导实践,对我国保障性住房的建设有极大的借鉴意义。我们应当积极拓展和创新融资方式与民间资本的参与形式,为社会资金进入保障房建设提供可行的渠道和路径。

第一,相关的优惠政策和补贴政策可以对社会资本形成有效吸引和激励,并缓解了社会资本方对盈利性的担忧。在保障性住房的建设过程中,各个国家都在土地、税收、贷款等方面给予优惠和补贴,如美国先后给私人开发商发放的"砖头补贴"和"房东补贴",英国政府实施的各类政策优惠等。此外,在保障房特许经营过程的政府补贴保证了民间资本的收益,为民间资本的参与起到了一定的激励作用。

第二,PPP模式被大量地采用。从国外的实践来看,政府与社会资本共同开发保障性住房可以有效地降低社会资本自身所承担的风险,风险由公私双方合理承担,这种合资开发、风险共担、互利双赢的融资开发模式,也吸引了大量民间资本的参与,解决了民间资独立投资与经营保障性住房的风险问题。

第三,民间资本对保障性住房的参与有利于完善国内住房结构体系,以形成混合居住的局面,可以有效避免"新平民区"现象。实际上,从国外的运营经验上来看,如果不将保障性住房的选址等问题解决好,很容易造成的一个现象就是保障性住房所在的区域成为新的平民区,譬如20世纪70年代美国大量出现的黑人区等。而公私合营的保障性住房因为要考虑到房屋的入住率和经济收益等问题,在社会资本的驱动下,会重视保障性住房的空间布局规划等现实问题,而不再是由政府完全主导,这样会有效地实现混合居住的局面。

3.2 公租房建设采用PPP模式的现实必要性

公租房建设资金需求与建设资金供给之间的矛盾与缺口,是采用PPP模式建设公共租赁住房的最大驱动力。由于单独的公租房的建设资金供需数据不完备,本书以保障性住房建设资金的供需情况来介绍资金缺口现状。

3.2.1 保障房建设的资金需求分析

在国家"十二五""十三五"规划下,每年我国都有大量的在建保障房和将开工保障房,这意味着巨大的资金需求压力。无论是投资规模还是建设成本估算,保障房建设的资金缺口都在逐年增大,资金缺口成为影响保障房建设进度的重要原因。表3-1展示了2008—2017年我国保障性住房建设的规模和资金需求状况。

表3-1 2008—2017年保障房建设与投资规模

年份	新开工/万套	基本建成/万套	当年完成投资/亿元	资金缺口/亿元
2008	273	130	2 214	—
2009	467	330	4 119	—
2010	590	370	6 150	—
2011	1 043	432	9 310	1 572
2012	781	601	13 928	1 759
2013	650	560	15 007	2 040
2014	745	551	12 963	1 011
2015	783	772	15 455	876
2016	606	658	16 623	1 000
2017	609	685	18 412	1 000

数据来源:住房和城乡建设部、国家统计局。

数据显示,我国保障性住房的建设呈现出规模不断扩大、资金需求不断增长、投资金额不断提高的态势,资金需求压力逐年加大。

3.2.2 保障房建设的资金供给分析

中央及各级政府制定的管理办法明确规定了我国保障性住房建设的资金来源,主要有以下渠道:

(1)财政拨款。由于保障性住房具备强福利性、公益性等特点,所以中央财政和地方财政的财政拨款是保障房建设的最重要资金来源。表3-2汇总了中央财政和地方政府对保障性住房的投入情况。从表3-2中可以看出,国家财政和地方政府财政对住房保障的投入每一年都是在持续增加的,但是从历年的数据来看,中央政府的财政拨款有限,而地方财政的压力又非常大,可用于建设保障性住房的财政资金无法满足其巨额的资金需

第 3 章 采用 PPP 模式建设公租房的必要性与可行性分析 39

求,资金缺口在近几年逐年增大。

表 3-2 中央和地方政府对保障性住房的投入情况

时间	中央财政对保障性住房投入/亿元	地方财政对保障性住房投入/亿元
2011	328.82	3 491.87
2012	410.91	4 068.71
2013	404.73	4 075.82
2014	405.41	4 638.31
2015	401.18	5 395.84
2016	2 377.37	5 172.38
2017	2 487.62	5 354.26

数据来源:各年度《统计年鉴》。

(2) 土地出让金净收益。土地出让金一直以来被称为地方政府的"第二财政"。土地出让金净收益是指当年财政收取的土地出让金总额扣减征地补偿费、土地开发费、拆迁补助费等费用后的余额。以廉租住房为例,《廉租住房保障资金管理办法》明确规定"从土地出让净收益中按照不低于 10% 的比例安排用于廉租房建设的资金",但是从往年的数据来看,这一比例很难达到。2013 年全国的土地出让金为 4.126 6 万亿元,而土地出让金投入保障性住房建设的只有 699.16 亿元,是土地财政收入的 1.69%。2017 年,土地出让金投入保障房建设的比例大幅提升,也远远没有达到 10% 的既定目标。可见我国的地方政府土地出让金支持保障性住房建设远远低于国家要求。而且,我国不同地区间的土地出让价格不同,导致更需要保障性住房的西部地区获得的土地出让金净收益反而比东部地区少,出现了严重不均衡的情况。

(3) 住房公积金增值收益。住房公积金增值收益是指住房公积金业务收入与业务支出的差额,是保障性住房建设的重要资金来源,其具体比例由各省、自治区、直辖市财政厅(局)确定。但是该资金来源存在如下缺陷:

第一,住房公积金增值收益需要时间积累,因此缺乏连续性;

第二,不同地区提取住房公积金增值收益的比例存在很大差别,不均衡性强;

第三,住房公积金制度建立的初衷是保障普通工薪阶层的市场住房的购买能力,是否应该将其普遍用于保障低收入家庭的住房需求,尚存很大争议,因此,2016 年 7 月住房和城乡建设部确定,不再新增住房公积金贷款支持保障性安居工程的试点城市,也不再向地方政府发放新的用于支持保障性安居工程的住房公积金贷款。这意味着潜行多年的住房公积金贷款支持保障性安居工程建设的"特殊政策"发生重大调整,2016年开始地方政府的保障性安居工程将不能再得到住房公积金贷款的支持,这对保障性住房建设的资金短缺现状无疑是雪上加霜。

(4) 各类住房及配套商业地产租售收入。保障房建设可以获得资金的另外一个渠道是保障房租售收入及其配套商业地产的销售收入,这主要包括产权性住房的销售收入、租赁住房配套商业地产收入、棚户区销售收入等。然而,一方面这部分资金在建设阶段是无法获得的,只有在建设完成之后才能逐渐获得;另一方面,由于保障性住房带有明显的公益和保障性质,因此与普通商品住房相比其销售收入总额是非常低的。

为了加快推进保障性安居工程的建设,2014年7月29日,中国银监会发出通告,同意国家开发银行股份有限公司成立"住宅金融事业部",这意味着中国版的"住宅银行"正式批复成立。设立国家"住宅银行"是发达经济体普遍的做法,但在中国尚属首次。长期以来,我国住房金融体系主要由商业银行和住房公积金组成,主要解决的是房地产开发贷款、个人住房贷款问题。"住宅银行"的成立则在保障房建设、基础设施建设上补上了住宅政策的金融空缺。中国版"住宅银行"运作后将发行住宅金融专项债券,然而其业务重点和当前阶段的核心任务是支持棚户区改造建设。"住宅银行"对公共租赁住房的融资难题的解决无实质影响,公租房建设依然面临着巨大的资金缺口。

3.2.3 保障性住房建设的融资特点

由于保障性住房特殊的公益性和保障性特征,因此保障性住房建设中的融资过程也出现了异于普通工程建设融资的特点和特征。

3.2.3.1 保障性住房建设的资金需求量大、持续性要求高

保障性住房体系的建设属于房地产工程建设范畴,需要大量的资金支持,以上保障房建设资金供需数据即表明了保障性住房建设的资金需求之大。随着开工建设规模的扩大,2012年以来每年保障房建设的资金总需求都超过了1万亿元。在不引入社会资本的情况下,即使将保障性住房的未来收益计入,每年都将至少存在1 000亿元的资金缺口。

3.2.3.2 保障性住房建设的经济回报低

保障性住房的建设初衷在于解决城市低收入人群的住房问题,体现的是政府对住房弱势群体的关怀,因而在经济效益回报方面,保障性住房带

有明显的福利性质，表现为经济适用房价格远低于普通商品房价格、公租房廉租房的租金要求低于普通住房租金水平，再加各年来各地加大实物配租力度，这都进一步加剧了保障房建设的融资难度。

3.2.3.3 保障性住房建设融资以财政支出为主导

保障性住房的社会福利性和公共产品特点，导致保障性住房的资金供给以政府财政投入为主，政府通过保障房的建设和分配来实现社会收入的再分配，兼顾社会效率与公平。然而，当前国家财政安排专项资金制度对地方政府而言，存在一定意义上的硬性摊派，往往不能调动地方政府的积极性。当中央或地方财政吃紧时，保障性住房的建设资金可能就会被挤占。这种纯粹的政府行为不利于保障性住房建设长期资金链条的形成，保障性住房建设亟需市场行为的介入以提高融资和建设效率。

综上所述，通过分析我国保障性住房的资金需求和资金供给现状，发现保障性住房建设存在严重的供需矛盾。结合我国保障性住房建设的融资特点，笔者认为将 PPP 融资模式引入到保障性住房的建设中，能够很好地解决该矛盾，能在一定程度上缓解建设资金缺乏的问题，促进投资主体的多元化，减轻政府负担。

3.3 保障性住房建设采用 PPP 模式的现实可行性

PPP 模式近年来在国内外被广泛应用于交通、固定连接、水资源、旅游设施建设、健康机构、专门的收容设施、教育设施、艺术体育和娱乐设施、会议中心、政府办公设施等方面，此外，新加坡的公共组屋、香港的公屋等在建设过程中也都采用了 PPP 模式，表明了 PPP 模式建设社会保障设施的可行性。那么，PPP 模式是否适用于我国保障性住房的建设，笔者认为可从当前我国的政策和社会资金现状两个方面进行探索。

3.3.1 政策可行性

中央政府一直以来重视保障性住房的建设及其多元化渠道融资问题，先后出台了《廉租住房保障办法》《中央补助城市棚户区改造专项资金管理办法》《经济适用房建设资金管理办法》等一系列管理办法，配合《国务院关于投资体制改革的决定》《关于鼓励支持和引导个体私营等非公有制经济发展的若干意见》《招标投标法》《担保法》和《抵押法》等对民间资本进入保障性住房项目，引入市场竞争机制，实现投资主体多元化，提高基础设施建设效率提供了有利的政策支持，为 PPP 融资模式的运行奠定了良好的政策环境。尤其是2012年7月住房和城乡建设部等部门联合发布了《关于鼓励民间资本参与保障性安居工程建设有关问题的通知》（以下简称《通知》）。《通知》明确民间资本参建保障房的具体方式：直接投资或参股建设并持有、运营公共租赁住房；接受政府委托代建廉租住房和公共租赁住房，建成后由政府按合同约定回购；投资建设经济适用住房和限价商品住房；在商品住房项目中配建廉租住房和公共租赁住房，按合同约定无偿移交给政府，或由政府以约定的价格回购；参与棚户区改造项目建设以及市、县政府规定的其他形式。此外《通知》还明确了民间资本建设保障性住房所享有的6项支持政策；《通知》还要求消除政策障碍，为民间资本参建保障房创造良好环境。此后，关于政府与社会资本合作建设公共租赁住房的政策每年都在颁布和更新（详见附录1）。

因此，应用PPP模式建设保障性住房尤其是公共租赁住房，在政策上是允许且被鼓励的。

3.3.2 客观条件可行性

随着社会经济的不断发展和人民收入的不断提高，城镇居民存款也有了较大幅度的增长，我国各金融机构本外币存款金额由2004年年末的25.32万亿元增长到2018年年末的180.16万亿元（见图3-4）；城乡居民储蓄存款余额由2004年的不足12万亿元增长到了2018年的近40万亿元。在目前银行利率较低的情况下，数额巨大的民间资本都想通过投资方式来避免通货膨胀的影响。这部分民间资本总额巨大而且必将随着我国经济持续增长，将其投入保障性建设市场是完全可能的，这对于国家、银行和资金投资者来说，更是一种多赢的行为：一方面可以拓宽闲置的民间资本的投资渠道，同时也减小了银行因存款余额过大而产生的系统风险；另一方面，在加快资金周转速度的同时，可以弥补我国保障性住房项目的资金缺口。充足的民间资本为PPP融资模式在保障房建设中的应用提供了可行性。

此外，由于公共租赁住房面向的对象是城市中等收入偏下群体（如刚就业的大学生等），因此非经济收入条件非常差的特别困难群体在租金定价方面会有一定的收益，此外政府还对公租房运营公司给予一定的财政补贴，因此社会资本企业具备参与公租房PPP建设的动力。

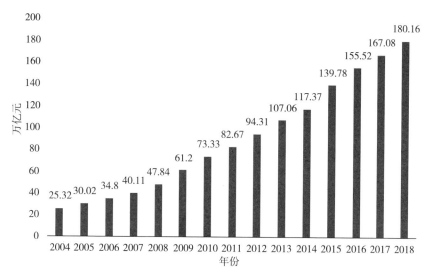

图 3-4 金融机构本外币存款总额

数据来源：中国人民银行、《中国金融年鉴》。

3.4 公租房 PPP 建设模式的理论论证

在引入民间资本而实施特许经营之前，政府建设公租房只有政府建设、公共管理这一条路径，这也是当前绝大多数公租房项目的建设模式。然而，如果考虑将私人资本引入到公租房建设当中，那么政府在建设公租房之前，要面临着一个重要抉择，这就是：到底是由政府来建设和公共管理公租房的模式比较好，还是引入民间资本而进行特许经营的模式更好。

秉承 Laffont 和 Tirole（1993）的观点，公共管理模式就是由在整个项目建设和存续期内，政府进行项目投资、控制进程、掌控现金流，当企业经营出现亏损时，政府予以财政补贴；当企业出现盈利时，政府征收税赋，实现对整个建设和经营的控制。这种控制权和责任义务的糅合是典型的公有体制。

而 PPP 特许经营模式是公共管理和私营管理相结合的建设管理方式，政府授予特许权持有者在明确的特许经营期内投资并保持控制和拥有现金流权利的特许经营权。在这段时间内，政府对企业的收益和损失概不负责。一个纯粹意义上的 PPP 合约，其本质是政府不需要将任何现金支付给私人投资者，在特许经营期限内政府不干预特许经营者的经营，放任自由，特许经营者自负盈亏，特许经营期到期后政府收回项目的所有权。

3.4.1 比较模型的建立

在公租房开工建设之前,政府必须决定何种方式最佳。为了避免在决策之初决策者带有倾向于选择公共管理或倾向于选择 PPP 经营的事先倾向,我们假设任何一种建设方式的可用技术和选择偏好是相同的。那么,本书构建一个政府和社会资本的时间机会成本都相同(记为 ρ)的连续时间模型。为简化起见,假定公租房项目开动后的整个时间周期内需求和成本参数都不变。在时间段 t 内,记公租房的需求为 Q_t,项目建设者的短期盈余为 $S(Q_t)$,且满足 $S'(Q_t) > 0 > S''(Q_t)$,租赁价格为 $P(Q_t)$,满足 $P(Q_t) = S'(Q_t)$。建设企业(即项目公司)在初始投入不可逆成本 K 后,在后续期中以恒定的边际成本进行经营,边际成本参数 β 是根据密度和累积分布函数 $g(\cdot)$ 和 $G(\cdot)$ 从 $[\underline{\beta}, \overline{\beta}]$ 异质独立取得的,期望值计算为 $E[h(\beta)] = \int_{\underline{\beta}}^{\overline{\beta}} h(\beta) d_{G(\beta)}$。实际上,$\beta$ 代表的公租房的入住情况和管理成本的内在不确定性,方差越大,项目的不确定性(风险)就越大,所以在一定程度上也可被视为是公租房的需求参数。在本书的模型中,成本和需求信息的不对称性是同构的,因为在 $\beta \in [\underline{\beta}, \overline{\beta}]$ 用于定义其他需求解释变量时,可以将边际成本正常化为零并且将需求定义为 $P(Q) - \beta$,盈余为 $S(Q) - \beta Q$。同时,为了避免模型出现多个端点解,假设成本投入以后就不会停止该项目建设,这也是符合公租房建设实际的。基于此,提出本书的第一个假设:

假设1:$P(0) > \overline{\beta} + \dfrac{G(\overline{\beta})}{g(\underline{\beta})}$

依然按照 Laffont 和 Tirole(1993)的观点,政府是带有一定功利的慈善者,虽然公租房是面向城市中低收入人群的公益项目,但如果收益覆盖成本后尚有结余则倾向于追求该结余的最大化。政府的跨期目标函数为:

$$w = -K - \lambda T_0 + \int_0^{+\infty} [S(Q_t) - \beta Q_t - \lambda T_t] e^{-\rho t} dt$$

这个目标函数包括初始投资成本 K、$t=0$ 时的一个转移期 T_0、随后净盈余的贴现值 $S(Q_t) - \beta Q_t$ 和所有 $t>0$ 时期的政府转移的社会成本 λT_t。转移的社会成本包括企业支付的税款($T_t < 0$)或是对企业的补贴($T_t > 0$),这些根据边际成本来估价。当边际成本 λ 接近 0 时,政府使净消费者剩余

第3章 采用PPP模式建设公租房的必要性与可行性分析 45

最大化，而当边际成本变得更大时，它更注重的是转移的社会成本。当后者变得非常大（λ→+∞）时，政府主要感兴趣的是转移对其预算的影响：在企业盈利的情况下征税并且避免在亏损情况下的任何补贴。

参数λ的含义是：转移1元钱到承建企业当中，要得到同样的建设管理效果，对应着要转移（1+λ）元钱到社会当中。因此，公共建设投资的边际成本参数λ决定了政府进行经济干预的社会成本，也是影响政府决策的重要因素。在政府实施了很多项目并有很多资金来源的背景下，边际成本可以被解释为政府预算限制的拉格朗日乘数。在公租房建设中，λ是正的，因为项目转移到企业意味着公共产品生产的减少或扭曲性税收的增加。在发达国家，λ大致等于应计到不完全所得税的额外损失，λ数值大约为0.3（Snow和Warren，1996）。在发展中国家，低收入水平和难以有效实施的税收计划对政府预算是强大的约束，导致λ的值更大。世界银行（1998）建议λ数值为0.9及以下较为合适。简化研究起见，本书假定整个期间政府的资金条件保持不变，也就是参数λ的数值不会变化。

在政府公共管理的情形下，建设和经营公共租赁住房的主体是政府，或政府完全控制的企业，它们接受政府投资，盈利则上交于政府，亏损则由政府来补贴，那么其即时效用为：

$$U_t = \begin{cases} -K + T_0 & \text{if } t = 0 \\ P(Q_t)Q_t - \beta Q_t + T_t & \text{if } t > 0 \end{cases}$$

其中，假设公共建设经营公司的外部机会值归一化为0，那么其效用始终为正值。因为政府掌握着对企业的现金流控制权，因此政府有权决定企业在任意时刻破产。当资金转移覆盖即时损益时，则有：当$t=0$时，$K=T$；当$t>0$时，$T_t = U_t - P(Q_t)Q_t + \beta Q_t$。因此，在政府公共管理的情形下，政府的目标函数为：

$$w^p = -(1+\lambda)K + E\int_0^{+\infty} [S(Q_t) + \lambda P(Q_t)Q_t - (1+\lambda)\beta Q_t - \lambda U_t]e^{-\rho t}dt$$

在PPP经营模式的情形下，在特许经营期限结束之前，中标的特许经营者自负盈亏，而且不存在重新谈判的情况。因此，当在特许经营期限t_1之前的任意时间t，特许经营结束之后，政府收回经营权和现金流。因此特许经营者的即时效用为：

$$U_t^b = \begin{cases} -K & \text{if } t = 0 \\ P(Q_t)Q_t - \beta Q_t & \text{if } 0 < t \leq t_1 \\ 0 & \text{if } t > t_1 \end{cases}$$

特许权经营者的净现值则为：

$$U^b = -K + E\int_0^{t_1}[P(Q_t)Q_t - \beta Q_t]e^{-\rho t}dt$$

因此,在 PPP 情形下,政府的目标函数为:

$$w^b = -K + E\int_0^{t_1}[S(Q_t) - \beta Q_t]e^{-\rho t}dt +$$

$$E\int_{t_1}^{+\infty}[S(Q_t) + \lambda P(Q_t)Q_t - (1+\lambda)\beta Q_t - \lambda U_t]e^{-\rho t}dt$$

为了保证收益曲线和政府目标函数的凹性,我们假定需求函数的凸性并不太强。

假设 2: $P''(Q)Q + P'(Q) < 0$

在 PPP 模式下,0 到 t_1 时刻是由特许经营者自主经营,t_1 时刻之后只是将公租房的运营权限交还政府,因此即时产出和盈余在特许经营期内和特许经营期限结束后是保持不变的。记 $[0, t_1]$ 时段的产出为 Q_1,$[t_1, \infty]$ 时段的产出为 Q_2。定义特许经营期限 L 为 $L/\rho = \int_0^{t_1}e^{-\rho t}dt$,我们知道 $(1-L)/\rho = \int_{t_1}^{\infty}e^{-\rho t}dt$,因为一元钱的净现值等于 $\int_0^{\infty}e^{-\rho t}dt = 1/\rho$。政府的即时福利计算为:

$$W(Q, \beta) \equiv S(Q) + \lambda P(Q)Q - (1+\lambda)\beta Q \quad (3-1)$$

在假设 2 下,该函数曲线形状为凹函数。

基于以上的讨论,我们可以把政府的目标函数更简洁地刻画为:

$$\rho w^p = -(1+\lambda)\rho K + E[W(Q,B) - \lambda U] \quad (3-2)$$

$$\rho w^b = -\rho K + LE[S(Q_1) - \beta(Q_1)] + (1-L)E[W(Q_2, \beta) - \lambda U] \quad (3-3)$$

承担公租房项目的项目公司的目标函数为:

$$\rho U^b = -\rho K + LE[P(Q_1)Q_1 - \beta(Q_1)] \quad (3-4)$$

3.4.2 信息对称情形下的模型分析

在信息对称的情形下,在整个项目过程中,政府和特许经营者(假如有的话)都拥有成本参数 β 的完整信息,则有 $E[h(\beta)] = h(\beta)$。为区别起见,信息对称情形用上标 ∗ 表示。

在公共管理模式下,政府并无足够动力将公租房建设公共企业的效用提升到超过预期水平,此时公共建设企业的额外效用为 0。政府的最佳产出水平通过最大化以下公式获得:

$$\rho w^p = -(1+\lambda)\rho K + W(Q, B)$$

对其进行一阶求偏导,可得最佳产出水平 Q^*:

$$\frac{\partial}{\partial Q}W(Q,\beta) = 0 \Leftrightarrow P(Q^*) + \frac{\lambda}{1+\lambda}P'(Q^*)Q^* = \beta \qquad (3-5)$$

在 PPP 模式下,政府的目标函数为:

$$\rho w^b = -\rho K + L[S(Q_1) - \beta(Q_1)] + (1-L)W(Q_2,\beta)$$

特许经营期限内,项目公司的收益函数为:

$$\rho U^b = -\rho K + L[P(Q_1)Q_1 - \beta(Q_1)]$$

由于在 PPP 模式下,企业自主经营,所以特许经营企业可以从量产上进行相对垄断,$Q_1 = Q^m$,以获得最大化的收益,那么 Q^m 的求解应通过上式的一阶偏导为 0 获得:

$$\frac{\partial U^b}{\partial Q} = 0 \Leftrightarrow P(Q^m) + P'(Q^m)Q^m = \beta \qquad (3-6)$$

对照两式可明显发现,当 $\lambda > 0$ 时,$Q^* > Q^m$;当 $\lambda \to \infty$ 时,$Q^* = Q^m$。其经济意义在于:当公共建设投资的边际成本非常大时,均衡的量产趋近于垄断量产。那么,在这样的情形下,政府会致力于从企业中获取最大化的利益。

在特许经营期限内,政府的最大化目标函数 $W(Q_2,\beta)$,也就是 w^b 加常数,其最优产出为 $Q_2 = Q^*$。因为政府没有任何动力去让利特许经营企业,所以政府在设定特许经营期限时,甚至会使得企业的效用 U^b 为 0,那么:

$$L^* = \frac{\rho K}{P(Q^m)Q^m - \beta Q^m} \qquad (3-7)$$

从这个公式可以很直观看到,越大的公租房建设成本和越低的公租房利润,会导致越长的特许经营期长度,这也是显而易见的。

以下比较公共管理模式和 PPP 模式在信息对称情形下的优劣。由于只有在 $w^p \geq w^b$ 时,政府才会选择公共管理模式,也就是:

$$L^*\{W(Q^*,\beta) - [S(Q^m) - \beta(Q^m)]\} \geq \rho K \lambda \qquad (3-8)$$

式(3-8)反映了信息对称下公共管理的政府成本和利益。一方面,政府必须从公共资金中投入资金 K;另一方面,政府又想在特许经营期限内获得更高的福利。而项目公司在决定特许经营期限长度时肯定取决于其投入成本的。因此,成本的增加与上述不等式的因子是成比例增加的。任何额外投资成本都会成比例地增加项目的公共投资成本和公共管理的福利优势,因此投资成本对于政府决策采用公共管理模式还是 PPP 模式是没有影响的。那么,在信息对称的情况下,结合式(3-1)和式(3-7),式(3-8)可简化为:

$$W(Q^*,\beta) \geq W(Q^m,\beta)$$

$W(\cdot)$ 是凹函数，在 $Q = Q^*(\beta) \geq Q^m(\beta)$ 时取得最大值，因此上式是永远成立的。也就是说，PPP 模式建设和管理公租房在最好的情形下也仅仅是等同于公共管理模式，而且这样的选择与投资成本是无关的。实际上，特许经营企业只关心自己的生产者剩余，而政府还要关心消费者剩余和公共投资成本。因此，在政府看来，特许经营企业的产出（公租房的质和量）都是过低的，我们可以从以下命题中得到这一结论。

命题一：在信息对称的情形下，PPP 模式建设公租房所产生的福利永远不可能高于公共管理模式。

该命题成立的内在原因在于，一个公益的、信息完全知悉的政府，不可能比市场化运作得更差，因为至少政府可以模仿市场的手段和结果。Auriol 和 Picard（2008）认为这个结果适用于任何边际成本的情形。Engel 等学者（2001）曾研究过完美信息下 PPP 模式下的政府决策问题，但是他们将任何价格和产出的偏差都考虑在假设之外了，因此在他们的研究当中，消费者剩余在公共管理和私人管理的情形下都是一样的，也就是他们认为 $Q^* = Q^m$，所以 $W(Q^*, \beta) = W(Q^m, \beta)$，所以他们认为成本不会影响政府决策的选择。然而，一旦特许经营期和公共管理的价格和产出条件出现不同，政府在这两种经营模式选择中不可能再保持中立。下面我们将看到，信息不对称的存在使得这个结果是合理的。

3.4.3 信息不对称情形下的模型分析

跟信息完全对称的情形不同的是，实际上，政府想要完全获取企业的全部信息几乎是不可能的，但特许经营者（项目公司）的信息不对称程度却没有政府那么强，因为项目公司拥有项目建设和管理的专业知识和更加市场化的激励机制。特别是项目公司为了控制利润可以从内部控制中采取手段（如降低员工报酬等），而公共管理模式下的公共建设管理公司是不可能采取如此手段的。因此，公共建设管理公司往往会夸大他们的成本以获取一定的额外收益。Megginson 和 Netter（2001）实证证明了公有制企业的平均生产力和盈利能力低于社会资本企业。

在探讨 PPP 合约的过程中，本书要深入探讨两个问题：

（1）关注政府和项目公司在签署公租房 PPP 合同进行投资之时存在的信息不对称。在签署合约之前项目公司可能掌握更多的信息，那么此种情形即为事前信息不对称，事前信息不对称反映的是政府专业知识和经验的缺乏所导致的信息劣势。事前信息不对称最真实地反映了公租房项目 PPP 模式的不确定性，回归到模型中，其与成本参数 β 息息相关，实际上可以被解释为需求的信息不对称,如前文所说,成本变量和需求变量是同构的,β 可理解为一个需求变量。

(2) 关注特许经营期限结束后转移到政府的资产的特征。如果它们涉及特许权持有者的管理技能、商业惯例或与其他项目的协同作用,那么项目的这些特性是不会随着特许经营期限到期而一并被转移到政府的。项目公司的成本信息对于政府预测特许经营期限后的经营成本而言没有太多参考价值。能够转移的,只是公租房的物理设施及其经营权、所有权,譬如特许经营权结束后,房屋依然存在、入住情况依然近似不变等。如果最初的不确定性在于需求量,那么在特许经营期结束后政府回购该项目后,它也继承了其需求特点,在我们设置简单决策中也是效仿 β。

在开始分析这些不同情况之前,我们首先研究公共管理模式下的情形。

3.4.3.1 公共管理模式

在信息不对称情况下,政府为了使得公共建设管理公司在时间 t 内以成本 β 揭露其私人信息,提出产出和转交期为 $(Q(\beta, t), T(\beta, t))$ 的方案。Baron 和 Besanko(1984)的研究表明委托人对信息的再利用会导致棘轮效应,而棘轮效应对委托人而言是次优的。即使随着时间的推移成本不变,通过重复的提交静态合同和循环支付嵌入在静态合同中的信息租金,对于委托人而言是更好的。因此,在我们的上下文中,生产和转移方案简化到长期有效方案 $(Q(\beta, t), T(\beta, t))$。结果我们可以很容易地运用产出和转移为独立于时间的表达式(3-2)。根据揭示原理,本文的分析很容易被限制为指导特许权持有者报告真实成本 β 的真实披露机制。为了简化研究,做以下简单单调的风险率假设:

假设 3:$\dfrac{G(\beta)}{g(\beta)}$ 是非负的。

在信息不对称情形下,政府最大化目标函数为:

$$\max_{\{Q(\cdot), U(\cdot)\}} \rho w^p = -(1+\lambda)\rho K + E[W(Q(\beta),\beta) - \lambda U(\beta)] \quad (3-9)$$

服从以下约束条件:

$$\frac{dU(\beta)}{d\beta} = -Q(\beta) \quad (3-10)$$

$$\frac{dQ(\beta)}{d\beta} \leq 0 \quad (3-11)$$

$$U(\beta) \geq 0 \quad (3-12)$$

条件式(3-10)和条件式(3-11)是吸引企业如实透露它们私人信息 β 的两个刺激协调性的约束条件,条件式(3-12)是公有企业参与公租房建设的约束条件。问题演变成了一个标准的信息不对称下监管下的逆向选择问题（相关研究参见 Baron 和 Myerson，1982；Laffont 和 Tirole，1993 等）。公有企业在成本最高值 $\beta = \bar{\beta}$ 时的效用为 0，所以公式（3-10）可转化为 $U(\beta) = \int_{\beta}^{\bar{\beta}} Q(x) dx$，进而得到 $E[U(\beta)] = E[Q(\beta)G(\beta)/g(\beta)]$。代入目标函数，则可以得到最优产出的一阶条件为：

$$P(Q) + \frac{\lambda}{1+\lambda} P'(Q) Q = \beta + \frac{\lambda}{1+\lambda} \frac{G(\beta)}{g(\beta)} \quad (3-13)$$

在假设 2 和假设 3 下，满足方程式（3-11）的产出 Q^p 是非增长的。对比方程式（3-5）和方程式（3-13），可以看到信息不对称情形下的最优产出，实际上就是将成本参数由 β 增加为 $\beta + (\lambda/(1+\lambda))(G(\beta)/g(\beta))$，因此，在信息不对称情形下其最优产出是低于完美信息情形的。在信息对称的情况下，为了减少项目公司夸大其成本，政府可以要求高成本企业降低其成本，其扭曲程度与 λ 正相关。由于公有企业的高成本状况，其产出水平可能低于垄断或自由市场情形。以 w^p 代替 Q^p，得到最优产出下政府的目标函数为：

$$\rho w^p = -(1+\lambda)\rho K + E[W(Q^p, \beta) - \lambda \frac{G(\beta)}{g(\beta)} Q^p] \quad (3-14)$$

上述方程式清楚地表明信息不对称对政府决策造成的影响体现在两个方面：（1）通过 $\lambda(G(\beta)/g(\beta))Q^p$ 降低了公有企业的福利，进而降低了总福利；（2）信息不对称迫使政府扭曲其产出以实现 $Q^p(\beta) \leq Q^*(\beta)$。

3.4.3.2 事前信息对称情形下的 PPP 模式

本节和下一节重点讨论两种情形下的 PPP 模式情况：本节关注的是当 PPP 合约签署之时，公私双方对项目信息都完全知悉、但关于公租房建设工程的利润状况尚存在较大不确定的情况，本书称之为事前信息对称情形下的 PPP 模式；下一节将关注在 PPP 合约签署之时，社会资本拥有较强技术和信息优势的情形，本书称之为事前信息不对称情形下的 PPP 模式。

在事前信息对称的情形下，一旦投入了初始投资 K，那么无论是公有建设企业还是社会资本都会完全知悉成本参数 β。则，公共管理模式的目标函数如式（3-13）和式（3-14）；而 PPP 模式下，政府的目标函数如式（3-3），PPP 建设开始前社会资本的期望收益为式（3-4）。在特许经营期限内，私营公司根据其建设和管理过程掌握保障性住房建设管理的成本参数 β，并调整其产出至利润最优化状态，$P(Q_1)Q_1 - \beta Q_1$，由方程式（3-6）可计算得出其产出为 $Q_1 = Q^m(\beta)$。要解决政府估算最佳特

第3章 采用 PPP 模式建设公租房的必要性与可行性分析

许经营期限后的问题,由于不会主动给特许权企业额外福利,因此政府选择特许经营期限 L^s 不单独考虑特许经营企业的收支状况,甚至出现特许经营企业的效用为0,政府决策的特许经营期限为:

$$L^s = \frac{\rho K}{E[P(Q^m)Q^m - \beta Q^m]} \quad (3-15)$$

可以直观看到,越大的投资成本和越小的经营利润将导致越长的特许经营期限。分别考虑随着特许经营结束、保障性住房转交,工程特征(如经营成本特点等)是否可以转移到政府部门的两种情形下的政府决策问题。

工程建管特征不随之转移至政府的情形。如果公租房的建设管理成本等信息是特许经营企业所独有的、不随着公租房的转交给转移到政府相关部门,那么政府所能获知的成本等信息与公共管理模式时的信息状况是完全相同的,政府对于项目公司在特许经营期限内的成本状况 β 一无所知,那么依据方程式(3-11)和方程式(3-12),得到政府实现项目转移后的目标函数为 $(1-L^s)E[W(Q_2,\beta) - \lambda U]$,由于 L^s 和 Q_2 是独立不相关的,因此最优产出 Q_2 的结果也是方程式(3-13),即 $Q_2 = Q^p(\beta)$。由此得到 PPP 模式下的完整阶段里政府的目标函数期望值为:

$$\rho w^b = -\rho K + L^s E[S(Q^m) - \beta Q^m] + (1-L^s)E[W(Q^p,\beta) - \lambda \frac{G(\beta)}{g(\beta)}Q^p] \quad (3-16)$$

可以与公共管理模式下的目标函数(3-14)作出鲜明的对比,很明显,何种模式的效用更高,政府则会选择何种模式。不失一般性,不妨分析公共管理优于特许经营的情形,即:

$$w^p - w^b = -\lambda K + \frac{L^s}{\rho}\{E[W(Q^p,\beta) - \lambda \frac{G(\beta)}{g(\beta)}Q^p] - E[S(Q^m) - \beta Q^m]\} > 0 \quad (3-17)$$

将式(3-15)代入,得到:

$$E[W(Q^p,\beta) - \lambda \frac{G(\beta)}{g(\beta)}Q^p] > E[S(Q^m) - \beta Q^m] \quad (3-18)$$

从式(3-18)可以看出,政府选择公共管理模式的条件是边际成本足够小。实际上,当 λ 趋近于0时的产出水平跟信息完全对称时的情形是相同的,$Q^p = Q^*$,这实际上比 PPP 模式下的产出要大。因此,$W(Q^*,\beta) > W(Q^m,\beta)$,也就是说,式(3-18)是成立的。这跟**命题一**是非常相似的。更有现实意义的是,当对公共管理项目的补贴不涉及社会成本,政府愿意牺牲信息租金取得控制权和现金流权,因为信息租金只意味着再分配效应。然而，很遗憾的是，以下命题将证明这种理想化的情形是不存在的，因为公共投资的边际成本并不是足够小的。

命题二： 如果 PPP 合约是在信息对称情形下签署的，且成本特征信息在特许经营期结束后不随之转移，那么一定存在一个 λ^{snt} 使得当且仅当 $\lambda > \lambda^{snt}$ 时，PPP 特许经营可以比公共管理带给政府更高的福利。

证明：记 $\Psi^b(\lambda) = E[W(Q^m, \beta)] = E[S(Q^m) + \lambda P(Q^m)Q^m - (1+\lambda)\beta Q^m]$，$\Psi^p(\lambda) = E[W(Q^p, \beta) - \lambda Q^p(G(\beta)/g(\beta))] = E[S(Q^p) + \lambda P(Q^p)Q^p - (1+\lambda)\beta Q^p - \lambda Q^p(G(\beta)/g(\beta))]$

求导，得：$\dfrac{\mathrm{d}\Psi^b(\lambda)}{\mathrm{d}\lambda} = E[P(Q^m)Q^m - \beta Q^m]$，

$$\dfrac{\mathrm{d}\Psi^p(\lambda)}{\mathrm{d}\lambda} = E\left[P(Q^p)Q^p - \beta Q^p - \dfrac{G(\beta)}{g(\beta)}Q^p\right]$$

因为 Q^m 是使得利益 $P(Q)Q - \beta Q$ 最大化情形的，所以：

$$P(Q^m)Q^m - \beta Q^m > P(Q^p)Q^p - \beta Q^p$$

所以，$\dfrac{\mathrm{d}\Psi^b(\lambda)}{\mathrm{d}\lambda} > \dfrac{\mathrm{d}\Psi^p(\lambda)}{\mathrm{d}\lambda} + c$，其中，$c$ 代表的是一个正值常数，其大于 $E\left[\dfrac{G(\beta)}{g(\beta)}Q^p\right]$ 的最小值（也就是 $E\left[\dfrac{G(\beta)}{g(\beta)}\lim_{\lambda\to\infty}Q^p\right]$）。也就是说，$\Psi^b(\lambda)$ 的初值小于 $\Psi^p(0)$，但是单调增长的速率快于 $\Psi^p(\lambda)$，因此，一定存在一个 λ^{snt} 使得当 $\lambda > \lambda^{snt}$ 时，$\Psi^b(\lambda) > \Psi^p(\lambda)$ 成立。

证毕。

图 3-5 展示了命题的含义，两条曲线分别表示在事前信息对称和成本信息不转移的情况下公共管理模式和 PPP 模式下的政府效用，随着 λ 增加，政府的效用显然是增长的。由于 λ 不可能足够小，所以随着 λ 增加，PPP 模式下的政府效用超过公共管理模式时的效用是必然的，且 λ^{snt} 的数值是很小的。

工程建管特征随之转移至政府的情形。如果公租房特许经营期限结束后，特许经营企业的工程建管特征信息会随保障房的交接而转移给政府，这样的信息一般是关于需求不确定性方面的信息。因为需求特征一般不会由于运营模式的变化而发生突变，而且很容易被特许经营企业之外的部门所获知，尤其是公租房的租住属于政府重点关注的民生领域。但是为了保持研究的一致性，本书继续研究成本信息会转移的情形。在可转移的情况下，成本参数 β 与公租房投资建设项目的内在本质相关，而不取决于企业的管理水平。在特许经营期限结束后，政府不再受到信息不对称约束，在真实的成本参数 β 下，政府会迅速用最优产出 $Q^*(\beta)$ 代替 $Q^p(\beta)$。此时，

第3章 采用 PPP 模式建设公租房的必要性与可行性分析 53

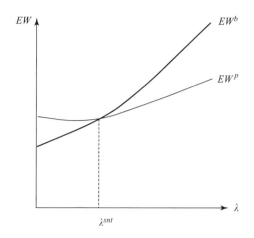

图 3-5 公共管理模式和 PPP 模式下的政府效用

PPP 模式的重要好处就在于此后政府能利用特许经营期显示的信息而不用担心棘轮效应。那么，政府的目标函数期望值为：

$$\rho w^b = -\rho K + L^s E[S(Q^m) - \beta Q^m] + (1 - L^s) E[W(Q^*, \beta)] \tag{3-19}$$

将式（3-19）与式（3-14）相比较，仍然不失一般性地分析公共管理优于特许经营的情形，那么将二者做差值，得：

$$E\left[W(Q^p, \beta) - \lambda \frac{G(\beta)}{g(\beta)} Q^p\right] >$$

$$E[W(Q^m, \beta)] + \frac{1 - L^s}{L^s}\left\{E[W(Q^*, \beta)] - E\left[W(Q^p, \beta) - \lambda \frac{G(\beta)}{g(\beta)} Q^p\right]\right\}$$

通过以上两式就很容易看出 PPP 模式下成本不确定性造成的影响了。实际上，因为 $W(Q^*, B) > W(Q^p, B) - \lambda Q^p(G(\beta)/g(\beta))$，所以成本信息可转移对政府来讲永远是优于不可转移的。成本不确定性及其造成的信息成本越大，PPP 模式被选择的可能性就越高，更多高风险项目更容易实施 PPP 模式。

命题三：**假设公租房建设 PPP 特许经营合约是在信息对称下签署的，并且成本特征在特许经营期结束时会被转移。那么，一定存在一个 λ^{st} 使得当且仅当 $\lambda > \lambda^{st}$ 时，PPP 特许经营可以比公共管理带给政府更高的福利。而且，有 $0 < \lambda^{st} < \lambda^{snt}$。**

证明：在式（3-13）中，当 $\lambda \to \infty$ 时，有 $Q^* \to Q^m$ 和 $W(Q^*, \beta) \to W(Q^m, \beta)$，此时以上不等式是成立的，因此对于足够大的 λ，PPP 模式是适合于公租房建设和管理的。当 $\lambda = 0$ 时，$Q^p \to Q^*$，$E[W(Q^*, \beta)] >$

$E[W(Q^m,\beta)]$,那么不等式(3-19)也是成立的。因此,λ^{st}必然是大于0的。如**命题二**所述,当$\lambda=\lambda^{snt}$时,$E[W(Q^p,\beta)-\lambda^{snt}Q^p(G(\beta)/g(\beta))]=E[W(Q^m,\beta)]$,此时上述不等式不能成立,因此,$\lambda^{st}$一定小于$\lambda^{snt}$。

以下证明λ^{st}的唯一性。记$\Psi^b(\lambda)=E[W(Q^m,\beta)]+(1-L)E[W(Q^*,\beta)]$,也就得到$\Psi^b(\lambda)=(1-L)E[W(Q^*,\beta)]+LE[W(Q^m,\beta)]$,同样,记$\Psi^p(\lambda)=E[W(Q^p,\beta)-\lambda Q^p(G(\beta)/g(\beta))]$,将二者求差值,得:

$$\Psi^p(\lambda)-\Psi^b(\lambda)=(1-L)\left\{E\left[W(Q^p,\beta)-\lambda Q^p\frac{G(\beta)}{g(\beta)}\right]-E[W(Q^*,\beta)]\right\}+$$
$$L\left\{E\left[W(Q^p,\beta)-\lambda Q^p\frac{G(\beta)}{g(\beta)}\right]-E[W(Q^m,\beta)]\right\}$$

其中L与λ无关,但是由**命题一**可知,上式右边的两项都是与λ有关的,根据包络定理,其正负等同于$E\left[P(Q^p)Q^p-\beta Q^p-\frac{G(\beta)}{g(\beta)}Q^p\right]-E[P(Q^*)Q^*-\beta Q^*]$的正负。很明显,当$\lambda$等于0或趋向于正无穷时,其为负。记$\upsilon=\beta+\frac{\lambda}{1+\lambda}\frac{G(\beta)}{g(\beta)}$,那么有$Q^p(\beta)=Q^*(\upsilon)$,那么上式的正负等同于:

$$\int_{\underline{\beta}}^{\bar{\beta}}[P(Q^*(\upsilon))Q^*(\upsilon)-\upsilon Q^*(\upsilon)]g(\beta)\mathrm{d}\beta-\frac{\lambda}{1+\lambda}\int_{\underline{\beta}}^{\bar{\beta}}G(\beta)Q^p(\beta)\mathrm{d}\beta-$$
$$\int_{\underline{\beta}}^{\bar{\beta}}[P(Q^*)Q^*-\beta Q^*]g(\beta)\mathrm{d}\beta$$

由于第一项减去第三项即为负值,所以,上式一定是负的,也就是说,$\Psi^p(\lambda)$与$\Psi^b(\lambda)$的差值对任何λ都是负的。因此,λ^{st}是唯一存在的。证毕。

与之前研究结论不同的是,成本特征的可转移性使得选择PPP特许经营取决于投资成本K。投资成本越小,特许经营期限越短,PPP模式越易于被政府选择。这种情况发生是由于特许经营结束时政府从成本特点的转移和信息中获利。其他条件不变,越小的投资导致信息披露越快、分配效率低下的时期越短。

3.4.3.3 事前信息不对称情形下的PPP模式

考虑在公租房PPP合约之时特许经营企业保有其边际成本等私有信息的情形。为了减少不必要的工作,我们只研究在特许经营期限结束时建管特征不转移至政府的最复杂的情形,这相当于毫无专业知识的政府面对诸多专业知识(建设、管理、经营等)的备选企业的形势。事前信息不对称

第 3 章 采用 PPP 模式建设公租房的必要性与可行性分析

情形下，政府的信息劣势贯彻全程。但是跟上文中事前信息对称情形不同的是，如果存在大量的备选企业，那么政府可以在一定程度上降低其信息劣势，因为不可避免的是不同的备选企业在成本、管理等方面会存在差异，政府可以利用备选企业的异质性来组织招标（拍卖）。本书假设其招标过程的标的对象是特许经营权期限（关于特许经营期限的决定问题，将在第 5 章进行详细研究）。

公共管理模式的情形与前文的分析是相同的，在 PPP 模式下，特许经营企业完全清楚自己建设和管理公租房的成本信息，并在自由经营下获得最优产出 $Q_1 = Q^m(\beta)$。在特许经营结束后，政府因为获得不了成本等信息，因而其决策依然如公共管理模式，其最优产出为 $Q_2 = Q^p(\beta)$。这种情况下与前述研究的差别在于：特许权持有者是决定特许期和事后成本概率分布的拍卖的赢家。

根据收入等价定理，假设每一个投标企业（不少于 1 个）i 都拥有自己的独立于分布 G 的成本参数 β_i。由于招标的标的对象是特许经营期限，因此特许经营期限最短的企业将获得该公共租赁住房项目的建设和管理的特许经营权。每一个投标企业 i 的特许经营期限为：

$$L_i = \frac{\rho K}{P(Q^m(\beta_i))Q^m(\beta_i) - \beta_i Q^m(\beta_i)} \quad (3-20)$$

将所有投标企业按照成本参数从小到大的顺序进行排序，那么序号为第一号的企业将中标，其特许经营时间长度最佳为 L_2，其最佳产出为 $Q^m(\beta_1)$，记为 Q_1^m。那么，政府的目标函数为：

$$\rho w^b = -\rho K + E_{12}[L_2(S(Q_1^m) - \beta_1 Q_1^m)] + \\ E_2[1 - L_2]E\left[W(Q^p, \beta) - \lambda Q^p \frac{G(\beta)}{g(\beta)}\right]$$

其中，函数 $E_{12}[\cdot]$ 表示排名前两位的投标企业的期望值，$E_2[\cdot]$ 表示排名第二位的投标企业的期望值。政府的目标包括了公租房建设管理的成本、特许经营期的预期净现值以及特许经营终止后的公共管理预期净现值。与式（3-14）比较可得，政府在如下情形时会选择 PPP 模式建设公共租赁住房：

$$-\lambda \rho K + E_{12}[L_2(S(Q_1^m) - \beta_1 Q_1^m)] + E_2[L_2]E\left[W(Q^p, \beta) - \lambda Q^p \frac{G(\beta)}{g(\beta)}\right] > 0$$

当 $\lambda = 0$ 时，记公共管理模式和 PPP 模式下政府收益的差值为 Δw_0：

$$\Delta w_0 = E_2[L_2]E[S(Q_0^*) - \beta Q_0^*] - E_{12}[L_2(S(Q_{\beta_1}^m) - \beta_1 Q_{\beta_1}^m)]$$

同记 $v = \beta + \frac{\lambda}{1+\lambda}\frac{G(\beta)}{g(\beta)}$ 是当 $\lambda \to \infty$ 时信息不对称下公有建设公司的虚

拟生产成本，记 $\pi^m(\beta) = [P(Q^m(\beta)) - \beta]Q^m(\beta)$ 为特许经营企业在特许权期内的经营收益。在继续演算之前，提出如下假设4和命题四。

假设4：$E[\pi^m(v(\beta))]E_2[\pi^m(\beta_2)^{-1}] < 1$

命题四：如果公租房的 **PPP** 建管协议是通过招标的形式产生的，签署时信息是不对称的、且特许权期结束后相关信息不会随之转移至政府，那么在假设4的情况下，当且仅当 $\Delta w_0 \leq 0$ 或 $\lambda > \lambda^{ant}$ 时，存在唯一的 $\lambda^{ant} > 0$，使得特许经营模式更适用于公租房建设。

证明：假设4成立的充分条件是 $E[v(\beta)] \geq \bar{\beta}$。将所有企业按照 β 升序进行排序，

证毕。

Δw_0 是否大于0取决于成本的不确定性。在极端情况下，如果 $\beta = \underline{\beta} = \bar{\beta}$，表明没有风险，那么有 $\Delta w_0 = [S(Q_0^*) - \beta Q_0^*] - [S(Q^m) - \beta Q^m] > 0$。由于连续性，该条件满足足够小的成本不确定性。因此，如果事前信息不对称和公共管理的边际成本足够小，那么政府会偏好于公共管理。在一般的情况下，$\Delta w_0 > 0$ 的充分条件是 $[SQ_0^*(\bar{\beta}) - \bar{\beta}Q_0^*(\bar{\beta})] - [S(Q^m(\underline{\beta})) - \underline{\beta}Q^m(\underline{\beta})] > 0$。这个条件意味着，最坏的成本下公有企业产生的净盈余比最好的成本下特许权持有者产生的净盈余还要多。通过**假设1**，在线性需求和成本均匀分布下这是正确的。与此相反，对于负的 Δw_0 或是较大的 λ，政府针对公共租赁住房的建设而组织 PPP 特许经营的拍卖通常是最佳的。然而，如果项目盈利能力较低，PPP 拍卖可能会不能吸引特许经营候选人。预算约束使政府青睐 PPP 项目，但是项目的盈利能力太弱而难以吸引特许权持有者，这是发展中国家开展 PPP 项目的主要问题。

为了了解投标人数量变化会发生什么，我们现在比较当特许权持有者在签署特许经营合同前有无更多的信息下 PPP 特许经营的选择。为了消除成本特征可转让性的潜在影响，我们仍然维持成本特征不可转让的假设。比较**命题二**中定义的 λ^{snt} 和**命题四**中定义的 λ^{ant} 如下。

假设5：如果 N 等于1，$\lambda^{snt} < \lambda^{ant}$；如果 N 足够大，$\lambda^{snt} > \lambda^{ant}$。

证明：再次令 $\Delta w = \rho(w^p - w^b)$，$\Psi^p(\lambda) = E[W(Q^p, \beta) - \lambda \frac{G(\beta)}{g(\beta)} Q^p]$。记 $T(\lambda, N) \equiv \Delta w^{snt} - \Delta w^{snt} = L^{snt}\{\Psi^p(\lambda) - E[S(Q^m)Q^m - \beta Q^m]\} - \{E_2[L_2]\Psi^p(\lambda) - E_{12}[L_2 S(Q_1^m) - \beta_1 Q_1^m]\}$，在**假设4**下，$\Delta w$ 是一个最多只有一个正根的减函数，因此只有在满足如下条件之一时 $\lambda^{snt} \geq \lambda^{ant}$ 才成立：$T(\lambda, N) \geq 0$ 对所有的 λ 都成立；$T(\lambda^{snt}, N) \geq 0$；$T(\lambda^{ant}, N) \leq 0$。

若 $N=1$，$\beta_2 = \bar{\beta}$，$E_{12}[h(\beta_1, \beta_2)] = E[h(\beta, \bar{\beta})]$，$E_2[h(\beta_2)] = h(\bar{\beta})$，则有 $L^{snt} = (E[\pi^m(\beta)])^{-1}$，$E_2[L_2] = (\pi^m(\bar{\beta}))^{-1}$。因此：

$$T(\lambda^{snt}, 1) = [(E[\pi^m(\beta)])^{-1} - (\pi^m(\bar{\beta}))^{-1}]\{\Psi^p(\lambda^{snt}) - E[S(Q^m) - \beta Q^m]\}$$

由于 $(E[\pi^m(\beta)])^{-1} < (\pi^m(\bar{\beta}))^{-1}$，所以上式为负值。那么，在 λ^{snt} 处，有 $w^p - w^b = 0 \Leftrightarrow \Psi^p(\lambda) - E[S(Q^m) - \beta Q^m] = \dfrac{\rho K \lambda^{snt}}{L^{snt}} > 0$。所以 $\lambda^{snt} < \lambda^{ant}$。

若 $N \to \infty$，$\beta_1 = \beta_2 = \beta$，因此：

$$T(\lambda^{snt}, 1) = (E[\pi^m(\beta)])^{-1}\{\Psi^p(\lambda^{snt}) - E[S(Q^m)Q^m - \beta Q^m]\} - (\pi^m(\bar{\beta}))^{-1}\{\Psi^p(\lambda^{snt}) - [S(Q^m(\bar{\beta}))Q^m - \bar{\beta}Q^m(\bar{\beta})]\}$$

由于 $(E[\pi^m(\beta)])^{-1} > (\pi^m(\bar{\beta}))^{-1}$，所以上式是正值，同理得证 $\lambda^{snt} > \lambda^{ant}$。

证毕。

如果参与投标的企业足够多，那么政府可以通过招投标来获取特许经营企业的部分利益，倘若特许经营企业事先清楚公租房的建管成本，那么 PPP 模式将更具吸引力。但如果参与投标的企业寥寥无几，那么最终中标建管公租房的企业将拥有非常长的特许经营期限并获得较高额收益。因此，政府只有在投标企业较多的情况才愿意实施招投标的形式，否则，政府更愿意付出成本去获取公租房建管的专业知识以降低项目成本的知识差距，这些支付过成本的初步研究将有助于营造特许经营合同谈判的公平竞争环境（关于公共租赁住房 PPP 模式的招投标问题将在本书第 4 章详细展开研究）。

3.4.3.4 参数设置及分析

命题二、命题三、命题四表明当公共投资的边际成本高于临界值 λ^{snt}、λ^{ant}、λ^{st} 时，PPP 模式对于建设和管理公租房是更为合理的选择。因此，这几个临界值的数值便显得格外有实际价值。为了得到此临界值的数值，我们关注需求是线性的和成本 β 分布是统一的情形。记逆需求函数为 $P(Q) = 1 - Q$，并不是一般性地令 $\underline{\beta} = 0$。这意味着消费者剩余等于 $S(Q) = (1 - Q/2)Q$，成本概率分布为 $G(\beta) = \beta/\bar{\beta}$，也就是 $\beta = G(\beta)\bar{\beta}$，假设简化为 $\bar{\beta} \leq 1/2$，而假设 2 和假设 3 始终保持线性需求。在这样的情形下，我们可以计算公共投资公租房的边际成本的理论值了。

$\bar{\beta}$ 越大，表明事前不确定性越高、事前事后信息不对称性越强。为了实现数值度量，将当最大成本参数 $\bar{\beta}$ 设定在 0.05~0.5 之间间隔变化，可以发现特许经营的预期产出的标准差出现了从 1.4% 到 19.2% 的增加，预期利润的标准差出现了从 2.9% 到 28.2% 的增加。表 3-3 显示了当最大成本参数 $\bar{\beta}$ 在 0.05~0.5 之间间隔变化时临界值的理论值，同时还包含了 $\rho K=0.05$、$\rho K=0.1$ 和 $\rho K=0.15$ 三种投资成本状况下公共投资的边际成本的理论数值。如果年利率为 10%，那么利用式（3-15），可以得到，当 $\bar{\beta}$ 从 0.05 增加至 0.5 时：如果 $\rho K=0.05$，那么特许经营期限将从 3 年加长到 6 年；如果 $\rho K=0.1$，那么特许经营期限将从 5 年加长到 13 年；如果 $\rho K=0.15$，那么特许经营期限将从 5 年加长到 13 年。当 $\bar{\beta}=0.5$ 时，对于特许经营企业而言，成本的不确定性太大以至于他们不能从投资中获得任何正的净现值回报。

表 3-3 在 PPP 项目更优的情况下公共投资的边际成本

$\bar{\beta}$	λ^{snt}	λ_1^{ant}	λ_∞^{ant}	λ^{st}			λ^{rev}
				$\rho K=0.05$	$\rho K=0.1$	$\rho K=0.15$	
0.05	1.79	∞	0.87	0.63	1.03	1.33	1.78
0.10	1.15	∞	0.42	0.39	0.65	0.87	1.15
0.15	0.87	∞	0.22	0.29	0.50	0.68	0.87
0.20	0.71	∞	0.11	0.24	0.42	0.57	0.71
0.25	0.6	∞	0.03	0.20	0.36	0.50	0.60
0.30	0.52	∞	0	0.18	0.32	0.45	0.51
0.35	0.46	∞	0	0.16	0.30	0.41	0.45
0.40	0.41	∞	0	0.15	0.28	0.39	0.40
0.45	0.38	∞	0	0.14	0.26	0.37	0.36
0.50	0.35	∞	0	0.14	0.25	—	0.33

对于公共投资边际成本的经验估计，取值的依据是 OECD（经济合作与发展组织）国家为 0.3、发展中国家大于 0.9（Snow and Warren，1996；World Bank，1998）。理论上，临界值 λ^{snt}、λ^{ant}、λ^{st} 的数值介于发达国家和发展中国家之间。这意味着 PPP 模式在大多数情况下是更适于政府建设公共租赁住房的，从表 3-1 可以看到，政府选择 PPP 模式的情形包括了：特许权期结束后项目信息转移至政府（$\lambda^{st}<\lambda^{snt}$）、政府缺乏充足的事前信

息但是可以组织有效招投标（$\lambda_\infty^{ant} < \lambda^{snt}$）等。政府不选择 PPP 模式建造公租房的情形是只有一个投标人（$\lambda_1^{ant} = \infty$）导致不能组织有效的招投标，因为唯一的投标人必然导致远超合理长度的特许经营期限，此时公共管理模式反而会带来更大的效用。相反，当投标企业不掌握事前信息时，竞标者都会为了中标而尽力压缩自己的特许经营期限。

通过量化之前的结果，深入分析可得：

（1）在事前信息不对称和有效招投标的情形下，高度的成本不确定性（对于足够大的 $[0, \bar{\beta}]$ 区间，$\lambda_\infty^{ant} = 0$）导致公共投资的边际成本理论值降为 0，因此 PPP 模式成为最佳模式。政府能够从招标过程中获得公共管理模式所不能获得的效用。

（2）在事前信息对称和成本可转移情形下，当投资成本的份额降低（λ^{st} 随着 K 而增加）时，PPP 模式更适用于公租房建设，这是因为越少的投资成本意味着越短的特许经营期限和越快的信息转移。在很短的特许经营期内价格很高的社会成本比应计入公共管理公司的永久租金要小很多。

（3）尽管如上文所述招投标模式下（$\lambda^{rev} < \lambda^{snt}$）PPP 模式更适用于公租房建设，但招投标的收益是微薄的，而且如果考虑到监控特许经营的现金流的话，其监控成本可能会把这微薄的收益完全抵消。特许经营期内保证固定收入的特许经营灵活性并不能对 PPP 模式的决策产生重要影响。

（4）风险越大的公租房建设项目越适于采用 PPP 模式。实际上，所有的理论值都会随着成本不确定性的增大而下降（更大的 $[0, \bar{\beta}]$ 区间），这是因为成本不确定性越强，信息不对称性则会越大，企业会不可避免地夸大其成本而谋取更多利益。

3.4.4　价格管制情形

上文对 PPP 模式的适用情形进行了分析，然而，值得注意的是，公租房作为政府公益项目，必然会实施严格的价格（上限）管制（Price Cap）。价格上限会增加特许经营权期内的消费者剩余，同时也就降低了特许经营企业的生产者剩余。同样如前文研究，本书研究信息不可转移的最复杂情况，假设在 PPP 合约签署时约定价格上限 $\bar{p}$，很明显，如果 $\bar{p}$ 过低至低于边际成本 β，那合约显然是不能达成的，因此 $\bar{p} > \beta$ 的基本假设是合理的。PPP 合约能达成的关键是特许经营企业至少能够收回其投资成本。如果 $\bar{p}$ 高于垄断价格 $P(Q^m(\beta))$，那么特许经营企业可以将价格设定为垄断价格，将产出设定为垄断产出 $Q^m(\beta)$，将剩余设定为 $S(Q^m(\beta))$，那么特许权期

内的收益为 $(P(Q^m) - \beta)Q^m$、福利为 $W(Q^m, \beta)$。在价格达到上限 $\bar{p}$ 时，需求可达到 $P(\bar{Q}) = \bar{p}$，消费者剩余为 $S(\bar{Q})$，此时的收益和福利则分为别 $(P(\bar{Q}) - \beta)\bar{Q}$、$W(\bar{Q}, \beta)$。记价格上限时的成本参数为 β^c，即有 $\bar{p} = P(Q^m(\beta^c))$。那么成本比这小的投标企业将由于价格管制而得不到该公租房建设管理项目。此时的特许经营期限长度为：

$$L^{cap} = \frac{\rho K}{E_{\beta > \beta^c}[(P(\bar{Q}) - \beta)\bar{Q}] + E_{\beta \leq \beta^c}[(P(Q^m) - \beta)Q^m]}$$

上式中分母表示的是特许经营企业的期望利润，当且仅当政府选用公共管理模式的期望效用 w^p 大于 PPP 模式的期望收益 w^{cap} 时，政府才会选用公共管理模式。省略不必要的代数运算后，等同于如下：

$$E\left[W(Q^p, \beta) - \lambda Q^p \frac{G(\beta)}{g(\beta)} - W(Q^m, \beta)\right] \geq E_{\beta > \beta^c}[W(\bar{Q}, \beta) - W(Q^m, \beta)]$$

$$(3-21)$$

式（3-21）实际上就是加了价格上限的式（3-18），左式减去右式的差值在 $\lambda = 0$ 时为一正值，随着 λ 的增加而逐渐减小至 λ^{snt} 时取得一个根，当 λ 继续增加至正无穷时其趋向于负无穷。

比较式（3-21）和式（3-18），如果式（3-21）是正的，那么政府显然会选择 PPP 模式建设公租房。因为后者是减函数，所以对于任意的 $\lambda \leq \lambda^{cap}$，它都将是正的。其中，临界值 λ^{cap} 计算为：

$$\lambda^{cap} = \frac{E_{\beta > \beta^c}[S(\bar{Q}) - \beta\bar{Q}] - E_{\beta > \beta^c}[S(Q^m) - \beta Q^m]}{E_{\beta > \beta^c}[P(Q^m)Q^m - \beta Q^m] - E_{\beta > \beta^c}[P(\bar{Q})\bar{Q} - \beta\bar{Q}]}$$

由此可以得出，当 $\lambda^{snt} \leq \lambda^{cap}$ 时，PPP 模式是更加合适于建设公租房的，这样就要求临界值 λ^{cap} 越大越好。实际上 λ^{cap} 反映的是价格管制对净盈余和特许经营期限的影响：一方面，正的分母表示特许权持有者在预期营业利润上的损失以及因此由价格上限造成的特许经营期的延长；另一方面，分子代表特许经营期价格上限允许的净盈余收益。因为净盈余 $S(Q) - \beta Q$ 对所有大于 Q^m 的 Q 是单调增函数，因此分子是正的。因此，价格管制下净盈余的期望值显著超过自由市场下净盈余的期望值时，PPP 模式更加适合。由于净盈余收益的大小取决于成本不确定性，当成本范围不是很大时可能能够满足。与此相反，如果这个条件不满足，不能适用每个成本计划的价格上限可能会变成一个过于严格的准入条件且大大增加特许经营的期限。总的来说，外生价格上限的存在并没有改变之前的结果。当该价格上限被恰当设置且成本不确定性不是很强时，政府仍然偏好于 PPP 特许经营的方式建造和管理公租房。

通过本章建立的简单模型所推导出的定理可以发现：首先，政府的资金约束越大，它在修建公共租赁住房时引入社会资本进行合作的动力也越大。而且，项目的风险越大，这种合作动力也越大。这与之前 Spackman（2002）、Maskin 和 Tirole（2008）等研究的观点是一致的。而 Hammami、Ruhashyankiko 和 Yehoue（2006）所进行的实证研究也表明，当政府正遭受沉重的债务负担时，以 PPP 为典型模式的 PPP 模式的应用会更加普遍。因此，在政府的自利倾向和以促进效率为主要诉求的改革动机的联合作用下，政府修建公租房采用 PPP 建设模式将明显强于公共管理模式，PPP 模式建设公租房是可行的。

3.5 公租房 PPP 模式的选择与构建——BOT 模式

按照贾康、孙洁等学者的研究和来自保障性住房建设的实践经验，由于公租房相对于其他类型的保障性住房而言可以实现一定的现金流，采用 BOT 模式建设公共租赁住房是最为合理的选择。公租房项目的 BOT 运作模式如图 3-6 所示。

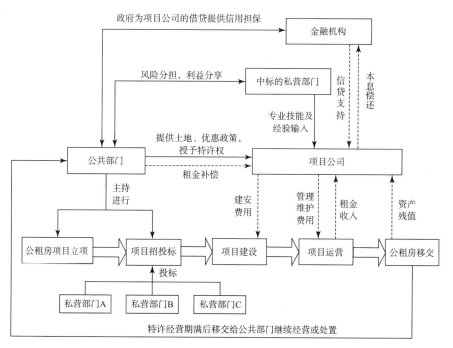

图 3-6 公租房 BOT 项目的运作模式

实施公租房 BOT 项目的运作程序可分为：确定项目、项目招标与审定、合同谈判与签订、成立项目公司、项目筹资、项目建设、项目经营和项目移交等八个阶段，简介如下：

(1) 确定项目。

①BOT 模式的建设项目大多是政府所主导的，在对一个公租房项目进行决策是否要采用 BOT 模式时，需要政府或政府所委托的第三方机构进行论证，对该项目的具体内容和参数进行详细的讨论和研究，对项目未来的收益状况等进行可靠的评估，形成可行性报告。

②如果该公租房项目经过论证可以采用 BOT 模式且确定要采用 BOT 模式，那么政府应当成立一个专门的委员会来对项目进行具体的运作，准备和负责项目的招投标事宜等等。

(2) 项目招标与审定。

在公租房 BOT 项目得到相关批准和认同后，要对该公租房项目展开招标和审定，这主要是指政府有关部门对可能参与项目投标的社会资本方企业进行深入的调查研究和分析，在一定的评标标准下，选择出最为适于该 BOT 项目的社会资本方作为中标企业，完成招标与审定。这一过程一般分为以下四个步骤：投标意向登记—资格审查—邀请投标—评标与决标。

(3) 合同谈判与签订。

特许经营契约将公租房 BOT 经营中政府和社会资本方之间的权利和责任进行了清晰的划分，这是 BOT 项目成败的核心之一。BOT 特许经营契约的谈判与签订是 BOT 流程中的重要一步，在经过公平、合理的谈判之后，双方签订特许经营协议。

(4) 成立项目公司。

在政府和社会资本方达成 BOT 特许经营契约后，社会资本方与政府共同发起成立针对该 BOT 公租房项目的项目公司，自此之后该项目的具体建设、运营与转交等都将由该项目公司进行具体实施。项目公司成立后，BOT 项目的融资、建设和经营完全由该公司负责。

(5) 项目融资。

融资是 BOT 项目实施的关键环节和重要工作。BOT 项目融资的主要资金来源是商业银行、国家金融机构等提供的贷款。对发展中国家而言，外国政府机构的出口信贷也是 BOT 项目贷款的重要来源，一些出口信贷机构会直接为本国的成套设备出口安排融资。贷款人为减少贷款风险，有时会要求项目所在国政府提供一定的从属性贷款或贷款担保作为融资的附加条件；对项目公司，贷款人会要求将其特许权协议转让给贷款人作抵押，并且控制项目的现金流量。

(6) 项目建设。

在公租房项目建设阶段，项目公司根据特许权或合同规定的技术和时间要求，组织项目的设计、施工和采购等各项工作。其具体的工作是：项目公司聘请设计单位进行工程设计；委托建筑公司对项目建设总承包；建筑公司对项目进行施工等。BOT 项目的建设一般采用交钥匙固定价格总承包方式，工期提前或延误可能会得到相应奖惩。

(7) 项目经营。

公租房项目经营由项目公司或其下设专门的经营公司全权负责。公租房项目的经营要受到政府的监管，以保证保障性住房的社会保障属性得以有效实现。项目的维护保养对政府具有重要的意义，因为 BOT 项目的最终所有权要移交政府。为保证项目移交时资产的完好性，在项目公司与运营维护商签订运营维护合同及在本合同执行过程中，政府都要参与意见并加以监督。

(8) 项目移交。

公租房 BOT 项目的特许期满后，项目公司必须按特许权协议中规定的项目质量标准和资产完好程度等，将公租房项目的资产、经营期预留的维护基金和经营管理权全部移交政府。这是采用 BOT 投资建设方式与其他投资建设方式的最显著的区别。BOT 项目移交可以是无偿的，也可以是有偿的。公租房项目移交政府后，项目公司还可继续经营，但这时的经营是作为受政府委托代为经营，项目公司本身已不再享有原特许权协议中授予的各项权利。项目移交给政府，标志着 BOT 项目运作过程的结束。

第 4 章

公共租赁住房 BOT 模式的价格问题

特许经营产品的定价是特许经营合约的重要组成内容之一。对于 BOT 建设模式的公共租赁住房（以下简称公租房）而言，特许经营产品的定价指的是公租房的租金标准定价。BOT 模式下的公租房，既是一种社会保障工具，也是一种特许经营产品，兼具了公租房的社会保障属性和 BOT 项目的特许经营产品属性的双重属性，因此其定价机制要兼具政府社会保障职能的实现和项目公司作为社会资本的盈利实现，肩负了社会保障和收益盈利的双重利益诉求。

从政府角度和公租房作为公共物品的社会保障属性而言，政府肩负着为社会提供基本住房保障的公共职能，公租房定价的科学与否是住房保障制度和住房保障体系成败的关键，同时也直接关系到项目保障性、可持续性、公平性，合理的租金定价机制，将提高公租房供给效率，充分发挥其住房保障功能。过低的租金定价（如天津市 1 元/平方米的公租房）会引发社会的公平性质疑，同时还会大大延长投资成本回收期限；而过高的租金（如上海、昆明的公租房曾一度出现租金高于市场价），会引发公租房空置，失去公租房应有的住房保障意义。

从社会资本方角度和 BOT 模式公租房作为特许经营产品的特许经营属性而言，公租房定价的科学与否是 BOT 特许经营模式成败的关键。公租房作为 BOT 特许经营模式下的特许经营产品，公租房定价标准将直接影响到其在公租房特许经营阶段内的租金收入。如果过于重视其对中低收入家庭的住房保障功能而将公租房租金定得过低，则会严重影响到项目公司的特许经营收入，造成项目收入不足抵消成本，甚至不足以抵消特许经营阶段的运营维护成本，那么 BOT 模式势必会以失败告终。

因此，公租房租金标准的定价机制问题，兼具了公共物品定价问题和

BOT 特许经营产品定价问题两项属性。基于此，笔者提出，公租房的租金应当划分为"名义租金"和"实际租金"，其中"实际租金"指的是承租的中低收入家庭实际缴纳的租金，"名义租金"则是指特许经营企业在特许经营阶段获得的租金收入，实际租金不足以抵偿名义租金的部分，就是政府向特许经营企业发放的补贴。笔者认为，所提出的"双租金制"的优势在于，通过财政资金的支持可以兼顾社会资本方的盈利诉求和承租家庭的保障需求，而且，直接发放给社会资本方的租金补贴，可以为特许经营企业的建设融资提供隐性担保。本章要研究的重要内容就是"实际租金"和"名义租金"的定价机制设计。

此外，由于公租房 BOT 项目拥有较长的特许权经营期，而项目的外部经济环境在这一过程中必将发生各种各样的变化，这包括投资变化、需求不确定、之前制定的租金价格不合理、项目变更、住房保障政策变动、商品性住房市场波动等，故受其影响，对政府和企业双方而言合理的做法是允许项目公司随经济环境的改变对特许经营价格进行适当调整。政府和特许经营企业在公租房租金价格调整上的矛盾在于：一方面，政府为保证国民经济健康正常运行，不希望项目公司拥有自主的调价权力；但另一方面，调价权力的丧失会降低项目公司对经济环境变化的适应能力，使其投资的积极性受到打击。不灵活的价格动态调整极易导致 BOT 项目失败，这在非保障性住房领域已有很多案例，如香港（东）海底隧道的通行费调整申请在被政府拖延 9 年之后，才通过仲裁条款得到解决，这直接导致了项目公司的巨额亏损。因此，要使公租房 BOT 项目得到有效运行，就必须设计出能够为政府和项目公司所共同接受的价格调整机制，并以合同条款的形式写进特许权协议，这也是本章要着力研究的另一个重要内容。

BOT 模式公租房租金问题研究思路如图 4-1 所示。

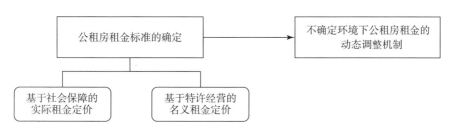

图 4-1　BOT 模式公租房租金问题研究思路

4.1　基于社会保障的公租房实际租金定价

公租房的实际租金，指的是公租房承租家庭实际缴纳的租金。公租房的社会保障性质决定了其定价不能过高（至少应低于普通商品房平均租金），同时，由于低收入家庭的困难程度不同，因此公租房定价应当考虑到不同层级收入家庭的实际而有针对性的定价。

4.1.1　国内外实践与经验

公租房在国内和国外都有建设，在公租房的租金设置方面，国内国外在实践和理论研究方面，都形成了一定的经验，笔者首先对这些实践和研究的经验做以下总结。

在实践当中，不同国家探索出了不同的定价模式，笔者总结美国、日本、德国和中国香港的定价模式如下。

4.1.1.1　美国模式

全美住宅建造商协会（National Association of Home Builders，NAHB）创造了一种衡量中层收入家庭有能力购买的住房数量占总购买数量的比例的指数，即住房机会指数。NAHB指出所谓"有能力购买"，是指当家庭月收入中只有不超过28%的比例为住房开支时的情况。对于低收入者租房来说，这种计算原则也是非常适用的。故而，承租公租房水平不超过家庭总收入的30%已形成国际惯例，而政府一般会承担这一水平与市场租金或成本租金之间的差额。

4.1.1.2　日本模式

为了照顾残障人士及老年人，日本政府将租金价格定得很低。以住户收入规定金额为基础，结合规模系数、便利性系数、经年系数和位置系数，即可得出租金。与同等规格同等区域的民间住房租金相比，公营租金只占其1/4，甚至低于1/5。另外，针对残障人士，日本还有专门的租金减免制度。

4.1.1.3　德国模式

德国解决低收入住房问题的方法主要有以下两种方式：其一，政府和开发商合作，以契约方式规定政府给开发商提供30~35年的无息贷款，而在此期间，低收入者能以成本价租到住房，政府则补贴租金与市场的价差。期满后，租金回归到市场价。其二，低收入者加入住房合作社，房子归于低收入者名下以获得税收和土地方面的优惠。同时政府承担超过低收入者收入 1/3 部分的租金。

4.1.1.4 中国香港模式

中国香港约有 30% 的房屋是公屋（即公共租赁住房），公屋租金包括"差饷"（管理人员工资）和管理费。由于政府免费拨地和向房委会注入资本，所以公屋租金一直能维持在低水平。具体而言，公屋租金的确定是依据不同房屋之间的"比对价值"和租户的"负担能力"而确定的。其中，"比对价值"主要取决公屋坐落的区位楼宇设备、屋邻环境及交通设施等因素；租户的"负担能力"则以"租金与入息比例中位数"指标来考察，该指标指的是租金与准租户的收入水平的比例，如果该比例不超过 15%，则人均享用 5.5 平方米室内楼面面积；如果该比例不超过 18.5%，则人均享用 7 平方米室内楼面面积。

国内各地的公租房在 2010 年左右建成后，逐渐制定发布了公租房的定价标准政策，以下是几个典型城市的公租房租金定价情况。

（1）北京市建委于 2010 年 8 月公布了北京市三个公租房项目的租金标准，月租金从 22 元/平方米到 30 元/平方米不等，由于这三个公租房项目都处在五环之外，因此租金价格并未得到市场认可，甚至高于市场价格，定价机制和定价标准引发质疑。

（2）重庆市的公租房租金定价不超过同地段、同品质、同类型普通商品房市场租金的 60%。

（3）东莞市物价局、住建局和财政局联合制定的针对东莞市 17 个公租房项目的租金标准，月租金从 8 元/平方米到 31 元/平方米不等，制定的标准是本市市民的租金价格不超过同地段、同品质商品房的 60%，外来务工人员租金价格不超过同地段、同品质商品房的 80%。其中，莞城东部工业园园区的公租房租金标准采用政府指导价。

（4）作为山东省的首个公租房入住项目，青岛市河马石小区在 2010 年 8 月有 1 345 户家庭成功入住，其月租金为 11 元/平方米，与周边同等级商品房的月租金 20 元/平方米的租金相比，为其 55%。到 2012 年，随着建设完成的公租房数目越来越多，公租房租金标准亦日趋完善，青岛市根据公租房不同承租群体的承受能力，制定了不同收入群体的级差租金标准。

（5）2012 年 3 月，长沙市公布了城区公租房租金的指导价格，依据地段和房屋类型的不同，长沙市公租房被分成 10 类价格标准，月租金从 6 元/平方米到 17 元/平方米不等，其定价的基本原则是不高于同地段同类型住房市场平均租金的70%。

（6）2013年8月，乌鲁木齐市的首批3个公租房项目开始配租，租金标准分别为月租金6.3元/平方米、9.3元/平方米、11.7元/平方米、14.2元/平方米等不同等级标准。

（7）沈阳市公租房的位置全部临近地铁和公交车站，其发布的公租房租金定价标准显示，同一地段的房租一般会低于市场价30%左右，租期为3年，按照楼层、朝向不同，各区公租房月租金价格大致为400~500元。

总结国内学者的研究和不同城市的实践，当前公租房的定价模式可以被总结为三种：

（1）缪燕燕（2013）等学者总结的"成本主导型"公租房定价。该模式以"成本+基本利润+税金"确定价格，该方式较常见，但容易造成租金超过同地段商品房房租的怪象，还会导致定价缺乏灵活性，难以反映市场供需变化。如北京市就采取了这种定价模式。

（2）汤磊（2012）等学者总结的"市场主导型"公租房定价。其原理是与周边租金建立联系，一定程度上反映区位价值，避免两种租金"倒挂"，但当市价偏高时，租金可能超出中低收入家庭支付能力，无法实现保障目标。如重庆市、广州市都是采取了这种模式。

（3）李宝龙（2012）等学者总结的"支付主导型"公租房定价。支付型公租房租金，是按照低收入家庭的支付能力对公租房划分不同层级，满足不同群体的住房需求。支付型定价方式对政府财政提出了压力和要求，因为其要承担建设成本和补贴成本的双重压力。如深圳等城市就采用了此种定价模式。

以上三种模式各有利弊，均在不同城市的探索和完善之中。

4.1.2 实际租金的定价思路

从国内外的实践和学术研究来看，公租房的定价一般关注了公租房的建设成本、租住家庭的收入水平及其层级差异、周边同质商品房的租金水平、公租房所在的区位等因素中的一个或多个因素，从而制定了统一的、或不同区位下差异性的、或不同收入家庭阶梯性的租金标准。

然而，由于公租房租金设置涉及政府、低收入家庭等不同主体，尤其是在BOT建设模式下，还将纳入项目公司，因此其设置要满足不同主体的利益诉求。同时，笔者认为，在设置实际租金的定价机制时，公租房建设的成本应暂时不予以考虑，而是应将其纳入名义租金的定价机制当中。在这样的情况下，笔者认为，BOT模式下建设的公租房在租户实缴的实际租金定价方面,应当:首先,考虑所在城市的收入和消费水平,基于剩余收入法计算出该城市公租房的基础租金 R_1;然后,考虑到具体的公租房项目所在的区位以及其楼层、朝向、房龄等因素,基于特征价格模型计算出修正因子 ∂,在此基础上计算出该具体公租房项目的基准租金 R_2;最后,针对不同家庭的收入差异,设置梯度的租金标准。BOT 模式下公租房的实际租金定价机制如图 4-2 所示。

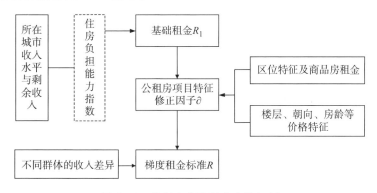

图 4-2 公租房实际租金定价机制

4.1.3 基于剩余收入法的基础租金确定

不同城市的经济发展水平不同,城镇居民的收入水平则不同,房地产市场的销售和租赁价格亦存在显著性差异,住房支出水平也是不同的。因此,要科学合理地制定公租房的租金标准,应当首先对不同的城市制定该城市的基础租金标准。

在研究方法方面,对特定区域住房的租金进行定价的方法主要包括传统住房支出收入比法、改进住房支出收入比法(将住房标准纳入考虑)、复合测度法和剩余收入法等。其中,剩余收入法是指通过比较家庭的可支配收入扣除基本生活消费后得到的剩余收入与住房消费支出的大小进行比较来测算合理租金的一种科学方法。其中的基本生活消费是指社会可接受的最低非住房消费。如果剩余收入小于住房消费,即剩余收入不能满足家庭实际的住房消费需要,则可以认为该家庭存在住房支付困难。剩余收入的计算公式为:

家庭剩余收入 = 家庭可支配收入 - 基本非住房支出
家庭非住房消费支出 = 家庭总支出 - 居住支出

剩余收入法既注重住宅消费决定的主观性,又关注住宅消费的社会标准,同时还可以对城市居民贫富差距结构对住房可支付能力的影响进行分析。剩余收入法可以为决策者提供经验上的帮助在于:(1)它可以对发生因住房导致贫困的可能性进行预测;(2)它可以提供丰富有效的信息来判断不同收入群体居民可承受的最高房屋价格;(3)它可以对政府给予低收入家庭用于住房消费的补贴进行量化,从而对政府在给低收入家庭提供房屋帮助政策时进行相应指导。剩余收入法在夏刚(2008)、杨赞(2010)、李进涛(2011)等学者的研究中已得到部分应用,主要用于住房租金和住房负担能力的测算。

在利用剩余收入法计算区域住房的租金标准时,除了本城市居民平均收入水平的测算之外,还要计算出本城市居民的支出水平,这就需要借助扩展线性支出模型。扩展线性支出模型是一种描述消费者行为的数学模型。扩展性线性支出模型的建立基于效用函数,其主要思路是将商品的需求支出分为基本需求支出和剩余收入支出。基本需求支出是指由于基本生活的需要必须对某商品的消费支出,剩余收入支出即是可支配收入中扣除基本需求支出之后,剩余的收入中可用于该商品的支出。扩展线性支出模型的表达式为:

$$p_i q_i = p_i x_i + \beta_i \left(y - \sum_{i=1}^{n} p_i x_i \right) \quad (4-1)$$

式中:p_i 表示第 i 种商品的价格;q_i 为对第 i 种商品的需求量;x_i 则意味着对第 i 种商品的基本需求量;y 表示消费收入;β_i 为边际消费倾向,说明在扣除基本需求支出后,剩余收入中用于消费第 i 种商品的比例,满足 $0 < \beta_i < 1$,且 $0 < \sum_{i=1}^{n} \beta_i \leq 1$,当 $\sum_{i=1}^{n} \beta_i = 1$ 时代表存在储蓄。对于截面数据,$p_i q_i$ 和 $\sum_{i=1}^{n} p_i q_i$ 都是常数,令:

$$\alpha_i = p_i x_i - \beta_i \sum_{i=1}^{n} p_i x_i \quad (4-2)$$

则式(4-1)可变换为:

$$p_i q_i = \alpha_i + \beta_i y \quad (4-3)$$

对式(4-2)两边同时加总求和,得

$$\sum_{i=1}^{n} p_i x_i = \sum_{i=1}^{n} \alpha_i / \left(1 - \sum_{i=1}^{n} \beta_i \right) \quad (4-4)$$

将式(4-4)代入式(4-2),得

$$p_i x_i = \alpha_i + \beta_i \sum_{i=1}^{n} \alpha_i / \left(1 - \sum_{i=1}^{n} \beta_i \right) \quad (4-5)$$

该模型满足以下假设:(1)消费者对商品的需求取决商品的价格和消

费者的收入，除个别商品受到一定限制外，商品的需求完全由消费者决定；（2）消费者的基本需求支出水平与其收入水平无关，仅与其维持基本生存的需要有关；（3）所有人具有无差异的边际消费倾向。利用该模型可以分别计算出城镇普通居民和低收入家庭居民的基本生活需求水平的差异。

对于公租房的租金定价而言，将公租房视为一种居民消费的商品，那么依此也可以得到中低收入人群可以用于住房的支出 P_r，而住房负担能力指数 H_a 则是衡量居民住房经济负担的重要指标，计算为居民住宅负担能力与现行房价 P_c 之比。如果记该城市/区域保障人群的平均收入为 I，那么，在扩展线性支出模型和剩余收入法的指导下，该城市公租房的基础租金 R_1 可以计算为：

$$R_1 = I \times H_a = I \times \frac{P_r}{P_c} \qquad (4-6)$$

4.1.4 基于区位因素和特征价格模型的租金修正

以上制定了宏观视野下特定城市的公租房基础租金标准，然而，由于同一城市不同区位、不同房龄、不同朝向、不同楼层下的公租房在定价方面也是存在一定差异的，因此，合理的公租房租金标准应当纳入区位因素和其他价格特征差异，也就是要乘以一定的修正因子。由于公租房的区位与其他价格特征有显著的差别，同时区位因素对租金价格的影响也要显著强于其他单一价格特征因素的影响，因此，本书首先计算区位修正因子，然后分析其他价格特征对租金的影响，计算出特征价格模型的修正因子。

4.1.4.1 基于反距离加权平均插值法（IDW）的区位修正因子

Holmans（1990）、Alexande（1994）等学者发现，房地产所在区域与房地产价格之间存在"波纹效应"，即特定区位的房价与其周围房价具有空间上的连续性。因此，公租房租金的区位修正因子，应当通过其与所在区域的商品房租金、其他公租房租金之间的连续关系而计算获得。

同一空间区位房产价格的连续关系，需要借助空间插值法进行计算获得。常用的空间插值法包括邻近法、反距离权重法、克里格法（Kriging）、样条函数法、趋势面法和多元回归等，其中，反距离加权插值法（Inverse Distance Weighted Interpolation Method，IDWIM）是一种加权平均的内插法。反距离加权插值法一般应用于资源管理、灾害管理和生态环境治理等领域，利用反距离加权插值法研究空间地价、房价问题的研究近年来也逐渐增多起来，如郑新奇（2004）、吴迪（2011）等。在公租房租金的定价过程中，利用反距离加权插值法对公租房租金进行定价的过程（区位修正）

如图 4-3 所示。

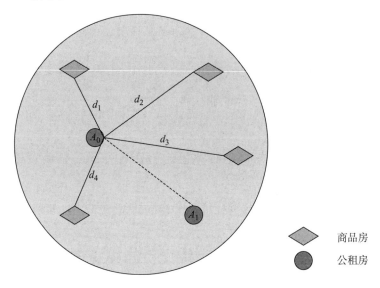

图 4-3 区位修正图例

首先考虑公租房周边商品房对公租房租金定价的影响。在空间分布上，每一个待定价的公租房都被视为一个插值点，如果记某待定价公租房项目点为 A_0，记该公租房的租金为 R_2，该公租房项目所在区位附近有 n 个商品房项目，其租金定价标准为 $\{r_1, r_2, \cdots, r_n\}$，该公租房项目与这些商品房项目的空间距离为 $\{d_1, d_2, \cdots, d_n\}$，那么依据反距离加权插值法，位于 A_0 点的公租房项目市场租金 R_2 被计算为：

$$\begin{cases} R_2 = \sum_{i=1}^{n} \gamma_i \times r_i \\ \gamma_i = (d_i)^{-k} \Big/ \sum_{i=1}^{n} (d_i)^{-k} \end{cases} \quad (4-7)$$

式中的 γ_i 表示是反距离加权系数，参数 k 则代表参数的幂，通常取值为 2。

由于同一区位的公租房周边不仅仅只有商品性住房，同一区位的公租房的租金标准对待定价公租房项目的租金设计也会产生影响。假设公租房 A_0 附近有 x 个公租房项目，分别标记为 $A_1, A_2, \cdots, A_x$，与 A_0 的空间距离表示为 $\{D_1, D_2, \cdots, D_n\}$，在上式得到每个公租房项目的租金定价 $\{R_{21}, R_{22}, \cdots, R_{2n}\}$ 的基础上，那么，在空间分布下，计算公租房区位修正因子为租金差值的反距离加权平均值为：

$$\partial = \sum_{i=1}^{x} \lambda_i \times (R_{2i} - R_2) \quad (4-8)$$

式中，反距离加权系数 λ_i 计算为 $\lambda_i = (D_i)^{-k} \Big/ \sum_{i=1}^{n} (D_i)^{-k}$。那么，结合了区位修正因子的公租房租金标准为：

$$R_3 = R_1 + \partial \quad (4-9)$$

4.1.4.2 基于特征价格模型的修正因子

除了区位因素对公租房租金产生显著影响外，公租房的租金还与其具体特征有关（这被盛和太、臧崇晓等学者称为"非关键梯度因子"）。关于房地产价格的影响特征因素，国内外学者已进行了大量的研究，如马思新对北京市场的研究、温海珍对杭州市场的研究、柳欣欣对大连市场的研究、周华对西安市场的研究、杨沐晞对广州市场的研究等。总结这些学者的研究，其关于房产价格的特征因素主要集中在建筑特征、邻里特征两个大的方面。其中，"建筑特征"指标下的二级指标包括了建筑年龄、楼层、朝向、总层数、卧室数量、卫生间数量、厨卫装修标用、供水、有无阁楼、通信、车位租金、有无车位、窗形、天然气、暖气、装修程度、复合式结构、物业状态等；"邻里特征"指标下的二级指标包括了自然环境、小区环境、卫生状况、物业管理、文体设施、生活配套、空气质量、安静程度、教育配套、临近大学、生活配套、绿化率、物业管理费、设施质量、治安环境、离湖距离、平均噪音分贝、水质状况、人均公共绿地等。基于这些已有的研究，结合公共租赁住房的实际，本书选择如下的变量作为特征价格模型的构成要素，如表 4-1 所示。

表 4-1 特征价格模型变量表

特征分类	变量名称	变量含义
建筑特征	建筑面积 x_1	公租房的建筑面积
	所在层数 x_2	公租房所在楼层
	总层数 x_3	公租房总楼层
	朝向 x_4	公租房朝向
	容积率 x_5	公租房小区的容积率
邻里环境	绿化 x_6	公租房小区的绿化质量
	卫生 x_7	公租房小区的卫生质量
	小区周边自然环境 x_8	公租房周边自然环境质量
	生活配套 x_9	公租房小区附近生活配套设施

将以上价格特征变量 $x_1, \cdots, x_9$ 作为自变量,将本地区市场已有公租房的租金 R 作为因变量,构建如下的特征价格模型,研究不同的价格特征因素对公租房租金价格的影响程度:

$$R = f(\pi_i, x_i) = \sum_{i=1}^{9} \pi_i \times x_i + c \quad (4-10)$$

式中 π_i 表示价格特征变量 x_i 对租金的影响程度,也就是价格特征变量的修正因子。如果记它们的综合影响程度为 π^*,那么,在公共租赁住房的实际定价过程中,应当在 R_3 的基础上,辅以价格特征变量修正因子,得到公租房的实际租金标准如下:

$$R_R = f(\pi_i, x_i) = \pi^* \times R_3 = \pi^* \times R_1 \times (1 + \partial_i) \quad (4-11)$$

4.1.5 梯度公租房租金标准制定

在公租房的分配过程中,应当注意到不同情况住房困难人群的实际需求和收入是存在差异的,因此"一刀切"的公租房补贴制度是不尽科学合理的,梯度公租房租金标准(也就是分档补贴标准)则更为公平公正。在公租房的实际分配与收租过程中,很多城市也考虑到了这一实际情况:如陕西省住建厅等主管部门发文明确制定了公租房分档补贴;北京市公租房补贴标准明确为"按市场定价、分档补贴",根据不同类家庭的情况进行差别化补贴;广州市正在研究制定分档补贴制度等。不过"一刀切"的补贴制度并未完全被废止,如武汉市洪山区的公租房项目等尚未采用梯度租金标准。

从理论研究和实践操作而言,梯度公租房租金标准的制定,主要是制定合理的保障对象补贴系数,而对于其最重要的依据都是根据保障对象的家庭收入情况,综合不同城市的公租房补贴政策,笔者制定如表4-2的公租房分档补贴和梯度租金标准,这与当前国内各城市的政策制度是相近的。

表4-2 公租房分档补贴和梯度租金标准

分档等级	依收入的分档标准	补贴系数/%	公租房租金标准
一级	低保收入线以下	85	$R_r^* = R_r \times 15\%$
二级	低保收入线 ~ 低保收入线×2倍	60	$R_r^* = R_r \times 40\%$
三级	低保收入线×2倍 ~ 低保收入线×3倍	40	$R_r^* = R_r \times 60\%$
四级	低保收入线×3倍 ~ 准入标准线	15	$R_r^* = R_r \times 85\%$

需要说明的是,对于低保收入线以下的市民,笔者认为其申请廉租房

更为合适，但是由于公租房和廉租房的并轨制度的实施，因此上述分档补贴标准是合理且实用的。

4.2 基于特许经营的公租房名义租金定价

公租房的名义租金，指的是 BOT 模式公租房的项目公司从公租房特许经营中所能获得的收入，也就是公租房作为一类特殊的特许经营产品的价格。公租房名义租金是由保障对象缴纳的实际租金和政府补贴联合构成的。BOT 模式建设下的公租房具有显著的特许经营属性，特许经营收入决定了项目公司的收益，进而决定了 BOT 项目的成败。在 BOT 理论和实践当中，特许经营产品价格和特许经营期限一直是 BOT 特许经营契约最重要的两个组成要素。本节研究公租房 BOT 项目的特许经营定价与政府补贴标准的制定问题。

4.2.1 特许经营产品定价概述

特许经营产品价格和特许经营期限是 BOT 特许经营契约的最重要组成要素，国内外关于 BOT 特许经营产品的定价问题，在实践应用和理论研究方面形成了一些可供公租房 BOT 项目参考的成果和经验。

在 BOT 特许经营产品定价的实践方面，BOT 特许经营被广泛应用于高速公路等收费公路建设、隧道建设、电厂建设、城市污水处理项目建设、城市集中供热项目建设、天然气管道铺设项目建设、废气脱硫项目建设等诸多基础设施建设领域，这些 BOT 项目在定价方面，针对不同行业的不同特征，形成了不同的实践定价机制，如收费公路大多基于交通流量定价，而污水处理定价则依赖于政府补贴，天然气管道铺设项目的价格则受到政府的强管制等。

在 BOT 特许经营产品定价的理论研究方面，主要形成了非系统定价理论和系统定价理论两套理论方法：

（1）系统定价理论。基于系统论视角的研究主要是基于效益—成本分析和边际分析方法。鉴于 BOT 项目公私合营的性质，有学者分别从私人部门的角度、政府部门的角度出发建立了不同的定价模型：从项目公司的社会资本方角度出发，BOT 特许经营定价以最大利润为出发点；从政府的角度出发，BOT 特许经营定价以价格管制为出发点。最优定价理论（First - Best Pricing）和次优定价理论（Second - Best Pricing）是典型的理论方法。从公私不同的视角开展研究的学者包括 Ramsey、Verhoef、Liu、Mcdonald、

Yang、刘伟铭、王冰等。

（2）非系统定价理论。非系统定价理论是传统的、主流的特许经营产品定价方法，其中最重要的方法是净现值法（Net Present Value，NPV），也就是依据特许经营期限和期望的投资回报率建立特许经营定价的净现值定价模型，同时由于特许经营期限与特许经营价格的强依赖性，在特许经营期限是固定和弹性两种情形下，净现值定价模型被作出了一定的修正和改进，代表学者有 Engel、何伯森、曹光前等。

4.2.2 公租房特许经营价格定价模型

如果将公租房视为普通特许经营产品，那么公租房的名义租金，就是公租房 BOT 项目特许经营产品的定价。虽然净现值方法属于传统定价模型，但是其有效性是基于博弈论方法的模型难以比拟的。此外，一方面，由于特许经营价格和特许经营期限之间存在复杂的相关关系（在本节的模型及第 5 章中特许经营期限决策模型中都可以看到这一点），另一方面，由于公租房作为特许经营产品进行定价时除了特许经营期限外其涉及的其他要素还非常多，如公租房的入住率、公租房周边的商业配套收入等，因此，本节在研究 BOT 模式公租房的特许经营定价时，将首先基于净现值方法而展开，在后续的定价调整、特许经营期限决策等问题中，则再选择系统性理论和方法进行求解。

净现值模型的出发点在于项目公司未来收益的净现值能够达到或超过自己的期望收益（率），建立公租房名义租金定价模型如下：

$$\sum_{t=1}^{T_O} \frac{M_S + R_n S\rho * 12 - C_O}{(1+r)^{T_B+t}} - \sum_{t=1}^{T_B} \frac{C_B}{(1+r)^t} \geq E \quad (4-12)$$

式中，C_O 为公租房在特许经营阶段的运营成本，这主要包括了公租房的物业管理和修缮维护等方面的成本。

对模型中的变量做如下深入说明：

（1）E 为项目公司的期望收益，也就是项目公司参与公租房 BOT 项目的根本动力。更切实地讲，由于公租房项目的建设和运营成本在事前无法准确获知，因此项目公司更加注重的是期望收益率，如果记其为 E_R，那么，此时公租房名义租金定价模型可以修正为：

$$\sum_{t=1}^{T_O} \frac{M_S + R_n S\rho * 12 - C_O}{(1+r)^{T_B+t}} - \sum_{t=1}^{T_B} \frac{C_B}{(1+r)^t} \geq E_R \left(\sum_{t=1}^{T_O} \frac{C_O}{(1+r)^{T_B+t}} + \sum_{t=1}^{T_B} \frac{C_B}{(1+r)^t} \right)$$

（2）T_B 为公租房 BOT 项目的建设工期，单位为年。在国外的研究和特许经营实践中，有的学者和项目将建设工期与特许经营期限并为一起统

第4章 公共租赁住房BOT模式的价格问题 77

称为特许经营期限,建设工期早完成,则特许经营时间更长,这在第5章特许经营期限的讨论中会有关于工期和特许经营期限的详细说明。但是在我国的BOT特许经营实际中,建设工期一般会在特许经营协议中单列,特许经营时间则从建设工期结束、公租房承租之日开始计算。关于公租房BOT建设工期的激励问题,在第6章政府行为研究当中有详细介绍。

(3) T_O 为特许经营期限,单位为年。特许经营期限和特许经营价格是特许经营契约中两个最重要的组成要素,在本书所构建的灵活特许经营契约机制中,可以固定特许经营期限而计算和调整特许经营价格(即公租房租金),也可以固定公租房租金而动态调整特许经营期限;还可以在协调政府财政压力和项目公司收益状况的情况下,同时灵活调整公租房租金和特许经营期限,但是不宜调整过于频繁,这对政府、项目公司和承租人员都不利。本节在研究公租房定价时,首先假定特许经营期限是固定的,在此基础上计算一个合理的公租房名义租金标准。关于公租房BOT项目特许经营期限的决策问题,在第5章中有详细介绍。

(4) C_B 为公租房在建设阶段成本。实际上,该成本指标容纳的项目内容较多,按照性质的不同,主要分为三类:一是公租房的开发建设成本,可记为 C_{DB},这包含了公租房的土地、建安、家装等方面成本,国家和政府在土地出让等方面给予项目公司的优惠也可以在该指标得以反映;二是公租房开发建设阶段的资金成本,可记为 C_{FB},国家和政府在公租房项目公司资金融通方面给予的优惠可以在该指标得以反映;三是公租房开发建设阶段所缴纳的各种税费,本节亦将其纳入成本指标中,可记为 Tax_B,国家和政府在税费等方面给予项目公司的优惠也可以在该指标得以反映。也就是,$C_B = C_{DB} + C_{FB} + Tax_B$。

(5) C_O 为公租房在特许经营阶段的运营成本,与建设成本指标 C_B 相似的是,C_O 也包含了不同性质的多项指标,也可以被划分为三类:一是公租房的运营成本,可记为 C_{DO},这包含了公租房的物业管理、修缮维护等方面成本,国家和政府给予项目公司的优惠,可以在该指标得以反映;二是公租房开发特许经营阶段的资金成本,可记为 C_{FO},国家和政府在公租房项目公司资金融通方面给予的优惠可以在该指标得以反映;三是公租房特许经营阶段所缴纳的各种税费,本节亦将其纳入至成本指标中,可记为 Tax_O,国家和政府在税费等方面给予项目公司的优惠,可以在该指标得以反映。同样,可以得到,$C_O = C_{DO} + C_{FO} + Tax_O$。

(6) M_S 为公租房项目周边商业配套的销售/出租的年度净收入,假定其每年度是相同的。公租房配套商业是以公租房小区的居民为主要服务对象,以便民、利民和满足居民生活消费为目标的社区商业。建设和发展公租房项目的配套商业,一方面可以形成合理的社区商业网络体系,有利于形成社区商业集聚区,促进居民日常消费便利化,降低购物成本,缓解城市交通压力,提高居民生活品质,构建和谐社区;另一方面,完善的商业配套有利于提高公租房项目的租住率,商业配套不完善是当前诸多公租房项目入住率不高的重要原因;此外,也是很重要的一方面,公租房项目商业配套的开发,也是项目公司经营收入的重要来源,单靠公租房的租金收入和政府补贴是难以达到期望收益的,政府在公租房项目立项时,应在商业配套等方面给予项目公司较大空间。

(7) ρ 为公租房的租住率。公租房的租住率是项目公司特许经营收入的重要影响要素,需要特别引起注意的是,虽然公租房建设的根本动机在于为低收入家庭提供住所保障,房屋租住需求大于供给,然而这并不意味着在 BOT 模式公租房在计算租金水平时,理想化地假设每一套公租房都会被租赁出去,相反,现实中公租房的租住率远远低于 100%,国内不同城市的公租房分配实际也印证了这一点,公租房入住率低下的报道不时见诸报端,如:上海首批两个市筹公租房项目入市,首期申请率为四成;武汉市首批公租房启用,只有三成房屋住上了人,七成房源无人问津……造成公租房租住率低下的原因众多,总结而言主要包括:①租金标准过高,承租者经济负担过重;②公租房选址偏远,承租者出行极不方便;③公租房周边商业配套不足,承租者生活极不便捷;④其他附加条件,如入住须先缴纳较大额费用、申请条件苛刻等。

(8) R_n 为公租房的名义租金,单位为元/m²/月;S 为公租房的面积;$12t$ 表示租住的时间(以月记);$R_n S \rho \times 12t$ 表示的就是公租房的租金收益。

(9) r 为折现率。根据项目公司加权平均资金成本、增量借款利率或者其他相关市场借款利率做适当调整后确定,在本书中,取社会资本方建筑企业的平均资本成本,可从建筑行业水平中获得。

上述数据指标中,E 是已知的,S、ρ、T_B、C_{DB}、C_{FB}、Tax_B、C_{DO}、C_{FO}、Tax_O 都是可知的,M_S 根据公租房市场运行的具体情况也可以获得。那么,在这种情况下,公租房名义租金决策模型可以拓展为:

$$\frac{\left(\sum_{t=1}^{T_O}\frac{M_S + R_n S\rho * 12 - (C_{DO} + C_{FO} + Tax_O)}{(1+r)^{T_B+t}} - \sum_{t=1}^{T_B}\frac{(C_{DB} + C_{FB} + Tax_B)}{(1+r)^t}\right)}{\left(\sum_{t=1}^{T_O}\frac{(C_{DO} + C_{FO} + Tax_O)}{(1+r)^{T_B+t}} + \sum_{t=1}^{T_B}\frac{(C_{DB} + C_{FB} + Tax_B)}{(1+r)^t}\right)} \geq E_R$$

(4-13)

将模型中的不等号换为等号,就可以求解出公租房名义租金的最低值,也就是刚好达到项目公司期望值的公租房租金水平。因为模型中除了待求解的 R_n 外,其他参数都是已知的,因此方程是可以求解的。

此外,无论是处于社会保障的需要,还是出于政府财政压力和财政资金运用效率的考虑,要求 BOT 模式公租房的名义租金,一方面要高于实际租金 R_R,另一方面要低于市场商品房租金 R_M。同时,公租房特许经营项目的特许经营期限 T_O 还应当小于公租房的平均使用寿命 $T_{\max}$,也就是要满足如下的约束条件:

$$\begin{cases} R_R \leqslant R_n \leqslant R_M \\ T_O \leqslant T_{\max} \end{cases} \quad (4-14)$$

那么,政府向项目公司给予的补贴 R_S 就是名义租金和实际租金之间的差值,计算为:

$$R_S = R_M - R_R \quad (4-15)$$

4.3 基于调节基金制度的 BOT 模式公租房租金调整机制

BOT 建设模式下公租房的社会保障和特许经营属性都要求公租房租金不能一成不变、应该动态调整。

从公租房的社会保障属性而言,一方面,居民收入水平和群体收入结构会随着时间的迁移而发生变迁;另一方面,由于公租房的完工时间不一致,早期的公租房项目可能存在定价不完备情况。因此,为了保证公租房的社会保障功能和公平性,对政府和民众而言,对公租房租金进行适度调整是必要的。

从 BOT 公租房的特许经营属性而言,BOT 项目一般都具有非常长的特许经营期(15 年至 100 年不等),公租房 BOT 项目的外部经济环境在这一过程中必将发生各种各样的变化,如宏观经济波动、投资变化、需求不确定、之前制定的租金价格不合理、项目变更、住房保障政策变动、商品性住房市场波动等,这些风险因素将导致项目公司收益的不确定性。因此,在外部环境发生变化时,对项目公司而言,对 BOT 公租房租金进行适度调整是必要的。

在实践当中,国内大部分城市都采取公租房租金动态调整机制,如北京、重庆、长沙、乌鲁木齐等,但也有少数城市出于稳定物价或保障低收入家庭的考虑而明确规定公租房价格不做调整,如安徽省、青岛市等。另一方面,在 BOT 项目的实践当中,对特许经营产品的价格实施动态调整逐渐被各行业 BOT 项目所采用,下文 4.3.1 节将详细介绍普通 BOT 项目的价格调整现状。基于 BOT 模式公租房的特殊性和理论、实践现状，本书将研究 BOT 模式下建设好的公租房的租金动态调整问题。

4.3.1 其他行业 BOT 项目价格调整

与公租房 BOT 项目相似的是，所有 BOT 项目都有较长的特许经营期限（少则 10 年，多则 100 年）。在长期的特许经营过程中，影响特许经营产品定价的关键因素和风险因素不可避免地会发生一定的变化，如果在长期限的经营中一直按照最初制定的特许经营价格进行运营的话，很可能会导致决策者不能实现预期的收益或福利目标，从而导致特许经营失败。因此，对 BOT 项目的特许经营产品进行科学合理的调整是非常必要的。Tam（1997）就研究指出，事先是否制定出科学的特许经营产品价格调整机制是 BOT 项目能否成功运行的关键之一。Engle（2001）更是直言，如果不引入特许经营产品的价格调整机制，那么固定特许经营期限契约就绝不是最优的。

在国内外 BOT 工程项目的实践当中，特许经营价格的调整机制被部分 BOT 项目纳入，表 4-3 总结了 11 个国内外典型 BOT 项目的定价调整状况。

表 4-3 国内外典型 BOT 项目的价格调整汇总

项目名称	开工时间	调整方式
中国香港海底隧道	1965 年	必须由政府审批
深圳沙角 B 电厂	1984 年	必须由政府审批
中国香港（东）海底隧道	1986 年	必须由政府审批
广—深—珠高速公路	1987 年	必须由政府审批
马来西亚南北高速公路	1988 年	必须由政府审批
中国台湾第二高速公路	1989 年	必须由政府审批
菲律宾苏比克电厂	1993 年	项目公司自主调价
中国香港（西）海底隧道	1993 年	项目公司自主调价
广西来宾 B 电厂	1995 年	项目公司自主调价
山东日照电厂	1995 年	项目公司自主调价
加拿大 407 高速公路	1999 年	项目公司自主调价

从上表的汇总可以看出，普通 BOT 项目的特许经营产品价格调整通常有两种模式：(1) 由政府进行审批；(2) 由项目公司自主调整。这两种定

价调整机制各有利弊:政府审批制度的优势在于政府可以实现对 BOT 项目的有效控制,维持社会经济稳定,保证基础设施项目的社会福利性和社会保障性功能的有效发挥。然而政府审批制的缺陷在于审批程序的复杂性和价格调整严重缺乏灵活性,导致项目公司的合理调价诉求不能及时满足进而导致项目失败,这样的例子不胜枚举,如中国香港(东)海底隧道的通行费调整申请在 9 年后才通过仲裁条款得到解决,导致项目公司巨额亏损;中国台湾的第二高速公路也是在项目公司提出调价申请后,政府严重地拖延了项目的审批进度,最终导致了项目公司不得不放弃该项目,此事件带来的更严重的后果在于,此后 BOT 项目发起人由于忌惮台湾地区价格调整的政治风险而不愿在台湾地区开展 BOT 建设项目,为台湾地区经济的发展带来了较大的损害。项目公司自主调价的优势在于可以有效地增强项目公司应对外部环境变化的能力,降低项目公司的风险状况,进而提高项目公司参与 BOT 项目的热情;然而项目公司自主调价的弊端在于完全自主的特许经营产品调价将显著降低基础设施的社会福利(Min,2000)。举例来说,如果在一个收费公路的 BOT 项目中,项目公司随意提高通行费用后,虽然短期内项目公司的收益会提高,但是在超过价格弹性之后,会引起交通流量的显著改变,除了影响自身收益外,还会对周边的交通网络造成显著影响,引发交通拥堵或道路闲置,更严重的情形是可能对当地的经济发展造成阻碍。因此,特许经营产品价格的调整,应当兼顾政府社会保障福利的有效供给、项目公司的合理回报、项目公司的高度效率和公私双方的风险分担等要素。

在学术研究层面,学者的研究也是基于以上的两难现状而展开的。Prianka(1997)、左庆乐(1999)等学者最早关注特许经营价格调整问题,是从通货膨胀率为基本出发点的,因此他们提出的价格调整都是以通货膨胀率及相关指标为基础;著名项目管理专家、台湾学者 Tiong(2003)对前述学者的研究进行了延伸,将生产效率增长纳入框架从而构建了 PRI - X 模型研究特许经营价格调整问题;叶苏东(2003)大大地扩展了价格调整要素,将通货膨胀、汇率、市场需求、资本回收指数、原材料价格变化等都纳入考虑进而构建了 BOT 特许价格的调整公式;金戈(2004)研究了污水处理 BOT 项目的价格调整问题,从成本变动考虑给出了污水处理的价格调整公式;王灏(2004)研究了交通 BOT 项目的通行费用调整问题,认为在项目初期应当依据投资回报率来定价,而在中期和后期,可以采用最高限价管制的价格调整方法,该学者还进一步地以北京市的轨道交通为案例进行了实证研究,强化了研究成果;清华大学的陈爱国、卢有杰(2006)

将研究视野扩大至 BOT 项目，分别研究了竞争性项目、包销型项目的特许经营价格调整问题；赵立力、黄庆和谭德庆（2006）的研究从（最高）限价管制调价模型出发，制定了 BOT 项目的价格调整次数和调整幅度模型；杨卫华（2007）则是从风险的角度考虑，在净现值法的基础上提出特许经营价格的调整模型；汪文雄（2010）从多方利益相关者满意的角度出发，分析了 BOT 项目的价格影响因素，构建了 BOT 项目特许价格调整模型，并进行了实证研究。

现有的其他行业 BOT 项目价格调整实践和科学研究，可以为公租房 BOT 项目的价格调整机制设计提供借鉴和参考，然而同时应该看到：一方面，现有 BOT 项目在特许经营产品价格调整上的理论研究和实践探索都尚且非常不足，均处于非常初级的阶段；另一方面，公租房项目与其他项目相比，具有一些自身特殊的特征和特点，如保障性住房的强政策保障性、中低收入人群的强价格敏感性等。在这样的背景下，设计出一套科学合理的、适合公租房 BOT 项目的公租房租金调整机制，对于政府、项目公司和中低收入家庭而言，都是非常必要且紧迫的。

4.3.2　BOT 模式公租房租金调整的原则

基于公租房 BOT 项目调整租金的动机和目的，考虑到公租房 BOT 项目的社会福利性和特许经营性的双重特征，笔者认为租金的调整应当遵循以下基本原则。

（1）保障中低收入家庭住有所居的原则。

从公租房的使用者——低收入家庭的角度考虑，公租房的租金调整应当考虑到经济发展和中低收入家庭收入支出状况的实际，应当坚持以保障中低收入家庭住有所居为基本原则。公租房作为典型的保障性住房，其基本功能在于解决中低收入家庭尤其是低收入家庭的住房困难问题，保障其拥有住所的基本权利。然而，调整尤其是调高公租房的租金标准，将会增加中低收入家庭的生活支出成本，这势必将影响到公租房的社会保障效果，影响社会公平与安定。如果仅从保障中低收入家庭的角度而言，调整公租房租金最好的方式是只调整公租房的名义租金、不调整公租房的实际租金，从而将增加的住房成本全部转嫁给政府。

（2）政府财政压力适度增加的原则。

从政府的角度考虑，由于 BOT 模式公租房的租金实施名义租金和实际租金两套定价机制，二者的差值为政府对项目公司给予的补贴，如果将公租房租金的价格上涨部分或全部转嫁给政府，政府的财政压力势必将增大。尤其是，近年来地方各级政府债务状况堪忧，财政收支状况和偿债能力面临着巨大的考验，来自国家审计署公布的《全国政府性债务审计结果》显示：截至 2016 年年末，中央和地方政府债务余额为 27.33 万亿元。在这样的现实背景下，如果继续提高地方政府财政支出，势必将在一定程度上恶化地方政府的债务危机问题。因此，在对公租房租金标准尤其是名义租金标准进行调整时，应当考虑地方政府财政压力只可适度增加的原则。

（3）保证项目公司合理收益和有效激励的原则。

①从承建公租房 BOT 项目的项目公司的角度考虑，公租房项目的回报应当达到项目公司的最低期望值。在公租房 BOT 项目中，项目公司一般在综合考虑各种因素后，会评定出风险分担周期内一个利润水平的区间，而实际利润会随着风险的发生而落在区间内或者区间外。项目公司和政府进行博弈，分担风险将双方利益控制在一个均衡点上。在这个均衡点上，项目公司将可以得到位于利润区间的合理回报。调整公租房租金的目的就是减小实际利润对平衡点的偏离度，各个风险分担周期的正负偏差互相补充，使项目公司在特许经营期内始终能够获得合理收益。

②就风险分担方面来说，调整公租房租金标准的方向和幅度主要取决利用风险赢取的额外收益，弥补风险招致的损失，以及关键风险的改变。不过一旦调整方法运用不合理，项目公司就会失去动力，从而消极应对风险，导致经营效率停滞不前。因此，设计调整方法时，项目公司应该具有能够激励提高经营效率的机制，使调整的幅度和频率相应减少，从而避免对社会的损害。

（4）公私双方合理分担综合风险的原则。

从政府和项目公司的公私双方的角度综合考虑，契约设计的根本目的在于确定签约双方的权利职责、明确公私双方的利益分享和风险分担机制。在公租房 BOT 项目建设、运营过程中，各方主体面临着市场风险、法律风险等风险类型，在一个风险分担周期内，公租房租金定价目标能否实现与任何风险事件息息相关，因此不能只关注某种风险事件，而应综合考虑所有关键风险事件去分析价格调整的可能；也不能只关注某种关键风险事件带来的收益，还要关注其他风险带来的损失，当收益和损失相互抵消时就不需要进行价格调整。此外，在技术处理上，与污水处理、废气脱硫、节能环保等特许经营项目相比，公租房 BOT 项目的成本构成相对而言并不复杂，没有必要对项目的成本和风险因素进行拆分处理再研究价格的调整方案，基于公私双方的风险考虑，在综合风险分析的基础上调整公租房的租金标准更加适合公租房 BOT 项目。

(5) 分阶段动态调整的原则。

商品价格是影响民生质量的重要构成要素，甚至于中央银行货币政策的最终目标之一就是稳定物价，因此，对公租房租金标准也不应当频繁调整。一般来说，都是通过来定期调整或者因特定风险触发来调整普通 BOT 项目的特许价格。当 BOT 项目的收入不是直接来自消费者而是政府的时候，一旦关键风险损失超过规定，就可以进行价格调整，例如，污水处理 BOT 项目的收入直接来源就是政府，使用采用这种调整方法。像高速公路这种直接面对消费者的 BOT 项目就不能采取这种价格调整方法，因为出行者会因不断变动的市场价格而带来困扰。对于公租房 BOT 项目，应该选用定期调整的方法以减少不必要的负社会效益，将价格在每个风险分担周期内保持稳定，并在下一个周期来临之前分析和决定调整与否、调整方向和调整幅度。

4.3.3　BOT 模式公租房租金的动态调整模型

前文从公租房的社会保障性和 BOT 模式的特许经营盈利性两个方面论述了公租房租金调整的必要性，并提出了公租房租金调整的基本原则。笔者认为公租房租金标准的动态调整应写入公租房特许经营协议当中，以保障多方的利益。作为特许经营契约的一部分，本节将研究 BOT 模式公租房租金调整的动态机制。

记公租房开始的实际租金是 R_0，特许经营期限为 n 年。出于政策稳定性的考虑，公租房租金的调整不能过度频繁、调整次数不宜过多，记在特许经营期限内公租房租金的最大调整次数为 m，当然 m 是小于 n 的；政策稳定性还要求每次价格调整幅度不宜过大，记每次租金调整的幅度不大于上期租金标准的 λ 倍。租金调整直接造成的影响就是公租房租住水平的变化，无论需求弹性高低，租金的提高都将导致入住率的降低，同时同一公租房小区的租住水平还与公租房的建设运营时间有关，也就是说公租房的租住率是租金价格 R_t 和时间 t 的函数，记为 $\rho_t = f(R_t, t)$。以图例简单描述公租房租金标准的调整如图 4-4 所示。

图 4-4 演示了一个 BOT 公租房项目租金调整的模拟过程，在图 4-4 的案例当中，公租房运营阶段的前三年租金标准没有发生变化，第四年年初租金进行了上调，第五年年初租金又进行了部分上调，然而随着经济环境、住房保障政策等的变化在第六年年初租金又下调了部分（租金调整的主要动力来源于项目公司的收益波动至预期以下，但这并非租金调整的全部动力，部分时候租金也会下调），在第九年的年初租金标准又提高了较

大部分直至特许经营结束。

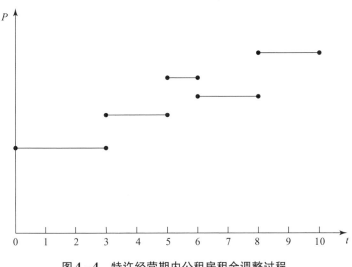

图4-4 特许经营期内公租房租金调整过程

需要注意的是，在面对时变的需求进行价格调整时，必须对整个特许权期内的需求变化情况作出合理的预测，因为某次调价之后，可能要影响到下一年乃至以后几年的需求情况，比如图4-4中第5年租金的大幅上调会造成接下来一两年需求的严重降低。那么，在公租房租金标准的调整写入特许经营协议之前，需要解决三个问题：公租房租金调整的次数、公租房租金调整的时机、公租房租金调整的幅度。

因为公租房的入住率与公租房的租金价格和运营时间有关，将其线性简化处理为租金价格的函数和运营时间的函数之和，则记公租房项目在第 t 年的入住率函数为：

$$\rho_t(R_t,t) = g(R_t) + h(t) \quad t = 1,2,\cdots,n$$

式中，$g(R_t)$ 表示的是公租房租金对公租房租住率的影响函数，$h(t)$ 表示的是公租房的建设和运营时间对公租房租住率的影响函数。如果用 S 表示该公租房项目的总体规模，用 k_t 表示第 t 年公租房租金的调整幅度，用 0~1 变量 ξ_t 表示第 t 年是否进行租金调整，如果调整，则 $\xi_t = 1$，如果不调整，则 $\xi_t = 0$。那么，BOT 模式公租房租金动态调整模型建立为：

$$\max_{\{\xi_t,k_t\}_{t=1}^n} U = \sum_{t=1}^n \frac{S\rho_t R_t}{(1+r)^{t-1}}$$

$$s.t. \quad \rho_t(R_t,t) = g(R_t) + h(t)$$

$$R_t = (1 + \xi_t k_t) R_{t-1}$$

$$\xi_t \in \{0,1\} \quad (4-16)$$

$$\sum_{t=1}^n \xi_t \leq m$$

$$|k_t| \leq \lambda$$

其中，目标函数表示项目公司收益的净现值，约束条件中的第 2 式表示公租房租金水平与调整前一年度的关系，约束条件中的第 3 式表示 ξ_t 为 0~1 变量，约束条件中的第 4 式表示公租房租金调整的次数上限为 m，约束条件中的第 6 式表示公租房租金调整的幅度不宜过大，限制在上一期租金价格的 λ 倍以内。那么，公租房租金的调整机制，就是要通过求解上述模型，得到最优的租金调整时间序列 (ξ_1^*, ξ_2^*, $\cdots\xi_n^*$) 和最优的租金调整幅度序列 (k_1^*, k_2^*, $\cdots k_n^*$)。

这是一个典型的引入 0~1 规划的非线性动态规划问题，模型的求解思路是将模型转化为 $C_n^0 + C_n^1 + \cdots + C_n^m$ 个子模型分别求解，然后对每一个子模型的收益进行比较以获得最优公租房租金调整策略。对于本模型具体而言，首先，对于任意给定的一组 (ξ_1, ξ_2, $\cdots\xi_n$)，将上述其转化为关于变量 k_t 的子模型如下：

$$\max_{\{k_t\}_{t=1}^n} U = \sum_{t=1}^n \frac{S\rho_t R_t}{(1+r)^{t-1}}$$

$$s.t. \quad \rho_t(R_t,t) = g(R_t) + h(t) \quad (4-17)$$

$$R_t = (1 + \xi_t k_t) R_{t-1}$$

$$|k_t| \leq \lambda$$

如果记上述模型的可行域为 I_ξ，是 R^n 上的子集，令 $y = (k_1, k_2, \cdots k_n) \in R^n$，$h(y) = -\sum_{t=1}^n \rho_t R_t$，$g_{1t}(y) = k_t + 1$，$g_{2t}(y) = \lambda - k_t$，那么，上述模型 4-17 可以转化为如下模型：

第 4 章　公共租赁住房 BOT 模式的价格问题

$$\min_{\{k_t\}_{t=1}^n} h(y) = -\sum_{t=1}^{n} \frac{S\rho_t R_t}{(1+r)^{t-1}}$$
$$s.t. \quad \rho_t(R_t, t) = g(R_t) + h(t)$$
$$R_t = (1 + \xi_t k_t) R_{t-1} \tag{4-18}$$
$$g_{1t}(y) \geqslant 0$$
$$g_{1t}(y) \geqslant 0$$

这样，子模型就成了典型的非线性约束极值问题，对于非线性约束极值问题，罚函数（Penalty Function）是解决这类问题的良好工具。利用罚函数法求解上述模型，首先应构建带罚函数的目标函数：

$$F(y,\gamma) = -\sum_{t=1}^{n} \frac{S\rho_t R_t}{(1+r)^{t-1}} +$$
$$\gamma \left\{ \begin{aligned} &[\rho_t(R_t,t) - g(R_t) - h(t)]^2 + \\ &[R_t - (1+\xi_t k_t)R_{t-1}]^2 + \min^2\{g_{1t}(y),0\} + \min^2\{g_{2t}(y),0\} \end{aligned} \right\}$$
$$\tag{4-19}$$

其中，γ 表示惩罚因子，其目的是惩罚那些不满足约束条件的个体，将有约束最优化问题转化为求解无约束最优化问题；$\min\{g_{it}(y), 0\}$ 表示 $g_{it}(y)$ 和 0 当中较小值。

然后，按照如下步骤进行求解计算：（1）给定初始点 $y^0 = (k_1^0, k_2^0, \cdots, k_n^0)$ 和适当的惩罚因子 γ^0；（2）以 y^0 为出发点，求解无约束极小化问题 $\min F(y, \gamma)$，记求解的无约束极小点为 (y^1, γ^1)；（3）如果上一步计算得到的 (y^1, γ^1) 可以被接受，即：

$$\gamma^1 \left\{ \begin{aligned} &[\rho_t(R_t, t) - g(R_t) - h(t)]^2 + \\ &[R_t - (1+\xi_t k_t)R_{t-1}]^2 + \min^2\{g_{1t}(y^1), 0\} + \min^2\{g_{2t}(y^1), 0\} \end{aligned} \right\} \leqslant \varepsilon,$$

那么计算终止，(y^1, γ^1) 即为最优解，否则进入下一步骤；（4）用扩大倍数的惩罚因子 $a\gamma(a>1)$ 代替原来的惩罚因子，以 y^1 为起点，回到步骤（2），直至运算结束，便得到了最优解 y^*。

以上是将租金调整时间序列 $(\xi_1, \xi_2, \cdots \xi_n)$ 固定后，通过拆分模型求解最优的租金调整幅度序列 $(k_1^*, k_2^*, \cdots k_n^*)$ 的计算方法；同理，在计算最优的租金调整时间序列 $(\xi_1^*, \xi_2^*, \cdots \xi_n^*)$ 时，是将租金调整幅度序列 $(k_1, k_2, \cdots k_n)$ 固定，将模型继续拆分成子模型即可计算获得。由此，便计算得到了最优的租金调整时间序列 $(\xi_1^*, \xi_2^*, \cdots \xi_n^*)$ 和最优的租金调整幅度序列 $(k_1^*, k_2^*, \cdots k_n^*)$，公租房租金动态调整模型得以求解。

最后，需要指出的是，在公租房租金调整的操作执行层面上，政府制定了名义租金和实际租金两套租金价格体系，然而，无论是调整名义租金还是实际租金，最终都是将租金收入调整给了项目公司。如果调整名义租金，租金的变化来源于政府；如果调整实际租金，租金的变化来源于承租中低收入人群。因此，为了切实保证公租房的社会保障功能、不增加中低收入人群的经济负担，应当采取只调整名义租金、不调整实际租金的租金动态调整方式，这样既保证了项目公司的收益水平，又没有增加承租人群的经济负担。

4.3.4 BOT模式公租房调节基金制度

从公租房的社会保障功能考虑，频繁的价格调整将会加重中低收入人群的居住成本和经济负担，引发社会不稳定，影响公租房社会保障功能的发挥；从BOT项目建设的角度考虑，长期的项目运营时间内BOT项目存在诸多的风险因素和环境不确定性，如前文所述，特许经营价格的调整是必要的。因此，结合这两个方面而言，公租房采用BOT模式进行建设时，都需要建立合理的价格调整机制。

价格调节基金制度，是指政府通过一定渠道筹集一定数量的基金、用于平抑市场物价的制度，价格调节基金制度是政府调控市场物价的一种辅助性经济手段。借鉴国家对日常物资价格调整保护而设置的价格调节基金制度，笔者认为在BOT模式的公租房项目中也可以采取调节基金制度，以减轻承租者的经济负担，保障公租房特许运营公司的收益水平，并有效控制政府的债务和财政压力。设立调节基金，从根本上说是为了项目公司和政府双方在公共租赁住房项目上进行更有效的合作，应当纳入项目公司与政府双方的合作协议当中，是公租房BOT建设模式下特许经营契约的重要组成部分。

概括而言，公租房BOT项目调节基金制度的基本要素包括调节基金的筹集、释放、偿还与管理等，以下详细介绍。

4.3.4.1 公租房BOT项目调节基金的筹集。

（1）从公共租赁住房的建设、管理与租住来看，公租房BOT项目调节基金的筹资来源主体可以包括承租人、项目公司和政府，然而，调节基金制度设立的根本动机在于减免城市中低收入承租人的经济压力、分散项目公司的风险，因此此二者如果还要缴纳基金费用的话，将违背调节基金设立的初衷。在这样的情况下，公租房BOT项目调节基金的筹集来源应当是政府。

（2）政府出资建立公租房BOT价格调节基金，对于政府来说也是有利的，一方面保障了 BOT 模式的正常运作，避免项目流标失败，为政府自身节省大量财政资金用于其他基础设施和社会事业建设；另一方面，调节基金制度的建立，对于政府合理管理财政亦有一定的推动作用。

（3）政府部门筹集的公租房 BOT 项目调节基金来源主要有两个渠道：一方面，当地政府从保障性住房财政预算中调拨出一部分资金作为 BOT 项目调节基金，因为中央及各级政府每年都有保障性住房建设的专项资金划拨；另一方面，当地政府可以利用部分社保资金、公积金等形成公租房 BOT 项目调节基金，在社保资金和公积金管理与增值饱受争议的现实背景下，这对于社保资金、公积金的合理管理来讲也是大有裨益的。

4.3.4.2 公租房 BOT 项目调节基金的释放

公租房 BOT 项目调节基金是专门为了抵御投资者项目风险而设立的，在符合以下情况时，项目调节基金才有被申请使用的可能：当公租房项目顺利建设完工后，进入生产运营阶段，如果公租房价格受不可预知因素（如周边市场房屋出租价格提高、运营成本升高等）影响发生较大波动，公租房租金过低影响项目现金流入量，使公租房租金收入的利润不足以偿还项目成本，导致项目市场风险的发生，此时可以申请使用公租房 BOT 项目价格调节基金；另外，随着保障性住房体系的完善和商品性住房价格回归合理，公租房的租住率可能会受到较大影响而导致项目公司收入过低，在高成本运营公租房的现实情况下，此时也可以申请使用 BOT 项目价格调节基金。

实际上，在公租房 BOT 建设的不同阶段存在不同的风险状况，因此可以将公租房 BOT 调节基金划分为两类——建设调节基金和价格调节基金，前者是针对建设工期延误导致现金流不足而成立的；后者是针对运营阶段公租房价格过低或租住率过低而导致现金流不足而成立的。那么，在申请和使用 BOT 公租房调节基金时，应遵循以下的基本流程：

第一步，确认风险和损失。指的是在公租房项目的建设或运营过程中，如果出现市场风险、工期延误风险等风险状况，项目承接公司评估其在特许经营阶段的租金收益确实收到较大幅度的损失和波动，那么其将风险和损失评估报告提交给第三方机构或专家，由第三方机构或专家完成对项目风险的评估，完成风险和损失的确认。

第二步，对所提出的风险状况进行分析，判断风险属于长期风险、中期风险还是短期风险，进而确定风险级别的高低，对于低风险状况不予调用价格调节基金，对于高风险状况，第三方机构开具文件，由项目公司向调节基金提出申请，政府相关的调节基金管理部门对申请作出审批。

第三步，如果项目公司所提出的申请得到了政府相关部门的批准，那么可以调用4.3.3节的租金动态调整模型，根据风险和波动收益的状况来确定具体的调节基金划拨费用标准，并按时将相关费用下发到公租房 BOT 项目的经营公司中。

第四步，在项目公司获得了公租房 BOT 租金调节基金的费用后，政府相关部门应当按照政府的相关规定和公平、公开、公正的基本原则，将该次公租房 BOT 项目调节基金释放告知社会公众，同时，政府应当密切监测项目公司的运营情况，实现对调节基金的有效管理。

4.3.4.3 公租房 BOT 项目调节基金的管理

对公租房 BOT 项目调节基金进行合理的管理是公租房 BOT 项目调节基金的重要组成部分，也是保障调节基金安全和合理使用的根本手段，对于公租房 BOT 特许经营的顺利运营具有非常重要的作用。

对于公租房 BOT 项目调节基金而言，对其进行管理的根本在于成立一个项目调节基金管理委员会，该委员会一般是由政府牵头成立，主要负责该调节基金的日常运营，引导项目公司在出现严重的收益损失时获得一定的经济补偿，同时监管调节基金不被滥用和盗用，因此在管理过程中合理评估项目的风险和损失是管理委员会工作的重点工作内容之一。在公租房 BOT 项目调节基金的管理过程中，应当坚持专款专用的基本原则，面向社会公众和上级政府，对调节基金进行有效的保护和合理的分配。

除此之外，在公租房 BOT 调节基金的管理过程中，笔者还建议制定专门的调节基金储备金制度，这指的是在公租房 BOT 项目调节基金中，分出一部分资金作为风险准备金，以应对突发的灾害或事件对公租房 BOT 项目的影响，譬如地震、严重的通货膨胀等都属于此类突发事件。在这种突发事件发生时，项目调节基金应该调配储备金并发放至项目公司，最大限度地降低项目公司的损失。此外，各地还可以根据本地区的实际情况，对具体项目调节基金的使用实行浮动管理。

值得注意的是，张超等学者认为调节基金还应当包括调节基金的偿还流程，即项目度过风险期后缓解风险的调节费用应当偿还回基金。但是，在本书所倡导建立的公租房 BOT 项目调节基金中，其发起的根本目的是有效规避项目公司承担的利润不足的风险，因此与张超等学者的研究有明显区别，笔者所提出的公租房 BOT 项目调节基金就没有基金的偿还流程，特此说明。

第 5 章

公共租赁住房 BOT 模式的特许经营期限问题

公共租赁住房利用 BOT 模式进行建设和管理的过程中,特许经营期限的长度是 BOT 特许经营契约协议中另外一个重要的组成要素,其重要性与特许经营的价格相当,甚至超过了特许经营价格,这是由于它直接而明确地决定了项目公司和政府的收益。本章主要研究公租房 BOT 特许经营期限的确定问题,首先概述公租房 BOT 契约的特许经营期限相关概念及内涵;然后研究特许经营期限固定情形下的确定问题;基于长期经营的不确定性,笔者提出弹性特许经营期限方式应用于公租房 BOT 建设的合理性,进而研究弹性特许经营期限的确定问题;最后综合特许经营价格和特许经营期限之间的紧密联系,研究二者的互动关系。

5.1 引子

公租房 BOT 模式的特许经营期限,指的是公租房 BOT 项目在招标之后,由项目公司进行建设(Build),建设完毕后由项目公司独立运营(Operate),直至项目移交(Transfer)给政府,这中间的时间段被称为公租房 BOT 模式的特许经营期限。如图 5-1 所示,公租房项目中标的时间为 0,项目在 t_1 时刻建设完工,转入经营阶段,在 t_2 时刻实现净现值为 0,在 t_3 时刻项目公司将公租房转交给政府,公租房项目在 t_4 时刻净现值回归于 0,项目结束,但是由于建筑老化等原因,一般在 t_4 之前的 t_4^* 时刻,项目即达到周期终点。

关于特许经营期限的定义,学术界和实务界围绕着项目建设期是否应纳入特许经营期限而存在争论:一部分学者和项目人员认为项目建设期应

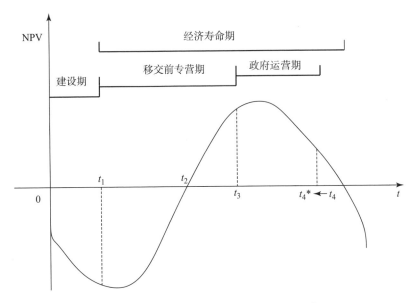

图 5-1 公租房 BOT 特许经营关键时间点

当被纳入特许经营期限，这是因为项目的建设和经营一般是由同一家项目公司（中标企业）完成，而且在招投标的过程中，两个时间期限是合并在一起的，因此其可以自由调配建设期和经营期的时间安排，完工早则经营期限长，完工晚则经营期限相对减短，这一种 BOT 项目特许经营期限的设定在发达国家的研究和实践中较为常见；另外一种观点认为，项目的建设期和运营期是应当独立分开的，只有运营期属于特许经营期限范畴，这是由于 BOT 特许经营协议的内容安排所决定的，因为在有些国家（如中国）的 BOT 项目中，特许经营协议中将项目的建设期限单列一项，建设完工之后的时间点开始计特许经营期限，特许经营期限的长度与完工速度无关。由于第二种定义符合中国和公租房 BOT 项目的现状，因此，本书将采用第二种定义，对于建设工期的问题，则会在后续章节进行单独而深入的研究，本章不予赘言。

关于特许经营期限的形式，在 BOT 实践当中，最早的 BOT 项目都是采用固定的特许经营期限模式（见表 5-1），然而随着项目运营的深入，外部环境的巨大不确定性导致固定特许经营期限模式的诸多弊端暴露出来，有部分学者逐渐探索弹性特许经营期限模式的研究与应用。本章将首先研究公租房 BOT 项目的固定特许经营期限设计，在此基础上研究适于公租房 BOT 项目的弹性特许经营期限设计问题，并就其之间的辩证关系与应用展开讨论。

表 5-1　国内外典型 BOT 项目的固定特许期限

项目名称	开工时间	特许权期
中国香港海底隧道	1965 年	30 年
深圳沙角 B 电厂	1984 年	10 年
中国香港（东）海底隧道	1986 年	30 年
广—深—珠高速公路	1987 年	30 年
马来西亚南北高速公路	1988 年	30 年
中国台湾第二高速公路	1989 年	30 年
菲律宾苏比克电厂	1993 年	15 年
中国香港（西）海底隧道	1993 年	30 年
广西来宾 B 电厂①	1995 年	18 年
山东日照电厂	1995 年	20 年
加拿大 407 高速公路	1999 年	99 年

此外，值得注意的是，关于 BOT 项目的特许经营期限，2004 年 5 月，住房和城乡建设部针对市政公共事业项目制定并颁发实施了《市政公用事业特许经营管理办法》（建设部令第 126 号）（以下简称《办法》），该《办法》明确规定了"特许经营期限应当根据行业特点、规模、经营方式等因素确定，最长不得超过 30 年"。但《办法》中所指的市政公共事业项目是指城市供水、供气、供热、公共交通、污水处理、垃圾处理等行业，不包括公租房项目。

5.2　固定特许经营期限决策支持系统

特许经营权期的决策问题是特许经营研究中的重要研究领域，自 BOT 建设模式出现以来，学者们针对 BOT 项目的特许经营期限问题展开了大量的研究，并且在影响因素识别、风险分担、期限决策方法等方面形成了大量的研究成果。就特许经营期限的决策方法而言，其形成的研究方法主要是两类：基于博弈视角的特许经营期限决策和基于净现值（Net Present Value，NPV）的决策方法及其拓展模型。然而，由于特许经营期限长度问题具有主观性、非线性、多目标等性质，特许经营期长度的确定是非常复

---

①　广西来宾 B 电厂项目是中国大陆第一个经国家批准实施建设的 BOT 项目。

杂的。如果决策者根据其自身经历、学识、专业知识和历史数据来确定特许期，那么结果很可能因人而异。而且，公租房特许期问题是一个参杂租住量、收费价格等各种影响因素的动态问题，其研究结果在很大程度上受到各种因素的影响。然而，现有的决策方法中，特许期的预测是在没有全面分析各种影响因素的基础上作出的。因此，选择合适方法建立适当的特许期决策模型可以帮助确定特许期长度。

对于公租房 BOT 项目而言，项目在建设和运营过程中存在许多不确定性因素，而这些因素直接影响着公租房项目的现金流量，进而改变着公租房 BOT 项目特许期的长短。因此，作为建设项目进度、成本风险管理的常用工具，本书将基于蒙特卡罗模拟方法构建公租房 BOT 项目特许经营期限的决策支持系统。

5.2.1 决策支持系统的构建思路

本书致力解决公租房 BOT 项目的特许权期决策问题，并找出影响特许权期的主要因素。笔者将所要解决的特许经营期限确定问题定义为管理控制下的半结构化问题，从而开发了一个决策支持系统。由于公租房 BOT 特许经营期问题本身所具备的主体性、非线性、多标准等特性，导致公租房 BOT 特许经营期决策是一个复杂的过程。因此，本书设计的决策支持系统具备两层结构（见图 5-2）：在结构的第一层，涉及公租房 BOT 项目特许经营期长度影响因素的选择和分类，以解决多标准问题；在结构的第二层，主要是蒙特卡洛模拟模型的建立，重点是研究前述公租房 BOT 特许经营期影响因素的分布，以获得预测公租房 BOT 特许经营期的置信区间，从而降低决策的主观性。决策支持系统的两层结构并非独立的而是相辅相成的，第一层的输出变量是第二层的输入变量。因此，本书所构建的公租房 BOT 特许经营期决策支持系统能够很好地解决影响因素和特许期长度之间的非线性问题。

在上述的支持系统中，一共包括两个层次：决策支持系统的第一层主要是公租房 BOT 项目特许经营期长度影响因素的判断。该过程包括特许经营期决策的影响变量的选择、分类和排序等，具体而言就是结合先前初步调查的研究成果，由分析主成分（PCA）确定最主要变量，也就是核心影响因素变量，这些变量将被进一步地应用于特许经营期长度的决策模型当中；决策支持系统的第二层主要是决策模型的建立。由于本书要考虑的一个重点（也是现有文献未曾考虑到的一个重要之处）是影响因素的分布情况，因而本书对 BOT 项目预测经营特许期长度的置信区间给予了更多的重

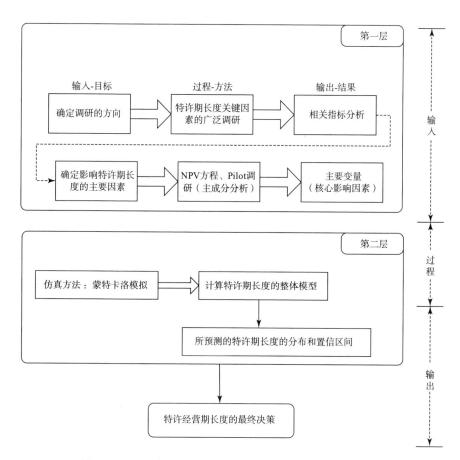

图 5-2 公租房 BOT 特许经营期决策支持系统的基本思路

视。具体而言,将前一阶段所得到的主变量作为输入变量,应用蒙特卡罗模拟建立特许经营期长度的决策模型。在该模拟模型中,为获得预测特许期的置信区间,输入变量的分布状况被纳入考虑。

5.2.2 模型准备

本书建立的决策支持系统的主要目标在于获得合理而理想的公租房 BOT 项目特许期长度,使特许期内公租房项目产生净现值同时满足政府和社会资本方的需要。社会资本方也就是项目公司希望签订特许期更长的合同以获得更多利益,但为保证公共利益,政府更愿意缩短特许期到合理长度。因此成功的特许期模型无论对哪一方都并非意味达到最高利润,而是双方利益的平衡。该模型致力于在决策者面对多个备选方案时,在平衡双方利益（目标函数）后可以选择一个最合适的方案。在公租房 BOT 建设当中，目标函数将受到房屋租住率、租金水平、利率、通货膨胀率和操作成本等影响因素的变化的约束。

5.2.2.1 目标函数和数学算法

公租房 BOT 项目特许期决策模型的目标是确定合理的特许期长度，使政府和项目公司都能达到预期财务收益。因此，首先应该确定政府和项目公司的净现值（NPV），然后基于双方 NPV 构建特许期决策模型的目标函数。其基本思路是：确定双方的目标函数；建立特许期决策模型的目标函数；根据目标函数的属性作出假设。

5.2.2.2 公私部门目标函数的确定

对于政府部门而言，政府建设保障性住房是为了服务公众，因此追求的是公共利益而非经济利益，因此政府只要 NPV 不小于 0 就可以实施建设。假设项目生命周期是 T_f，特许经营权期长度为 T_c，也就是在 T_c 时刻政府从社会资本方中接管项目，那么政府获益的时间区间是 T_{c+1} 到 T_f，到第 T_f 年的净现值为 0，即政府不再从中获利，那么 T_f 就是政府的收支平衡年，因此政府的目标函数为：

$$NPV_g = \sum_{t=T_{c+1}}^{T_f} NPV_t = NPV_{(f)} \geq 0$$

其中，NPV_g 代表特许期内政府所获得收益的净现值；NPV_t 代表第 t 年产生的净现值；T_c 是 BOT 合同的特许期长度；T_f 代表项目已经达到生命周期终点。

对于项目公司的社会资本方而言，他们期望公租房 BOT 项目特许期越长越好以获得更多的利润。在长度为 T_c 的时间期限内，社会资本方的目标函数就是其所能获得的收益的净现值要不低于其预期投资收益：

$$NPV_p = \sum_{t=1}^{T_C} \frac{I_t - C_t}{(1+r)^t} \geq I_C R$$

其中，NPV_p 表示特许期内社会资本方所获得收益的净现值；I_t 表示的是在第 t 年所获得的特许经营收入；C_t 表示的是在第 t 年进行特许经营所付出的成本；r 为贴现率；I_C 是作出的总投资，R 是社会资本方的预期收益率。

5.2.2.3 特许期决策模型目标函数的建立

特许期的长度与公私部门的收益是密切相关的；此外，Ye 和 Tiong 研究认为特许经营中的风险分配对特许期长度的决策亦有重要影响。记项目

建设时间长度为 T_{co}、项目运营时间长度为 T_{op}，那么 T_{co} 和 T_{op} 都将有各自的影响因素和变量，本书主要研究的是 T_{op} 也就是项目运营阶段的特许经营期限长度问题。

满足上述两式，意味着公私双方的基本利益可以得到保障，如前文所述，项目公司希望公租房特许经营期越长越好，以期望收益可以超过预期，政府期望收益不要成为负值造成亏损，因此特许经营期长度的整体目标函数为：

$$T'_{op} \in \left[NPV_p = \sum_{t=1}^{T_C + T'_{op}} NPV_t = \sum_{t=1}^{T_C + T'_{op}} \frac{I_{ot} - C_{ot}}{(1+r)^t} = I_C R - \sum_{t=1}^{T_C} \frac{I_{ct} - C_{ct}}{(1+r)^t} \right]$$
（5-1）

$$T''_{op} \in \left[NPV_g = \sum_{t=1}^{T_C + T''_{op}} NPV_t = \sum_{t=1}^{T_C + T''_{op}} \frac{I_{ot} - C_{ot}}{(1+r)^t} = \sum_{t=1}^{T_C} \frac{I_{ct} - C_{ct}}{(1+r)^t} \right]$$ （5-2）

其中，$T'_{op} \leq T_{op} \leq T''_{op}$，$T_{op}$ 代表运营期的特许经营期限，I_{ct} 是建设期当中第 t 年的收入，C_{ct} 是建设期当中第 t 年的成本，I_{ot} 是运营期当中第 t 年的收入，C_{ot} 是运营期当中第 t 年的成本。

5.2.2.4 纳入风险的模型

Zhang 和 AbouRizk 等学者曾将利率 I、通货膨胀率 I_{cp} 等因素视为固定的而非变量，但方程（5-1）和方程（5-2）中的贴现率 r 受到利率 I 和通货膨胀率 I_{cp} 等市场因素的影响，即 $r = (1+I)/(1+I_{cp}) - 1$。同时，对于保障性住房的建设在实施 BOT 模式时，BOT 特许经营期限还受到保障房租住率 R_r、租住价格 P_r 等因素的影响，即 $T_{\text{dynamic}} = f(x, I, I_{cp}, R_r, R_p)$。然而，租住率 R_r、租住价格 P_r 又同时受到多种因素的影响，分别表示为：

$$R_r = \alpha_1 m_{11} + \alpha_2 m_{12} + \cdots + \alpha_J m_{1J} = \sum_{i=1}^{J} \alpha_i m_{1i} \quad (5-3)$$

$$P_r = \beta_1 m_{21} + \beta_2 m_{22} + \cdots + \beta_J m_{2J} = \sum_{i=1}^{J} \beta_i m_{2i} \quad (5-4)$$

其中，m_{1i}、m_{2i} 分别表示影响租住率 R_r 和租住价格 P_r 的相关因素。

5.2.2.5 目标函数的属性分析

Tiong 等曾指出 BOT 项目实施中的 7 个重要因素：财务实力、技术实力、实力强大的利益相关者、创业和领导精神、项目识别能力、合伙人实力以及担保的多样性，并进一步根据这些因素研究了 BOT 项目的关键因素，研究认为财务实力和技术实力是最重要的。Alum 研究了财务、技术和担保多样性等影响因素。Levy 给出了公路 BOT 项目的关键因素：提供的运输服务、项目促进经济繁荣的程度以及当地对项目的支撑程度。从美国运输项目的决策观点出发，Ashley 等指出，政策许可、合作关系结构、项目范围、环境许可、施工风险分配、运营风险分配、融资方案、经济可行性以及开发者金融参与的影响因子对于 BOT 项目具有重要意义。Malini 关注交通基础设施 BOT 项目的财务能力，包括项目 NPV 是正的、内部收益率（IRR）比贴现率高和特许期内每年有足够的现金流（流动性）。

在已有的研究中，财务因素被列为最重要的，因此，本书的焦点集中在目标项目的财务方面。由于财务指标是能评估项目成功性的最有力工具，因而本书模型也是基于财务方面建立的。研究重点与 NPV 有关的因素：利率 I、通货膨胀率 I_{cp}、不同时期的收入 I_t、不同时期的成本 C_t、投资者预期收益率 R 和投资者资本投资 I_c。特许期长度决策的主要变量是：利率 I、通货膨胀率 I_{cp}、公租房房租住率 R_r、租住价格 P_r、不同时期的成本 C_t、投资者预期收益率 R 和投资者资本投资 I_c。

5.2.3　基于蒙特卡洛模拟的决策支持系统建立

本节的模型准备，在 5.2.2 节提出了公租房 BOT 特许经营期限决策支持系统的构建思路（见图 5-2），详细构建基于蒙特卡洛模拟的决策支持系统如下：

5.2.3.1　输入阶段

如前文构建的决策系统基本框架所述，决策系统的输入阶段主要是研究特许经营期长度的影响因素。就保障性住房建设而言，可能影响特许经营期长度的因素包括：利率 I、通货膨胀率 I_{cp}、不同时期的成本 C_t、投资者预期收益率 R、投资者资本投资 I_c、公租房租住率 R_r、租住价格 P_r。为了研究这些因素对特许经营期决定的重要程度以及因素间的内在联系，我们向相关学者、公租房建筑商、政府机构人员发放调查问卷，问卷采用李克特五分量表，同时为了保证问卷结果的可靠性，问卷中设计了基本信息部分的问题（问卷见附录3）。笔者共发放出问卷80份，收回58份。采用 SPSS 统计分析软件对数据进行因子分析，得出表 5-2 因子变量特征值、方差贡献率及累计方差贡献率，表 5-3 因子得分系数矩阵，表 5-4 变量间相关系数矩阵的特征值。

表 5-2　因子变量特征值、方差贡献率及累计方差贡献率

因子	特征值	方差贡献率	累计方差贡献率
1	3.695	52.781	52.781
2	1.516	21.660	74.441

第5章 公共租赁住房 BOT 模式的特许经营期限问题

续表

因子	特征值	方差贡献率	累计方差贡献率
3	1.081	15.446	89.887
4	0.310	4.422	94.310
5	0.240	3.435	97.745
6	0.111	1.593	99.337
7	0.046	0.663	100.000

表5-2是因子分析结果中的因子变量解释贡献率,从表5-2中可以看出,前三个因子的累计方差贡献率达到了89.887%,超过了85%的解释率,且特征值大于1,根据特征值大于1的原则,选取前三个公因子,信息丢失较少。

表5-3 因子得分系数矩阵

影响因素序号	影响因素	因子						
		1	2	3	4	5	6	7
1	租住价格	-0.144	0.418	0.426	0.441	-1.168	-0.273	-1.181
2	租住率	-0.207	0.333	-0.048	0.843	1.161	0.718	1.218
3	各时期成本	0.178	0.158	0.595	-0.403	1.114	-0.568	-1.292
4	通货膨胀率	0.185	0.402	-0.279	-0.497	-0.150	1.927	-1.036
5	利率	0.192	0.402	-0.256	-0.060	-0.152	-1.685	2.200
6	预期收益率	0.235	-0.085	-0.218	1.291	0.074	-0.343	-2.089
7	资本投资	0.221	-0.136	0.442	0.496	-0.393	1.178	2.595

表5-3是因子的得分系数矩阵,因为前三部分的累积方差贡献率是89.887%,超过了85%的解释率,因此提出三因子解决方案。投资者预期收益率的因子只有一个对因素1有意义。租住率、通货膨胀率和利率的因子对因素2有重大影响。因素3由租金价格、成本和投资者的资本投资组成。然而,这些因素的得分系数并不明显,这意味着这七个因素相互影响较小。

表 5-4 相关系数矩阵

变量	租住价格	租住率	各时期成本	通货膨胀率	利率	预期收益率	资本投资
租住价格	1						
租住率	0.656	1					
各时期成本	0.011	-0.383	1				
通货膨胀率	-0.130	-0.235	0.400	1			
利率	-0.110	-0.246	0.430	0.898	1		
预期收益率	-0.598	-0.619	0.350	0.520	0.594	1	
资本投资	-0.310	-0.722	0.740	0.288	0.309	0.666	1

表 5-4 描述了七个变量的相关矩阵。该表显示通货膨胀率和利率的变量是高度相关的，相关系数为 0.898，是整个相关系数矩阵的最大值。同时，各时期成本和资本投资的变量之间相关性也高（0.740）。另一方面，租住率和租住价格的因素以及资本投资和预期收益率的因素分别都有内在联系，相关系数较高，分别为 0.656 和 0.666。

根据调查结果，这七个因素之间的相关性较弱，这意味着它们是相互独立的。因此，针对每个因素分别作出如下分析：

（1）不同时期的成本。特许期的成本主要是运营和管理费用（人力成本、维护成本、公用事业费用、保险、促销费、专业费用、折旧）、财务费用（银行贷款利息和股东利息）以及税收。影响成本变化的关键因素是通货膨胀率，因此成本项目中的不确定参数即为通货膨胀率。

（2）通货膨胀率。通货膨胀率最常用的衡量指标是物价指数 CPI。现实中，影响通货膨胀率的因素较复杂，不在本书的考虑范围之内，通货膨胀率本身只是用于建模的一个指标。

（3）利率。利率与通货膨胀率具有很强的相关性，也不在本书的考虑范围之内，但作为建模的一个指标。

（4）资本投入和预期收益率。社会资本方参与到 BOT 项目进行资本投入的根本目的在于获取经济收益，实际上投资者的预期收益在 BOT 项目实施之前就已经预估好了，因此该二数据的分布状况不被纳入模型。

（5）租住率和租金价格。建设完成后的公租房的租住率和租金的价格是影响特许经营期限的最重要因素，二者应当纳入模型。而且进一步地，为了获得这两个指标的分布状况，建立了预测模型。该模型研究了各因素的子影响因子，包括商品房数量、商品房价格、居民收入水平和政策变化等。

5.2.3.2 处理阶段

利用蒙特卡洛模拟方法计算特许经营期限长度的基本思路，具体是：首先获得前文所得关键影响因素（尤其是公租房租住率、租住价格等）的固定时间间隔（如月度）数据，分析数据的分布状况，获得其均值、方差等分布指标；然后利用蒙特卡洛模拟方法，生成影响因素在未来几期的随机数值；通过方程式（5-5）和方程式（5-6）计算得到政府部门和社会资本方的净现值，并分析其分布状况；最后计算在不同信心水平（Confidential Level，指的是对预测结果的相信程度）下的 NPV 数值。如图 5-3 所示。

$$NPV(t,i) = \frac{[Rr_t(t,i) \times P_{rt} - C_t](1 + I_{cp})^t}{(1 + I_t)^t} \quad (5-5)$$

$$NPV_a(T,i) = \sum_{t=1}^{T} NPV_t(t,i) \quad (5-6)$$

图 5-3 特许经营期的蒙特卡洛模拟思路

基于以上的模拟思路，本书设计了解决该问题的模拟循环流程（见图 5-4）。模拟开始后：第一步，首先基于历史数据，得到影响因素 X_i 的统计规律和分布情况。如果所有年份的数据产生了，则进入第二步，否则，继续第一步。第二步，根据蒙特卡洛模拟方法，假定随机数值为 N，那么通过随机方法可以得到公租房租住率的结果；在此基础上，计算出第 T 年的净现值；最后一步总结结果并描绘 Y_i 的分布，模拟结束。

5.2.3.3 输出阶段

按照上述模拟和计算流程，所构建的决策支持系统模型将产生多个公租房 BOT 项目特许期长度的选择方案，在平衡政府和项目公司的利益后，选择一定置信水平下合适的期限作为公租房 BOT 项目的特许期。此外，在风险置信水平内备选方案是允许预测误差的，这将使得公私双方的谈判具有弹性，这也是本决策支持系统与其他传统方法相比而具有的改进之处。

以上构建了基于蒙特卡洛模拟的公租房 BOT 特许经营期限的决策支持系统，在系统的实现方面，首先要利用 SPSS 软件来分析关于公租房 BOT 特许权期影响因素的问卷调查结果，得到"总方差解释表""组件得分系

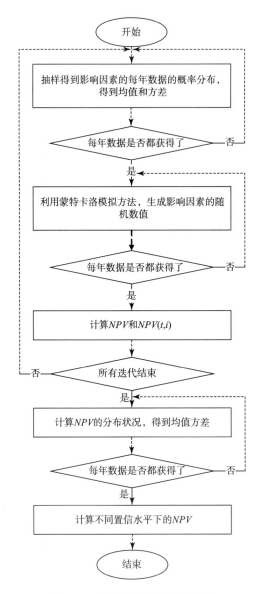

图 5-4 蒙特卡洛模拟循环流程

数矩阵"和"变量的相关系数矩阵",从而既有助于主成分函数的计算,又有助于将变量按不同主成分分类,还有助于研究不同变量的内在联系,这在第一阶段已经完成。然后要利用 MATLAB 软件,通过蒙特卡罗模拟求解模型,得到合理的公租房 BOT 固定特许经营期限。这可以通过后文的实证研究予以体现。

本模型提供了解决公租房 BOT 特许经营期决策问题的方法，与研究其他行业 BOT 项目的特许权期方法相比，该方法具有一定的创新性。在结合 NPV 分布和风险信心水平下，决策者能够作出满足双方利益的最优特许经营期选择。因为该模型提供的是项目运营期净现值的可能范围，而非确切值，因此本书模型的结果更为真实可靠。同时，该模型加入了风险评估的考虑。这些都有利决策过程的进行和结果的科学性。

然而，尽管该特许经营期决策模型能够模拟到未发生的净现值和进而求得未知的公租房 BOT 特许经营期，但是蒙特卡洛模拟方法的一个缺陷是难以验证该模型的准确性，因为在保障性住房现实中，随着时间的变化存在着很多的变化和不确定性。例如，通货膨胀率可能会毫无规律地急剧变化，这将影响到贴现率的稳定性；公租房租住率不可完全预测的波动将造成收益风险，并给项目公司带来财务风险；金融危机、货币危机、住房政策变化等，将可能导致租金收入费用大幅下降，当严重危机爆发时会使情况更糟。因此，在决策过程中应该随时调整计划以应对变化的环境。同时，整个模型的影响因素和关键影响因素的因子也应随着国情和环境的改变来重新确定。值得注意的是，本节所构建的固定特许经营期的决策支持系统方法，也适用于下文弹性特许经营期限研究中上限特许经营期和基础特许经营期限的计算。

5.3 基于 LPVR 模型的弹性特许经营期限设计

5.3.1 弹性特许经营期限的引入

上节构建了个公租房 BOT 项目的固定特许经营期决策支持系统，固定特许经营期模式比较契合当前公租房 BOT 建设项目的实际，如深圳的 BOT 模式的公租房项目都采用了固定特许经营期。然而，由于公租房 BOT 项目具有投资高、回收期长的特点，在项目决策阶段很难精确预测出公租房中长期的需求和收益情况，因此，采用固定特许经营期决策模式往往使 BOT 模式的公租房项目面临较高的风险，并将风险分担的压力全部付诸租金和补贴标准的调整上。在这样的理论和实践背景下，国外补贴的项目实践和工程管理专家逐渐探索出了弹性特许经营期限模式。弹性特许经营期限，是指签订公租房 BOT 项目特许协议时，只对投资目标收益（收益率）竞标，不固定特许期，当公租房项目达到竞标所定的目标收益时将公租房项目移交给政府。在实际操作中，一般以项目运营的内部收益率或投资回报率的上限、下限为依据调整特许期长短。

相比固定特许经营期模式，弹性特许经营期限模式的优势主要表现在以下几个方面：

（1）有效实现风险分担，有利于公租房项目持续实施。首先，政府可以有效降低因竞标项目公司利用预测而没有选择最优竞标者的风险。其次，特许期长度依据租金水平和租住率来调整，当入住水平高于预期时，随着收益目标的达到，特许期提前结束；当入住水平刚及预期时，公租房项目的经营风险将会合理转移至政府，分担项目公司部分风险。

（2）合理兼顾多方利益，使社会经济效益最大化。项目公司依据收益情况调整特许经营期长度，在这种情况下，一方面避免了一成不变的特许经营期和租金标准下项目公司蒙受经济损失；另一方面避免了价格频繁、剧烈波动下中低收入家庭住房支出的负担，同时还能实现政府解决中低收入家庭住房困难的政府职责，实现了多方利益的合理化。

（3）提高调价机制效率，避免重复谈判。在弹性特许经营期机制下，当项目遇到政策或不可抗力风险的情况，存在项目经济损失评估较难的问题，加之社会公众压力，政府与项目公司的重复谈判不可避免。而实行特许经营期弹性调整机制，项目损失的收入可以通过总收入与申报费用额的差额计算，无须谈判而顺利终止合同。

在 BOT 实践当中，国外已经有部分 BOT 项目尝试采用弹性特许期限模式，笔者对部分项目进行汇总，如表 5-5 所示。

表 5-5　典型的弹性特许期限 BOT 项目

项目名称	项目情况	弹性特许权期条款
智利 Sant lago Valparaiso 高速公路	1996 年签约，在连接 Santiago 和 Valparaiso 原有公路的基础上扩建的高速公路。长 130km，特许期上限 25 年。Rutas del Pacifico 公司凭借 3.81 亿美元的最小收益现值报价中标	（1）2002 年开始运营，当项目公司的收益现值达到 3.81 亿美元或者特许期满 25 年时，特许经营终止； （2）在运营 12 年后，若产生新建公路需要，则智利政府有权提前终止协议，但必须以 10.5% 的折现率补偿经营者尚未得到的预期收益； （3）如果智利政府因为其他因素提前终止特许经营协议（项目收益未达 3.81 亿美元或特许期未达 25 年），则必须以 10.5% 的折现率补偿经营者尚未得到的预期收益

第5章 公共租赁住房BOT模式的特许经营期限问题 105

续表

项目名称	项目情况	弹性特许权期条款
澳大利亚M2收费公路	悉尼西北部，连接M7公路与Lane隧道，全长21km，总投资规模6.44亿澳元，特许期上限为45年，于1997年5月建成通车	（1）项目运营期内第36年，如果项目内部收益率超过16.5%，则特许期于该年年末终止； （2）项目运营期内第39年，如果项目内部收益率超过16.0%，则特许期于该年年末终止； （3）项目运营期内第42年，如果项目内部收益率超过16.0%，则特许期于该年年末终止； （4）除上述情况外，项目特许期将持续到45年
英国新Severn大桥	新Severn大桥在旧Severn大桥下游5km处，桥长5.13km，John-Laing财团以9.77亿英镑的价格中标。1992年4月，项目动工建造，并于1996年正式通车，特许期最长年限为30年	当累积收入现值达到9.77亿英镑时，大桥免费移交给英国政府。原预测结果是项目公司将在2014年6月达到目标收入。2000年，由于欧洲法院作出"使用私人经营的道路必须支付增值税"的裁决，政府为了补偿项目公司，将项目的累积收入现值增加至9.96亿英镑，经过测算，该项目于2016年初达到目标收入并终止特许期
澳大利亚墨尔本城际公路	连接墨尔本市中心与周边城镇、机场以及海港，全长22km，项目计划投资1.8亿澳元，特许期上限为33.5年。	（1）项目运营期内第25.5年，如果内部收益率（IRR）超过17.5%，则特许期于该年年末终止； （2）项目运营期内第27年，如果内部收益率（IRR）超过17.5%，则特许期于该年年末终止； （3）项目运营期内第29年，如果内部收益率（IRR）超过17.5%，则特许期于该年年末终止； （4）项目运营期内第31年，如果内部收益率（IRR）超过17.5%，则特许期于该年年末终止； （5）项目运营期内第33年，如果内部收益率（IRR）超过17.5%，则特许期于该年年末终止； （6）除上述情况外，项目特许期将持续为33.5年

5.3.2 公租房 BOT 项目 LPVR 模型构建

Engel 和 Fischer 最早于 1997 年提出，在特许经营项目的招投标之前，为了有效避免漫长特许经营期内的各类风险，可以不事先将特许经营期固定，而是设置项目收益或收益率的临界值，当特许经营项目的收益或收益率达到设定值时，项目特许经营终止并移交给政府；而在招投标操作中，体现为投标企业以收入现值的临界值为标的参与招标，最低投标价的候选人赢得此项特许权，因此，这种特许经营权转让机制被命名为"最低收入现值"（Least Present Value of Revenue, LPVR）。

由于公共租赁住房项目具有成本投入大、租金收入低的特点，以及面临着住房保障政策变动频繁、国内房地产市场形势不确定等诸多风险，因此在事先计算确定好的长达数十年的固定特许经营期限内，能否完全实现招投标前专家所预算的收益率是非常难以保证的；而如果项目公司在特许经营期内与政府展开再谈判，那么项目公司将处于明显的劣势地位，如英法海峡隧道的失败就与此密切相关。因此，对于 BOT 模式的公租房项目，采用 LPVR 模型的弹性特许经营期是可行且必要的。构建公租房 BOT 项目弹性特许经营期决策 LPVR 模型如下。

对于承担公租房 BOT 项目的项目公司而言，其希望特许经营期限越长越好，以获得更多的项目收益；相反，对于政府部门而言，其希望特许经营期限越短越好，以减轻财政负担并可能获得收益。在固定特许经营期限情形下，如前文所述，一般通过以下约束条件计算得到公私双方都满意的特许经营期限：

$$\begin{cases} \sum_{i=0}^{T_1} \frac{CI_i - CO_i}{(1+r)^i} \geqslant ER_E = I \cdot NPVR_E \\ \sum_{i=T_1}^{T_2} \frac{CI_i - CO_i}{(1+r)^i} \geqslant 0 \end{cases} \quad (5-7)$$

其中 $NPVR_E$ 为该公租房项目的净现值率，I 为公租房项目的总投资，T_1 为项目公司特许经营公租房的时间，T_2 为公租房交付政府后政府又继续运营的时间。如果记第 n 年时项目公司测算的财务净现值为 NPV_n，公租房在建设工期的总投资净现值记为 I_{build}，那么在整个特许经营期内项目的净现值率 $NPVR_E$ 可以计算为：

$$NPV_n = \sum_{t=0}^{n} \frac{CI_t - CO_t}{(1+r)^t} + \sum_{t=n+1}^{T_1} \frac{CI_t - CO_t}{(1+r)^t} \quad (5-8)$$

第 5 章　公共租赁住房 BOT 模式的特许经营期限问题

$$I_{\text{build}} = \sum_{t=0}^{n} \frac{I_t}{(1+r)^t} + \sum_{t=n+1}^{T_1} \frac{I_t}{(1+r)^t} \tag{5-9}$$

$$NPVR_n = \frac{NPV_n}{I_{\text{build}}} \tag{5-10}$$

项目公司作为以盈利为目的的经济体，为了保障其经济收益会设定一个最低的收益率指标，以净现值率为标的的话，记项目公司的最低净现值率期望值为 $NPVR_{\min}$；政府从社会福利最大和社会公平等角度考虑，会限制公租房 BOT 项目的超额收益，因此会设定一个最高的净现值率期望值，记为 $NPVR_{\max}$。

公式（5-10）表明，在既定的投资水平下，净现值 NPV 和净现值率 $NPVR$ 是线性的关系，那么，在公租房项目运营的过程中，如图 5-5 所示，在第 n 年时点上，公租房项目的实际净现值率曲线会出现四种情形：

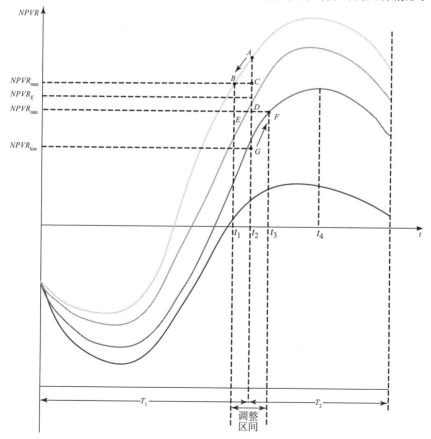

图 5-5　弹性特许权期

(1) $NPVR_n > NPVR_{max}$,即,在固定特许期 T_1 结束时,公租房项目的实际收益率高于政府的最大期望值;

(2) $NPVR_{min} < NPVR_n < NPVR_{max}$,即在固定特许期 T_1 结束时,公租房项目的实际收益率介于项目公司的最低期望值和政府的最大期望值之间;

(3) $NPVR_{low} < NPVR_n < NPVR_{min}$,即在固定特许期 T_1 结束时,公租房项目的实际收益率低于项目公司的最低期望,但并不低于同期社会投资的最低净现值率 $NPVR_{low}$;

(4) $NPVR_n < NPVR_{low}$,即在固定特许期 T_1 结束时,公租房项目的实际收益率低于同期社会投资的最低净现值率 $NPVR_{low}$。

如果采用固定特许经营期模式,那么情形(1)下政府将蒙受不必要的损失,合理的方式是缩短公租房项目的特许权期;情形(3)下项目公司会得不到足够的收益,合理的方式是延长公租房项目的特许权期;情形(4)下项目公司不仅得不到期望收益,连社会投资的最低收益都无法达标,此时延长特许期限都不足以弥补项目公司的收益损失,必须结合调高租金和补贴等方式。

在 LPVR 模型中,在特许经营期没有达到上限的范围内,只要项目收益或收益率现值没有达到项目公司的预期收益水平(NPV_E 或 $NPVR_E$),该公租房项目就必须继续由项目公司进行运营;当达到预期水平时,公租房项目就须移交给政府,因此不会出现收益率水平高于政府最大期望值的情形。在弹性特许经营期模式下,政府部门对公租房项目展开招投标,标的则成了收入现值,所报价的收入现值最低的企业能够中标,获得该公租房的特许经营权,也就是:

$$\min \sum_{i=0}^{T_1} \frac{CI_i - CO_i}{(1+r)^i}$$
$$\text{s.t.} \quad \sum_{i=0}^{T_2} \frac{CI_i - CO_i}{(1+r)^i} \geqslant 0 \quad (5-11)$$
$$T_1 \leqslant T_0$$

其中,T_0 为该公租房项目的特许经营期上限,通过 4.2 节决策支持系统予以计算获得。在实际操作中,有的公租房项目以收益现值为标的,有的公租房项目以收益率现值为标的,这都是 LPVR 模型的思路,具体操作的选择由项目公司和政府相关部门协商确定。

5.3.3 公租房 BOT 项目弹性特许权期模式

针对公租房项目特点的不同以及不同主体利益诉求的不同,笔者认为公租房特许经营项目在实施弹性特许权期模式时,还可以将实施模式更加细化,单一收益约束模式、多重收益约束模式和中间谈判模式分别适用于不同情形的公租房项目。

5.3.3.1 单一收益约束模式

公租房 BOT 项目弹性特许权期的单一收益约束模式,是指公租房 BOT 项目在招投标之前,政府部门事先由专家根据下限预期租金 p_{min} 和补贴标准 s_{min}、上限项目投入 I_{max} 等制定针对该公租房 BOT 项目的特许权期上限 T_{max}(方法见 4.2 节),在此基础上,以该公租房项目的收益现值(或者净收益现值)作为唯一的约束条件决策该公租房 BOT 项目是否停止运营进行转交,具体而言,如果该公租房项目的收益现值达到了中标标准,则停止特许经营移交至政府。

单一收益约束模式在具体操作中,应首先在公租房项目招投标前由政府(或政府与项目公司协商)制定出一个上限的特许权期,然后在招投标中投标企业以该公租房项目的收益现值或净收益现值为条件展开竞标,政府根据中标企业的收益目标与企业签订该公租房项目的特许经营契约;在履约的过程中,如果公租房项目收益达到了契约约定的临界值或者达到了特许权期的上限,项目特许经营终止,移交给政府由政府进行经营。弹性特许权期决策的单一收益约束模式的操作流程如图 5-6 所示。

从国外的弹性特许经营权期的实践探索来看,单一收益约束模式是采用较多的方式(如表 5-5 中的英国新 Severn 大桥),这也是 Engel 在 1997 年提出 LPVR 模型的原始模式。对于公租房 BOT 项目而言,单一收益约束模式可以有效保障项目公司的收益水平,在公租房 BOT 模式的建设实践当中,项目公司可以与政府协商将此弹性特许经营期限模式引入。

5.3.3.2 多重收益约束模式

公租房 BOT 项目弹性特许权期的多重收益约束模式,是指公租房 BOT 项目在招投标之前,政府部门事先由专家根据下限的预期租金 p_{min} 和补贴标准 s_{min}、上限的项目投入 I_{max} 等制定针对该公租房 BOT 项目的特许权期上限 T_{max}(方法见 4.2 节),在此基础上,以该公租房项目的多个收益或净收益现值作约束条件决策该公租房 BOT 项目是否停止运营进行转交,具体而言,就是要在多个时间节点下制定不同的收益要求以决定是否终止该公租房项目的特许经营。

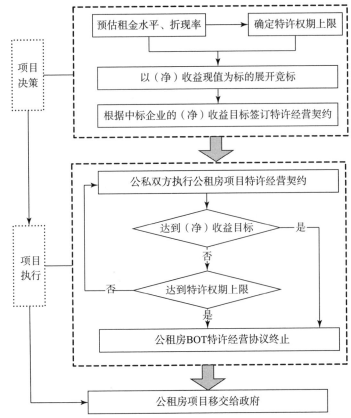

图 5-6　弹性特许权期决策单一收益约束模式的操作流程

多重收益约束模式在具体操作中，应首先在公租房项目招投标前由政府制定出一个上限的特许权期、公租房特许权期提前终止的考察时点、不同时点下的收益率约束条件等，然后投标企业据此制定项目建设和运营方案进行竞标，政府根据不同时点下的收益目标条件与企业签订该公租房项目的特许经营契约。在履约的过程中，在特许权期上限之内，政府只需要在特许经营协议中约定的时间点对公租房项目的实际收益进行审核，并与合同中约定的收益约束条款进行比较，如果项目实际收益满足任意约束条件，则特许期提前终止，项目移交给政府；反之，如果项目实际收益未达合同中的定要求，则项目继续运营，直至特许经营协议约定的下一次收益判定时间点或者特许期达到规定的上限。弹性特许权期决策的多重收益约束模式的操作流程如图 5-7 所示。

多重收益约束的弹性特许权期模式是单一收益约束模式的改进和创新，在实现机制方面更加灵活，从国外的弹性特许经营权期的实践探索来

第5章 公共租赁住房BOT模式的特许经营期限问题 111

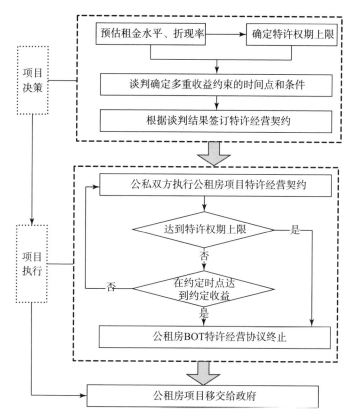

图5-7 弹性特许权期决策多重收益约束模式的操作流程

看，多重收益约束模式也逐步被一些项目所探索和使用，如表5-5中的澳大利亚M2收费公路项目、澳大利亚墨尔本城际公路项目等。对于公租房BOT项目而言，多重收益约束的弹性特许权期模式能够保障项目公司的收益率水平，而且在项目收益率水平较高的情况下转交至政府，可以在一定程度上保障政府的财政状况。

5.3.3.3 中间谈判模式

公租房BOT项目弹性特许权期的中间谈判模式，是指公租房BOT项目在招投标之前，政府部门事先由专家根据预期租金p、项目投入I等制定针对该公租房BOT项目的基础特许权期T_{basic}（方法见4.2节），在项目特许经营过程中，依据项目的实际收益状况，项目公司与政府之间再展开一次或多次谈判，以修正公租房项目的特许权期限。

中间谈判模式在具体操作中，应首先在公租房项目招投标前由政府制定出一个基础特许权期，然后投标企业以制定的项目建设和运营方案进行竞标，政府与中标企业签订该公租房项目的特许经营契约。在履约的过程中，如果公租房收益状况不理想，在基础特许权期内难以达到预期收益甚至难以覆盖成本时，为了保障项目收益、降低项目运营风险、实现项目平稳运营，项目公司可以与政府就延长特许经营期限展开谈判，将项目的特许经营期限控制在合理长度；同样，如果在项目运营过程中，如果项目的收益率过高，为了限制项目公司在特许期内获得超额暴利，避免损害中低收入家庭和政府部门的相关利益，政府部门可以提出与项目公司展开再谈判，以压缩特许经营期限长度，将项目的预期收益控制在合理区间之内。弹性特许权期决策的中间谈判模式的操作流程如图 5-8 所示。

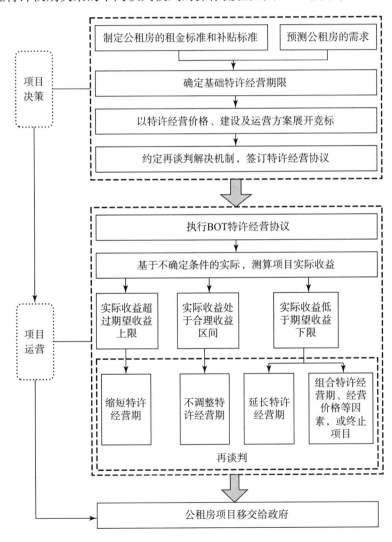

图 5-8 弹性特许权期决策的中间谈判模式的操作流程

第5章 公共租赁住房BOT模式的特许经营期限问题 113

中间谈判的弹性特许权期模式与前一章研究的公租房租金调整机制是相似的，都是在公租房项目运营的过程中依据项目的实际而展开灵活调整，从国外的弹性特许经营权期的实践探索来看，如表5-5中的马尼拉饮用水供应及污水处理项目采用的就是中间谈判模式。对公租房BOT项目而言，中间谈判模式可以有效解决信息不对称问题，进而降低事前预估不准确带给项目公司或政府的损失，如果对谈判成本的关注度不高，此模式可以较好地应用于公租房的BOT建设项目。

5.3.3.4 三种模式的优缺点及适用性分析

笔者针对公租房BOT项目的弹性特许，提出了单一收益约束模式、多重收益约束模式和中间谈判模式的三种模式。由于国内公租房项目采用BOT模式建设的样本太少，且国内BOT项目采用弹性特许经营权期的项目样本都少之又少，因此，笔者结合国外弹性特许权期的实践经验和公租房项目的实际特点，总结不同模式的优缺点和适用性，如表5-6所示。

表5-6 三种模式的优缺点及适用性

模式	优势	劣势	适用性
单一收益约束模式	（1）降低预测成本，提高投资效率 （2）降低项目需求风险 （3）退出机制简单易行 （4）招投标管理可操作性强 （5）降低政府提供担保的要求	（1）缺乏项目收益率约束 （2）增加财务监督成本	（1）项目公司部追求短期收益，对资金回笼速度要求不高 （2）租金和政府补贴水平不做调整
多重收益约束模式	（1）结合租金调整机制 （2）降低项目需求预测成本 （3）具有超额收益约束 （4）具有较强的可操作性 （5）具有较强的激励约束机制	（1）存在一定的需求风险 （2）缺乏合理的退出机制	（1）政府对公租房后续运营收益率期望较高 （2）项目公司对不同时间点收益均有要求

续表

模式	优势	劣势	适用性
中间谈判模式	(1) 具有较高的风险应对能力 (2) 限制项目公司收益水平	(1) 增加预测成本，降低投资效率 (2) 存在较高的不确定性 (3) 缺乏有效的激励约束机制	(1) 公私双方对再谈判成本不敏感 (2) 政府部门对项目公司的收益约束高

在公租房项目的建设实际当中，当地政府和招投标企业应当分析自身的利益需求和侧重点，选择合适的弹性特许权期模式。

5.4 租金与特许经营期限的互动关系与契约实践模式

特许经营产品的价格和特许经营期限的长度，是 BOT 等模式的特许经营活动的两个最重要的决策变量，也是 BOT 特许经营契约的最重要的组成内容。对于公租房 BOT 项目而言，公租房的租金与项目公司的特许经营时间成了公租房 BOT 特许经营契约的最重要的组成要素。

值得注意的是，在早期的研究和 BOT 特许经营实践中，特许经营价格与特许经营期限通常被视为完全独立的两个契约要素，因而进行独立研究、固定化处理。然而实际上，如之前研究所言，二者互相影响、此消彼长，共同构建了完整的、科学的、合理的 BOT 项目契约，二者产生互动的根本原因在于二者都对项目收益造成根本性的影响。具体到公租房的 BOT 项目而言，公租房租金与特许经营期限之间的互动关系可以描述为：政府和项目公司在制定特许经营合约时，考虑的特许经营企业所获总收益（简记为 Y）是特许经营期限 X 和单位时间特许经营收入 M 的乘积的折现值，而单位时间的特许经营收入 M 又由公租房租金标准 P、入住率 Q 和政府补贴标准 S 所决定（这其中租金标准 P 对入住率 Q 亦会产生一定影响）。从特许经营期限的决策角度出发，笔者用图 5-9 反映上述变量间的相互影响以及公租房 BOT 项目契约中特许经营期限的动态决定关系。

在过去的大量 BOT 模式实践当中，都采用了固定特许经营期限、固定特许经营价格的契约模式，导致项目公司的脆弱性非常高，外部经济或政策环境的轻微扰动就可能导致项目公司入不敷出，进而导致项目失败。笔者认为，为了有效规避固定契约模式固有的不足和保障项目公司的基本利

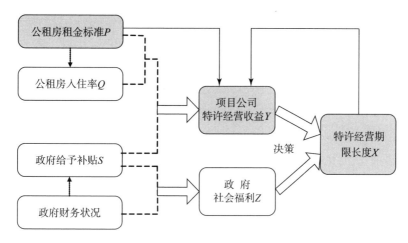

图 5-9　BOT 模式公租房租金与特许经营期限的互动关系

益，应当在招投标前设计灵活的公租房 BOT 特许经营契约内容和处理机制。项目公司在 BOT 模式公租的特许经营阶段所能够获得的收入，是特许经营产品价格（也就是公租房的名义租金）与项目公司的特许经营期限的乘积的折现值，这是公租房 BOT 特许经营契约设计的根本参考来源。因此，项目公司在未来的特许经营收益面临不确定性因素和风险时，通过反推的方式可以得知：调整公租房的租金标准或者调整公租房 BOT 项目的特许经营期限长度均可以实现对项目公司特许经营收益的调整。依据公租房租金是否调整和特许经营期限是否弹性，灵活的公租房 BOT 特许经营契约的设计形式主要有三种：固定特许经营期限下的租金动态调整契约模式；固定租金标准下的弹性特许经营期限契约模式；弹性特许经营期限下的灵活租金标准契约模式。如图 5-10 所示。

5.4.1　固定特许经营期限下的租金动态调整契约模式

固定特许经营期限下的租金动态调整契约模式，指的是在公租房 BOT 契约设计和执行中，决策制定的特许经营期限将一直固定不变，但如果外部环境发生变化，则可以按照契约内容动态地调整公租房租金标准，这就是 Engle（2001）所指出的："如果不引入特许经营产品的价格调整机制，那么固定特许经营期限契约就绝不是最优的。"固定特许经营期限下的租金动态调整契约模式的操作步骤和实现方法如图 5-11 所示。

在这种情形下，公租房 BOT 特许经营项目在立项之后、招投标之前，政府相关部门应首先按照设定的合理的项目公司收益率、基于过往公租房的历史数据，按照 5.2 节的特许经营期限决策支持系统来制定一个对政府

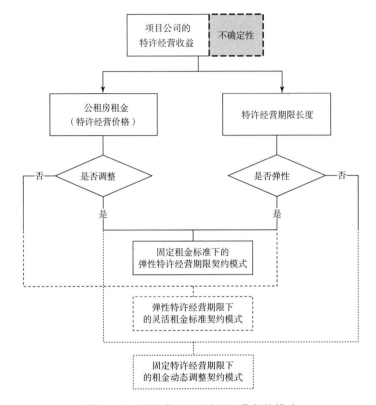

图 5-10　公租房 BOT 特许经营契约模式

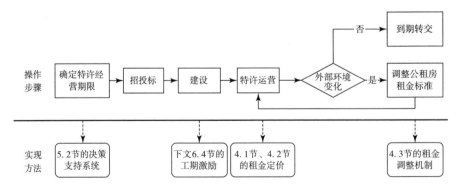

图 5-11　固定特许经营期限下的租金动态调整契约模式的操作步骤和实现方法

和准项目公司都可以接受的固定特许经营期限，然后以此作为特许经营协议中的固定部分展开招投标，招投标的综合标的设置为房屋建造能力、公租房运营能力、项目期望收益等项的综合。在规定的建设工期内建设完成公租房项目之后，项目进入特许经营阶段，在此阶段，政府相关部门和项目公司首先按照4.1节和4.2节的租金定价制定公租房的名义租金标准、实际租金标准和政府补贴标准；然后随着项目经营的持续开展，如果发生较为重大的经济形势变化或政策变革，则依据4.3节的动态调整机制对公租房租金进行动态调整，保障社会资本方的基本收益和政府的社会保障职能。

该契约模式是在实践中应用较多的模式，但该模式在应用实践中的劣势在于：由于公租房关系到中低收入家庭的福祉与安定，因此承租人员对作为公共服务产品的公租房价格调整比较敏感，公租房租金的提高将对中低收入家庭形成较大的经济压力；而如果不调整实际租金、只调整名义租金，则转嫁给了调节基金，也就是地方财政，这对地方财政又会形成一定压力。此外，社会资本方在与政府进行租金标准谈判时往往处于绝对的地位劣势，这会对该模式的正常执行产生影响。

5.4.2 固定租金标准下的弹性特许经营期限契约模式

固定租金标准下的弹性特许经营期限契约模式，指的是在公租房 BOT 契约设计和执行中，公租房的租金标准将在特许经营之前（甚至招投标之前）事先确定，在漫长的特许经营期限内都保持不变，但为了保障项目公司的盈利水平，特许经营期限是弹性变化的。固定租金标准下的弹性特许经营期限契约模式的操作步骤和实现方法如图 5-12 所示。

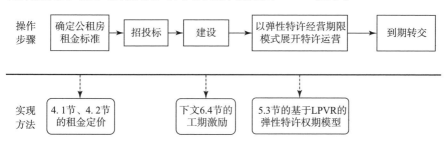

图 5-12 固定租金标准下的弹性特许经营期限契约模式的操作步骤和实现方法

在这种情形下，公租房 BOT 特许经营项目在立项之后、招投标之前，政府相关部门应首先根据项目所在城市水平、项目具体区位、设定的合理的项目公司收益率、折现率等客观数据，按照 4.1 节和 4.2 节的租金定价制定公租房的名义租金标准、实际租金标准和政府补贴标准；然后政府和社会资本方就该公租房项目展开招投标，招投标的综合标的设置为房屋建造能力、公租房运营能力、项目期望收益等项的综合。在规定的建设工期内建设完成公租房项目之后，项目进入特许经营阶段，在此阶段，政府相关部门和项目公司按照 5.3 节所建立的基于 LPVR 模型的弹性特许经营期限模型而展开运营，直到项目收益达到项目公司的预期水平，公租房特许经营终止，公租房项目移交给政府。

该种契约模式在近年来的 BOT 项目中被越来越多地应用，该模式执行的关键在于弹性特许经营权期的合理建立和双方的正常履约，其中项目公司的合理回报水平对特许经营期限的影响最大。

5.4.3 弹性特许经营期限下的灵活租金标准契约模式

弹性特许经营期限下的灵活租金标准契约模式，指的是在公租房 BOT 项目招投标之前对公租房的租金标准和特许经营期限从不完全限制至固定不变，而是根据地方政府的财政状况、公租房承租者的收入支出情况和社会资本方的利益诉求而灵活地在二者之间切换。弹性特许经营期限下的灵活租金标准契约模式的操作步骤和实现方法如图 5－13 所示。

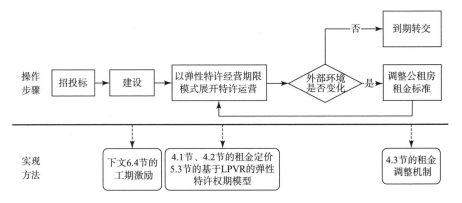

图 5－13　弹性特许经营期限下的灵活租金标准契约模式的操作步骤和实现方法

在这种情形下，公租房 BOT 项目在立项后，在面向社会招投标前并不确定公租房租金和特许经营期限的任何变量，而是制定一个基础的特许经营期限；在规定的建设工期内建设完成公租房项目之后，项目进入特许经营阶段，在此阶段，政府相关部门和项目公司按照 5.3 节所建立的基于 LPVR 模型的弹性特许经营期限模型而展开运营，但是当外界环境发生变化时，项目公司和政府机构可以依据财政状况灵活选择是调整公租房租金还是继续按照当前的租金标准执行弹性特许经营期，直至公租房特许经营期终止，公租房项目移交给政府。

然而，如此灵活的调整机制会大大地增加项目公司在招投标报价方面、公私双方在契约设计谈判方面上的复杂度，而且在世界范围内，考虑到特许经营收益不确定性而改进特许经营契约的实践探索总体上处于非常初级的阶段，大量 BOT 项目都还在采用固定特许经营价格和固定特许经营期限的模式，前述两种模式的采用率都尚且甚低，特许经营期限和特许经营价格都进行调整的模式当前尚无一例。这是未来研究和实践的一个方向，在本书中将不进行探索。

值得注意的是，对于公租房 BOT 模式项目而言，租金或补贴调整机制与弹性特许经营期限机制在调整依据、实现难度、监管难度等方面是存在一定差异的，笔者总结如表 5-7 所示。

表 5-7 租金/补贴调整机制与弹性特许经营期限机制比较

具体因素	租金/补贴调整机制	弹性特许经营期限机制
调整依据	根据剩余特许经营时间测算过去与未来收益是否达到预期收益；未达到则依据当地经济水平测算与调整	公租房项目实际收益是否达到 LPVR 的收益目标；特许经营时间是否达到特许经营期上限
激励约束作用	弱	强
风险分担能力	弱	强
实现难度	高	低
监管难度	低	高

第 6 章

公共租赁住房 PPP 模式的政府行为问题

6.1 不完全契约与政府非理性行为

理想市场下的契约假设条件与现实经济生活相去甚远,那么公租房 PPP 完全契约所假设的政府与项目公司双方都是理性的、都能完全预见契约期内可能发生的重要事件、都能履行契约中所规定的权利义务职责的情形在现实中是难以完全保证存在的,不完全契约由此而产生。不完全契约,指的是缔约双方不能完全预见契约履行期内可能出现的各种情况,从而无法达成内容完备、设计周详的契约条款。

不完全契约理论是现代契约理论的重要分支,是新制度经济学的重要组成部分,不完全契约理论认为不完全契约产生于下述几种原因:

(1) 人的有限理性(Bounded Rationality)。不完全契约理论所关注的有限理性主要是指人在神经生理等方面只能有限地应对不确定性和复杂性,导致无法在契约中为各种偶然事件制定相应的对策。

(2) 交易成本。契约不完全的最重要原因来源于交易成本,在完全契约的制定中,信息收集、契约谈判、契约签订与履行都是不考虑成本的,然而现实生活中这些交易成本都是切实存在的,交易成本的存在是契约不完全的根源。

(3) 信息不对称。信息不对称导致具有机会主义倾向的交易者会利用信息不对称来规避风险、转嫁成本。

(4) 语言使用的模糊性。契约有时会因为语言表达的模棱两可或不清晰而引发契约的模糊性,模糊性的契约将导致契约履行中的诸多争议。

（5）最新的研究发现，只有至少市场一方是异质的，且存在足够数量的偏好垄断经营的当事人时，契约就是不完全的。

政府与项目公司就公租房 PPP 建设经营所签订的契约，也是典型的不完全契约。公租房 PPP 特许经营契约的不完全性也是源于有限理性、交易成本、信息不对称等因素，然而，本书主要将关注点集中于政府的非理性行为，这主要是因为：

（1）关于信息不对称、交易成本等对契约及契约不完全造成的风险等影响（在前文中已有探讨）。

（2）在公私合营 PPP 模式中，社会资本的立场较为单纯即为获取经济收益，而政府的角色则复杂得多。一方面公共租赁住房的建设是民生工程，是政府社会保障和社会服务职能之一；另一方面，在真实的经济社会中，政府是由个体人组成的，这些个体人在上级任务、晋升压力、私利导向等情形下的非理性行为将会导致政府行为的非理性，而这些非理性行为对于公租房 PPP 契约的签订与履行都将产生重大的影响。为了保证公租房的建造质量、运营水平和社会保障效果，对政府缔约、履约中的非理性行为进行深入研究是契约设计研究中所不可或缺的。

本章针对这些来源于政府组成人员自利性的非理性行为，考虑到公租房 PPP 特许经营的实际，主要研究政府在公租房 PPP 特许经营契约中的政府保证问题和政府规制俘获问题。除此之外，在公租房 PPP 项目建设和运营过程中，政府对项目公司如期甚至提前完工具有一定的能动性，那么就公租房建设工期而言，政府该如何激励项目公司，也是本章要探讨的问题。在此基础上，本章将研究公租房 PPP 项目建设运营过程中的风险如何在项目公司和政府部门之间合理分配的问题，为公租房 PPP 项目顺利运行提供指导。

6.2 公租房 PPP 模式的政府保证过度

6.2.1 公租房 PPP 模式政府保证的基本概念及内涵

作为 PPP 模式的典型类型，为了有效激励项目公司，PPP 项目的一个关键是作为政府向项目公司提供如税收、土地、融资等方面的减免、便利或优惠的保证，此即政府保证。政府保证是 PPP 特许经营协议中的核心组件之一，政府保证制度关系着社会资本的态度和整个项目能否顺利成功运营。

6.2.1.1 政府保证的动因

政府保证在 PPP 等特许经营中普遍存在,这是由于政府在 PPP 项目中占据主导地位、政府在 PPP 项目中处于优势地位而决定的。对于公租房 PPP 建设模式而言,政府作出事先保证的原因与普通特许经营项目是相似的,主要包括以下几个方面:

(1) 有效控制风险。公租房的建设和管理规模大、时间长、成本高、参与主体多,由此导致项目风险因素复杂且风险程度高,协调难度非常大;同时,公租房 PPP 模式中直接投资部分占据的资金在总资金中的比例是较小的,这种股债比例失调的情形将加剧公租房特许经营模式的风险。在这样的情况下,为了有效地控制和分担社会资本所承担的风险状况,需要一套有效的风险控制和分担制度,这就是政府保证制度。

(2) 有效激励公租房承建公司。公租房带有典型的公共保障的福利特征,因此在没有政府保证的情况下,项目公司的经济收益水平将会非常低下,此时,政府为了使得项目公司能够获得较高的收益,鼓励社会资本投标、建设和运营公租房项目,政府需要在税收减免、土地优惠、融资便利、配套开发等方面对项目公司作出承诺和保证。

6.2.1.2 政府保证的内容

从世界不同国家的 PPP 特许经营政府保证的实践来看,不同国家、不同项目的政府保证内容差异较大;在学术研究中也表现出了差异,具体而言:一部分国家的实践和学者的研究认为政府保证只应关注政治风险的规避,而另外一部分学者则认为商业风险的分散也应当写入政府保证条款。公租房 PPP 项目与普通 PPP 项目在项目建设用地、项目融资需求、项目运营收入及其变动等方面存在较为显著的差异,考虑到这些差异,结合已有 PPP 项目的政府保证现状,笔者总结认为公租房 PPP 模式政府保证的内容主要包括以下几个方面:

(1) 政策性保证。国内房地产市场状况变化非常快,房地产政策亦调整频繁(如近几年反复的宏观调控或市场低迷时的救市),与公租房运营息息相关的保障性住房政策亟需稳定性,如公租房的政策地位、政策强度等。公租房 PPP 模式微观的政策性保证则包括:政府保证在规定期限内不肆意将属于项目公司所有的项目财产(如配套商业项目等)征收或收归国有;政府保证给予并维持一定程度的价格补贴(参见第 4 章研究结果)和税收补贴。

(2) 商业性保证。公租房 PPP 建设中的商业性保证,是指关于市场化运营过程中政府给予项目公司的相关承诺和保证。这主要包括:政府承诺在公租房项目经营遇到风险时项目公司依然可以获得较稳定的收入；政府保证向项目公司以合理甚至优惠的价格提供土地；政府保证向所建公租房小区提供水、电等基本生活便利保障；政府作出不竞争保证，即不在同一个公租房小区附近一定距离内建设另外的公租房项目；特许经营期内项目公司的合理权利保证。

6.2.1.3 政府保证制度的法理解释与困境

通过以上政府保证内容可知，公租房 PPP 项目的政府保证在性质上区别于一般意义上的为满足债权而提供的保证（即担保），该保证是政府作为特许协议的一方所作出的、非政府机构所无法承诺的特殊保证。从法理上来讲，一方面，政府是公租房 PPP 特许协议的签署方，并不是基于债权关系的第三方角色，作为契约的参与人向契约的另一参与人提供保证，政府保证在内容上要远远比债务担保宽泛；另一方面，在违约状况发生时，担保的解决方式较简单，而政府保证的违约则要通过多种法律途径来协调解决，甚至如果牵涉到国际合作，那么政府保证违约将会引入国际法的仲裁；最后，虽然在公租房 PPP 建设中政府是处于对项目进行监督管理的、主导的优势地位，但是政府保证是政府的主动行为，政府保证是政府进行自我约束和自我限制的一种公行为。

在政府处于绝对优势的情况下，政府保证制度是 PPP 特许经营的关键，然而由于我国引入 PPP 模式的时间还较短，当前我国有关政府保证的法律规范及政策存在着诸多问题和空白，这集中表现为地方政府为了推动基础设施项目而对 PPP 特许经营作出宽泛的政府保证，但中央政府和立法机构对这些政府保证在法律上又不予承认，甚至对政府保证作出了明确的限制。

公租房 PPP 模式的政府保证除了面临政府保证不被承认的困境之外，有关政府保证的具体规定彼此矛盾也是公租房 PPP 模式的政府保证落实中的一个重要障碍。对政府保证而作出的法律规定互相矛盾的现象在公租房 PPP 相关法律文件中普遍存在。

6.2.2 公租房 PPP 项目的政府保证过度现状及风险

政府保证现象在 PPP 项目中普遍存在，但是在采用 PPP 方式引进项目中，必须坚持政府保证不得滥用原则，否则会给政府带来不必要的或过多的争议或诉讼，甚至危及整个国家利益，这就是政府过度保证。

政府保证过度，指的是地方政府为了促成如 PPP 模式的基础设施、公共设施项目尽快或尽量顺利完成招投标与开工建设，缺乏对项目的调查研究或忽视若干年后条件变化，低估承诺成本和信用风险、违约风险，从而在所签订的特许经营协议或是附属协议当中给予项目公司过多的、甚至不切实际的承诺和保证。

对于项目公司而言，在政府保证的激励下，项目公司很可能过度迷信地方政府的承诺，片面追求政府对回报率及其他商业上的保证，而忽略对项目的科学合理投资和回报率预测，最终导致特许经营项目的失败。

对于政府而言，根据新制度经济学和契约经济学理论，经济协议中的任何承诺都有与之相对应的承诺成本，也有因违反协议中的约定而付出的违约成本。政府保证过度情形带来的结果将是：要么在规定的特许经营期限内，政府要为了履约要支付过高的履约成本从而蒙受巨额损失；要么政府要因为拒绝履行契约而承担违约成本。除了经济损失外，政府的违约行为将会造成政府的失信，危害政府甚至国家的形象，对其他基础设施项目或公租房项目的特许经营招投标造成严重影响。政府承诺和过度保证发生的原因和结果主要包括以下几个方面。

首先，政府低估了未来政策风险。从计划经济到市场化经济，我国的政策、机制和体制等一直在变动中，然后在 PPP 项目中政府往往会低估相应的政策风险，常常很难兑现政策变动之前许下的承诺，加之契约签订之前未能对违约等风险作出保障规定，导致毁约而项目终止的情况时有发生。例如，2002 年 1 月 18 日，四川瑞云集团与四川邛崃市政府签订了合同，承接关于新城区共同使用建设的 PPP 项目，特许期为 50 年，合同中并没有作出违约、赔偿等有关的规定。然后不久后国土资源部出台《招标拍卖挂牌出让国有土地使用权决定》，必须以招标或拍卖的方式取得土地使用权。由于政策的变化，加上当初合同对违约等风险保障的欠缺，造成该 PPP 项目进退两难，无法收场。

其次，合同因保证和承诺过度而无效。2002 年国务院颁布了《国务院办公厅关于妥善处理现有保证外方投资固定回报项目有关问题的通知》，指出出于风险和利益共同分担的原则，不能将国外投资者的回报率固定，对于已经违法相关法律法规的项目，应该通过转、购、改、撤等方法改变固定的回报率，这样部分项目就可以提前移交回政府。英国泰晤士水务的大场水厂 PPP 项目就是一个非常成功的案例，其提前移交比较顺利。而长春汇津污水处理 PPP 项目的提前移交就比较困难，最后通过法律程序才得以解决。

最后，政府低估了市场风险。政府往往对市场风险缺乏系统的分析，盲目地与项目公司签订合同，作出过度的承诺和保证，政府面临风险利益不对等的局面，无论履约还是毁约，其成本代价都是非常高的。成都第六水厂B厂PPP项目就是最好的例证，项目合同规定B水厂建成后，每日纯净水中有40万吨必须由成都市自来水公司来购买，当B厂建成后，市场出现了供水过剩的情况，成都市自来水公司不得不关闭其他两个水厂来履约，其经营由盈转亏，政府每年负担1亿元的补贴。由于对市场风险的低估，政府作出过度的保证，最后若政府违约，就会损坏其信誉，投资者将不再相信政府；若履约，政府又不得不承担高昂的成本，进退两难。

公租房PPP项目中可能存在的政府过度保证行为主要包括：超出能力的税收优惠；为他方的贷款偿还提供担保行为；超出职权以外的行为，如承诺给予公租房项目公司超低的融资优惠但并无强制执行的权力；租金标准（包括调整机制）和特许经营期限的执行等。

6.2.3 公租房PPP政府保证过度的规避

为了调动公租房承建项目公司的积极性，在法律框架范围内PPP协议中作出适当的政府保证是必要的，但为了使得公租房特许经营能够长久、健康地运营下去，应当尽量避免出现政府保证过度的情况，这就需要建立合理的风险分担机制。

一方面，政府要对拟建公租房PPP项目进行深入的调查研究，对该公租房项目进行严密的可行性论证。立项前要对本市的人口规模变化、人口结构变化、收入支出水平变化、商品性房地产市场变化进行周密的论证，结合城市发展规划计算经济增长率、人口增长率和受保障人数之间的相关系数，构建相应的预测模型。同时评价拟建公租房项目的财务状况，依据相关规章制度和计算方法，计算、分析公租房项目的财务成本和效益，并结合财务报表和相关指标计算结果，预测其盈利能力，最后根据预测结果，政府作出相应的承诺和保证。

另一方面，要鼓励公租房项目公司在政府限制范围内通过市场和自己的高效经营来降低风险，而不是完全靠政府来转移风险，这主要是指鼓励公租房承建公司开发建设周边商业配套设施，通过租售这些配套设施来获取更高的收益，弥补公租房租金较低廉的劣势。这样的机制有利于提高投资者控制风险的积极性，而且有利于社会效益的提高。

更重要的是，应当完善PPP相关立法，加强对政府行为的约束。当前国内PPP相关立法还很不完善，调整PPP方式的法律制度仍不健全，为了有效规避公租房PPP特许经营契约缔结中的过度保证，应当加强PPP相关立法，具体包括以下三个方面。

(1) 制定专门的 PPP 法，提高法律地位。结合国外 PPP 项目的成功经验和我国 PPP 项目发展的现状，笔者认为目前我国欠缺一部专门的 PPP 法，并以专章形式详细规定政府保证的前提、过程和范围等。越南和菲律宾在 20 世纪末就有了专门的 PPP 法，墨西哥更是在宪法中对 PPP 项目作出了有关规定。早在 2000 年，联合国国际贸易法委员会也颁布了《私人融资基础设施项目立法指南》，为 PPP 立法作出指导。我国目前仅有两个有关 PPP 的规章制度，内容匮乏且相互冲突，因此，应该结合国外成功的立法经验，并结合我国实际情况，建立一部具有适用性、前瞻性和操作性的专门 PPP 法。

(2) 建立统一体系，消除法规冲突。当前国内关于 PPP 相关的立法与其他法律条文还存在诸多冲突，如《关于以 PPP 方式吸收外商投资有关问题的通知》与《关于试办外商投资特许权项目审批管理有关问题的通知》、地方政府规章与部委规章之间都存在矛盾与冲突。因此，在 PPP 相关立法时，应以专章形式在基本法中详细规定政府保证的前提、过程和范围等，对承诺权限作出统一的规定和授权。这样，结合"特别法优于普通法""上位法优于下位法""新法优于旧法"原则，可消除政府保证与法规之间以及不同法规之间的矛盾，也可避免要不断对法律法规进行修改的困扰。

(3) 排除商业担保，纠正认识误区。政府保证的对象必须以法律的形式作出明确的规定，不包括商业担保，仅限于市场机制无法解决的或者相关的政策风险；该保证不是商业支持，而是政策倾斜。这样，政府保证就与民事担保具有了本质上的区别，以法律的形式消除了人们的顾虑，政府保证得以合法而有效地进行。

6.3 公租房 PPP 模式的政府规制俘获

在以 PPP 为代表的 PPP 模式当中，政府承担的角色较为复杂，既要作为项目的参与者制定和履行特许经营协议，同时又要履行监督管理项目和制定相关政策及监管义务。在理性假设的理想情形下，政府为促成公租房项目的建设和运营，会以社会福利最大化为根本目标，将项目公开、公平、公正地拍卖给最优的项目公司，施以有效的监管保证项目以最大化社会福利的标准完成。然而，在现实生活中，由于公租房项目资金量大、项目利益关系复杂，且政府行为是由政府代理人完成的，而政府代理人是由具备非理性、自利性的个体人所构成的，因此，根据规制俘获理论，社会资本方的利益集团会利用各种手段方式与政府代理人进行接触，以影响甚至控制政府的政策制定与实施，这就是公租房PPP模式的"政府俘获"现象。政府俘获现象的发生将使得私人利益集团过度影响政府行为，导致政府的决策不再以公众和社会福利的最大化，而是基于获取私人利益作为政府行为的根本原则，导致腐败和不公正行为发生，进而影响公租房的建设质量和保障水平。关于社会资本方与政府部门之间的规制俘获问题，张捷等（2010）学者曾在研究中将PPP模式的组织结构区分为项目拆分和项目捆绑两种，顺承这些研究，本书亦考虑在公租房PPP项目的建设和运营两阶段拆分和捆绑两种不同情形和不同组织结构下，研究政府可能被私人利益集团俘获情形下的PPP组织结构选择和设计问题。

6.3.1 政府俘获的内涵

政府俘获现象，可以用Karl Gunnar Myrdal提出的"软政权"概念来描述。其表现为："缺乏立法和具体法律的遵守和实施，各级公务人员普遍不遵从交给他们的规章与指令，并且常常和那些他们本应管束其行为有权势的人们与集团串通一气。"许多转型国家的历史表明，"政府俘获"已成为阻碍国家经济发展的重要因素，它不仅使市场调节失灵，而且使政府公共管理失败。

公租房PPP项目政府俘获现象发生的动因在于：对于政府而言，政府所有的如住房保障政策制定调整、公租房项目招投标、公租房项目监督管理等政府行为都是由政府官员（也就是政府代理人）所实施完成的。尽管作为政府代理人的政府官员也关注公租房等保障房的民生福祉和社会福利，但是不能忽视的是政府官员也是私利性的经济人，而且他们具备更加复杂的需求，他们的效用函数不仅包括了经济收入，还包括了职业生存、职位晋升、福利待遇等诸多方面，简言之，政府代理人具备复杂且自利的经济需求和政治需求，他们并非以社会福利最大化为效用目标；对于私人企业而言，社会资本方接触、干涉、俘获政府行为，是因为有力的激励给予进行逆向选择的私人部门额外的信息租金，这些租金成为社会资本方进行俘获活动的动机，因而社会资本方倾向于使得政府代理人选择与其私下合作而不是制定最优于社会福利的公租房政策决策。

公租房PPP项目政府俘获现象不一定会发生的，只有在满足以下两个条件时俘获才会发生：

（1）负责公租房PPP项目的政府相关人员是自利的，他们会被私营项目公司或投标企业所提供的非正常利益诱惑所吸引，愿意实施寻租行为，从而与社会资本方接触进而在公租房工程项目招投标、建设运营监管等环节向社会资本输送利益。也就是说，政府相关人员愿意与社会资本方私下合作。

（2）与该公租房 PPP 项目的政府人员和社会资本方分享不能被外界所获知的私密信息，并且这些信息可以为社会资本方带来额外的经济收益，社会资本方可以获得信息租金。也就是说，社会资本方俘获公租房 PPP 项目的相关政府人员存在一定的额外收益。

6.3.2 基本模型

公租房 PPP 项目拆分，指的是公租房项目的建设和特许运营两项工作拆分给不同的项目公司完成；公租房 PPP 项目捆绑，则指的就是公租房项目的建设和特许运营两项工作由同一个项目公司完成。公租房的建设和运营之间存在外部性，外部性指的是公租房的建设质量对后续运营管理成本的影响，这种影响可能是正向的（高质量的公租房仅需低成本运营维护），也可能是负向的（高质量的公租房在维护方面需要投入更高的成本），政府进行公租房项目决策的依据就是这两项工作之间外部性的情形。而且这种外部性水平就是外界所不能获得的、政府与社会资本可以共享和谋利的私有信息。如果公租房建设和运营间外部性为负向的，那么在理想情形下，应当交由不同的项目公司拆分完成；但是，在这些信息不为外部所获知时，政府代理人可以与社会资本方分享这些信息，使其享受这些信息租金。

如果把这种外部性水平记为 $\tilde{\sigma}$，这是一个随机变量，如前文所述，其可能是正值，也可能是负值，即该外部性可能是正向的也可能是负向的，记其为正值 $\tilde{\sigma} = \sigma$ 的概率为 ω，其为负值 $\tilde{\sigma} = -\sigma$ 的概率为 $1-\omega$，其中 $\sigma > 0$。对于公私双方，公租房项目信息不对称产生的一个原因在于公租房运营成本的不可预知性，公租房在建设完成后的运营阶段，项目公司才可以获知真实的运营成本 $\tilde{c}_B$，而且此成本与项目公司的能力有关，运营能力强的项目公司公租房运营成本较低 $\tilde{c}_B = \underline{c}_B$，记其发生的可能性为 ρ；运营能力差的项目公司公租房运营成本较高 $\tilde{c}_B = \overline{c}_B$，发生的概率为 $1-\rho$。

6.3.2.1 公租房项目拆分情形下的基本模型

公租房 PPP 项目拆分，指的是政府部门 G 将公租房项目拆分，首先与公司 A 签订建造合约由公司 A 完成公租房建设，再与公司 B 签订运营合约，由公司 B 完成公租房市场化运营；或者由 A 公司完成其中一部分，再由 B 公司等另外的公司完成其他部分。将项目拆分的原因是每一个阶段都需要专业的知识技能，将项目拆分给分别具备不同专业技能的公司有利于项目在每个阶段都获得最大的效率。

以项目公司 A 为例做如下符号解释：项目公司 A 在承建公租房的过程中，出于完成工期、提高建设质量 Q_A 的考虑要付出与政府和普通民众意愿相一致的努力 i_A；同时，作为以赢利为目的的社会资本，其也有为了降低建设成本 C_A 而发生偷工减料的操作 e_A。在这样的情况下，公租房的建设质量和建设成本可以表示为下式：

$$\begin{cases} Q_A(i_A,e_A) = q_A + \alpha_{11}i_A - \alpha_{12}i_A \\ C_A(i_A,e_A) = c_A + \beta_{11}i_A - \beta_{12}i_A \end{cases} \quad (6-1)$$

式（6-1）中，q_A 和 c_A 表示不需要付出努力或偷工减料就可以得到基础性质量和基础性成本。参数 α_1、α_2、β_1、β_2 均为正值，表示努力或偷工减料对质量和成本的影响程度，且满足 $\alpha_{11}>\alpha_{12}$，$\beta_{11}>\beta_{12}$（即 i_A 的强度要大于 e_A）。对于负责运营阶段的公司 B 而言，相关参数设置是相近的，不再赘言。

公租房建造阶段对运营阶段的外部性体现在 A 公司在建造中的努力或偷工减料对 B 公司在运营中的成本和质量造成影响，分别记 ξ_i、δ_i 为 i_A 对 B 公司的质量 Q_B 和成本 C_B 的影响，记 ξ_e、δ_e 为 e_A 对 B 公司的质量 Q_B 和成本 C_B 的影响。由于 i_A 的强度要大于 e_A，所以 $|\xi_i|>|\xi_e|$，$|\delta_i|>|\delta_e|$。那么，如果公租房建设和运营阶段的外部性为正向，则表明高建造质量将导致高运维质量和低运维成本，那么 ξ_i 和 ξ_e、δ_i 和 δ_e 都为正值；如果公租房建设和运营阶段的外部性为负向，意味着高的公租房建设质量要引起运营维护成本的提高，此时 $\xi_i>0$、$\delta_i<0$、$\xi_e<0$、$\delta_e>0$。那么，公租房运营维护的质量 Q_B 和成本 C_B 可以表示为：

$$\begin{cases} Q_B(i_B,e_B,i_A,e_A) = q_B + \alpha_{21}i_A - \alpha_{22}e_A + \xi_i i_B - \xi_e e_B \\ C_B(i_B,e_B,i_A,e_A) = c_B + \beta_{21}i_A - \beta_{22}e_A - \delta_i i_B + \delta_e e_B \end{cases} \quad (6-2)$$

无论项目公司是持续努力还是偷工减料，项目公司的成本都是存在的，依据 Athias L. (2007) 的研究，将该成本记为努力参数的平方。在项目拆分的情况下，每家项目公司的收益与其工作业绩相关，公租房相关政府部门分别与两家项目公司签订如下的成本加成合同：

$$\begin{aligned} T_A(\widetilde{c_B}) &= m_A(\widetilde{c_B}) - n_A(\widetilde{c_B})C_A \\ T_B(\widetilde{c_B}) &= m_B(\widetilde{c_B}) - n_B(\widetilde{c_B})C_B \end{aligned} \quad (6-3)$$

其中，函数 $m(\widetilde{c_B})$ 是确定费用，函数 $n(\widetilde{c_B})$ 是政府对项目建造或运营

公租房项目的风险所给予的风险报酬。若 n 为 0，表示双方签署的合约中对于项目公司节省成本没有激励，则合同为确定费用合同；若 n 为 1，表示该合同为成本加成合同。

对于项目公司，其期望于最大化收益状况，即：

$$\max \quad E\left[T_A(\widetilde{c_B}) - \frac{i_A^2}{2} - \frac{e_A^2}{2}\right]$$
$$\max \quad E\left[T_B(\widetilde{c_B}) - \frac{i_B^2}{2} - \frac{e_B^2}{2}\right] \tag{6-4}$$

求一阶偏导可以得到项目公司的激励约束机制为：

$$\begin{aligned} i_A^c(\widetilde{c_B}) &= n_A(\widetilde{c_B})\beta_{11} \\ e_A^c(\widetilde{c_B}) &= n_A(\widetilde{c_B})\beta_{12} \\ i_B^c(\widetilde{c_B}) &= n_B(\widetilde{c_B})\beta_{21} \\ e_B^c(\widetilde{c_B}) &= n_B(\widetilde{c_B})\beta_{22} \end{aligned} \tag{6-5}$$

在这样的情况下，考察参与公租房运营的项目公司 B 的收益情况，公司 B 的期望效用可以如下计算：

$$\begin{aligned} \tilde{U}_B(\widetilde{c_B}, c_B) = &\arg\max m_B(\widetilde{c_B}) - \\ &n_B(\widetilde{c_B})\left[c_B - \beta_{21}^2 n_B(\widetilde{c_B}) - \delta_i n_A(\widetilde{c_B})\beta_{11} + \delta_e n_B(\widetilde{c_B})\beta_{12}\right] - \\ &\frac{\beta_{21}^2 n_B^2(\widetilde{c_B})}{2} - \frac{\beta_{22}^2 n_B^2(\widetilde{c_B})}{2} \end{aligned} \tag{6-6}$$

那么，对于运营成本高的项目公司而言，其参与公租房项目运营的激励约束为：

$$\tilde{U}_B(\overline{c_B}) \geqslant 0$$

对于运营成本低、运营效率高的项目公司而言，其参与公租房项目运营的激励约束为：

$$\tilde{U}_B(\underline{c_B}) \geqslant \tilde{U}_B(\overline{c_B}) + \Delta c_B n_B(\widetilde{c_B})$$

结合二者，那么在全社会最优决策时，应满足上述二条件成立，由此得到：$\tilde{U}_B(\overline{c_B}) = 0$，$\tilde{U}_B(\underline{c_B}) = \Delta c_B n_B(\widetilde{c_B})$。

6.3.2.2 公租房项目捆绑情形下的基本模型

如果建造公租房的项目公司 A 和运营公租房的项目公司 B 是同一家公司或两家公司合并运营，那么这种情况就是公租房 PPP 项目捆绑的情形。

第6章 公共租赁住房PPP模式的政府行为问题

在捆绑情形下，虽然公租房项目由同一家项目公司完成建造和运营，但是不同阶段的风险报酬亦是有差异的，因此，同样定义两阶段的风险报酬函数 $n_A(\widetilde{c_B})$ 和 $n_B(\widetilde{c_B})$，分别记为两阶段的成本 C_A 和 C_B，分别记 δ_i 和 δ_e 为公租房建造阶段的努力和偷工减料对运营阶段的成本造成的影响；项目公司的费用函数则保持不变，记为 $m(\widetilde{c_B})$。那么，在捆绑情形下，承接该公租房项目的项目公司与政府签订的合同更新为：

$$T(\widetilde{c_B}) = m(\widetilde{c_B}) - n_A(\widetilde{c_B})C_A - n_B(\widetilde{c_B})C_B \tag{6-7}$$

那么，可以求得项目公司在此种情况下的激励约束为：

$$\begin{aligned}
i_A^k(\widetilde{c_B}) &= n_A(\widetilde{c_B})\beta_{11} + n_B(\widetilde{c_B})\delta_i \\
e_A^k(\widetilde{c_B}) &= n_A(\widetilde{c_B})\beta_{12} - n_B(\widetilde{c_B})\delta_e \\
i_B^k(\widetilde{c_B}) &= n_B(\widetilde{c_B})\beta_{21} \\
e_B^k(\widetilde{c_B}) &= n_B(\widetilde{c_B})\beta_{22}
\end{aligned} \tag{6-8}$$

此时，项目公司的期望效用计算为：

$$\begin{aligned}
\widetilde{U}(\widetilde{c_B}, c_B) = &\arg\max m(\widetilde{c_B}) - n_A(\widetilde{c_B})[C_A - \beta_{11}(\beta_{11}n_A(\widetilde{c_B}) + \delta_i n_B(\widetilde{c_B})) - \\
&\beta_{12}(\beta_{12}n_A(\widetilde{c_B}) - \delta_e n_B(\widetilde{c_B}))] - \\
&n_B(\widetilde{c_0})[C_B - \beta_{21}^2 n_B(\widetilde{c_B}) - \beta_{22}^2 n_B(\widetilde{c_0}) - \delta_i(n_A(\widetilde{c_0})\beta_{11} + \\
&n_B(\widetilde{c_B})\delta_i) + \delta_e(n_A(\widetilde{c_B})\beta_{12} + n_B(\widetilde{c_B})\delta_e)]
\end{aligned}$$

那么在全社会最优决策时，应满足：$\widetilde{U}(\overline{c_0}) = 0$，$\widetilde{U}(\underline{c_0}) = \Delta c_0 n_B(\widetilde{c_0})$。

6.3.3 政府俘获不发生的情形

考虑政府不被私营利益团体俘获的情况，在这种情形下，公共租赁住房项目相关的政府机构及其办事人员以社会福利和中低收入人群的住房保障为最大化目标，如实地向外界公开其由公租房建设和运营之间的外部性 δ 而获知的信息，而且在组织形式的选择上，总是会选择能够使得公共福利最大化的形式。

6.3.3.1 公租房项目拆分情形

如果政府不被俘获而以全社会福利最大化为根本目标，那么结合上节的基本模型式（6-5）的激励约束条件，得到此情形下的政府效用即社会福利最大化函数和约束条件下的最优化如下：

$$\max \rho[W^c(i_A^c(\underline{c_B}), e_A^c(\underline{c_B}), i_B^c(\overline{c_B}), e_B^c(\overline{c_B}), \delta_i) - \Delta c_B n_B(\overline{c_B})] +$$
$$(1-\rho)W^c(i_A^c(\overline{c_B}), e_A^c(\overline{c_B}), i_B^c(\underline{c_B}), e_B^c(\underline{c_B}), \delta_i)$$

$$\text{s. t.} \quad i_A^c(\widetilde{c_B}) = n_A(\widetilde{c_B})\beta_{11}$$
$$e_A^c(\widetilde{c_B}) = n_A(\widetilde{c_B})\beta_{12}$$
$$i_B^c(\widetilde{c_B}) = n_B(\widetilde{c_B})\beta_{21}$$
$$e_B^c(\widetilde{c_B}) = n_B(\widetilde{c_B})\beta_{22}$$

$$(6-9)$$

求解此最优化问题,得到结果如下:

$$n_A^c(\underline{c_B}, \delta_i) = \frac{\beta_{11}(\beta_{11}+\delta_i+\xi_i) + \beta_{12}(\beta_{12}-\delta_e-\xi_e)}{\beta_{11}^2 + \beta_{12}^2}$$

$$n_A^c(\overline{c_B}, \delta_i) = \frac{\beta_{11}(\beta_{11}+\delta_i+\xi_i) + \beta_{12}(\beta_{12}-\delta_e-\xi_e)}{\beta_{11}^2 + \beta_{12}^2}$$

$$n_B^c(\underline{c_B}, \delta_i) = \frac{\beta_{21}(\beta_{21}+\alpha_{21}) + \beta_{22}(\beta_{22}-\alpha_{22})}{\beta_{21}^2 + \beta_{22}^2}$$

$$n_B^c(\overline{c_B}, \delta_i) = \frac{\beta_{21}(\beta_{21}+\alpha_{21}) + \beta_{22}(\beta_{22}-\alpha_{22}) - \frac{\rho}{1-\rho}\Delta c_B}{\beta_{21}^2 + \beta_{22}^2}$$

从以上结果来看,$n_A^c(\underline{c_B}, \delta_i) = n_A^c(\overline{c_B}, \delta_i)$ 表明:在公租房的建造阶段,存在对运营成本的基础水平$\widetilde{c_B}$的信息不对称时,成本的高低对于公租房建造项目公司是没有激励作用的。$n_B^c(\underline{c_B}, \delta_i) > n_B^c(\overline{c_B}, \delta_i)$ 表明:在公租房的运营阶段,对于项目公司而言,低成本的激励要大于高成本的激励,这种情况下,有助于促进项目公司采取社会福利最大化的行动和行为。

6.3.3.2 公租房项目捆绑情形

在公租房建设和运营捆绑情形下,激励约束条件为式6-8,以社会福利最大化为目标函数,得到如下最优化结果:

$$\max \quad \rho[W^k(i_A^k(\underline{c_B}), e_A^k(\underline{c_B}), i_B^k(\overline{c_B}), e_B^k(\overline{c_B}), \delta_i) - \Delta c_B n_B(\overline{c_B})] +$$
$$(1-\rho)W^k(i_A^k(\overline{c_B}), e_A^k(\overline{c_B}), i_B^k(\underline{c_B}), e_B^k(\underline{c_B}), \delta_i)$$

s. t. $\quad i_A^k(\widetilde{c_B}) = n_A(\widetilde{c_B})\beta_{11} + n_B(\widetilde{c_B})\delta_i$

$\quad\quad e_A^k(\widetilde{c_B}) = n_A(\widetilde{c_B})\beta_{12} - n_B(\widetilde{c_B})\delta_e$

$\quad\quad i_B^k(\widetilde{c_B}) = n_B(\widetilde{c_B})\beta_{21}$

$\quad\quad e_B^k(\widetilde{c_B}) = n_B(\widetilde{c_B})\beta_{22}$

$$(6-10)$$

求解此最优化问题,得到结果如下:

$$n_A^k(\underline{c_B}, \delta_i) = \frac{\beta_{11}(\beta_{11} + \delta_i + \xi_i) + \beta_{12}(\beta_{12} - \delta_e - \xi_e) - n_B^k(\underline{c_B}, \delta_i)(\xi_i\beta_{11} - \xi_e\beta_{12})}{\beta_{11}^2 + \beta_{12}^2}$$

$$n_A^k(\overline{c_B}, \delta_i) = \frac{\beta_{11}(\beta_{11} + \delta_i + \xi_i) + \beta_{12}(\beta_{12} - \delta_e - \xi_e) - n_B^k(\overline{c_B}, \delta_i)(\xi_i\beta_{11} - \xi_e\beta_{12})}{\beta_{11}^2 + \beta_{12}^2}$$

$$n_B^k(\underline{c_B}, \delta_i) = \frac{\beta_{21}(\beta_{21} + \alpha_{21}) + \beta_{22}(\beta_{22} - \alpha_{22}) + \delta_i(\beta_{11} + \xi_i + \delta_i) - \xi_e(\beta_{12} - \xi_e - \delta_e)}{\beta_{21}^2 + \beta_{22}^2 + \delta_i^2 + \delta_e^2}$$

$$n_B^k(\overline{c_B}, \delta_i) = \frac{\beta_{21}(\beta_{21} + \alpha_{21}) + \beta_{22}(\beta_{22} - \alpha_{22}) + \delta_i(\beta_{11} + \xi_i + \delta_i) - \xi_e(\beta_{12} - \xi_e - \delta_e) - \frac{\rho}{1-\rho}\Delta c_B}{\beta_{21}^2 + \beta_{22}^2 + \delta_i^2 + \delta_e^2}$$

从以上结果来看,$n_A^k(\underline{c_B}, \delta_i) < n_A^k(\overline{c_B}, \delta_i)$ 和 $n_B^c(\underline{c_B}, \delta_i) > n_B^c(\overline{c_B}, \delta_i)$ 表明:通过研究运营基础成本$\widetilde{c_0}$信息不对称对项目公司运营成本选择的影响,研究发现,在公租房建造和运营都由同一家项目公司或两家捆绑在一起的项目公司来建造、经营的情况下,对高的建造成本和低的运营成本有较高的激励作用,这是由于项目公司在公租房建造阶段降低成本,会直接降低公租房质量,进而间接降低公租房运营维护的质量,增加公租房运营维护的成本。因此,在公租房PPP项目捆绑模式下的激励方式更有助于项目公司降低运营成本,揭示真实的成本信息,也就避免了效率高、技术水平高的公司虚报成本。

比较以上两种情形的研究结果发现,如果政府相关部门工作人员秉承"为人民服务"和"求真务实"的工作原则,以低收入人群的社会保障和社会福利为工作的根本和唯一出发点,那么政府部门会如实地向公众公开其由公租房建造、运营的外部性所获得的信息,此时公租房项目运营阶段的基础成本的信息不对称性不会对最优组织模式的选择产生影响,即把公租房PPP项目交由一家项目公司建造和运营或建造、运营的两家项目公司结成联盟的捆绑模式是最优的。

6.3.4 政府俘获发生的情形

经济现实生活中不能忽视或回避的一个事实是，由于公租房项目规模庞大、项目资金金额巨大、公租房项目建造和运营过程复杂以及人的自私性等原因，公租房项目相关政府工作人员可能会对社会资本方进行寻租，即在招投标、监管等环节被社会资本所俘获，隐藏所获知的信息而选择与社会福利不相符、与自身利益和社会资本方利益相一致的组织模式或行为。

仍然以公租房项目的组织模式为研究切入点，假设公租房项目的负外部性可以人为掩饰而对公众宣称为正外部性，当政府相关决策者向公众隐藏了可了解的负外部性，取而代之公布正外部性，是否分离两项工作的决定就被不恰当地更改为捆绑模式。在这种共谋交易的情况下，公租房项目的运营者就增加了其期望信息租金，该部分信息租金计算为：

$$\rho \Delta c_B [n_B^c(\overline{c_B}, \delta_i) - n_B^k(\overline{c_B}, \delta_i)]$$

作如下情景的假设：公租房相关政府部门代理人员在与公租房项目承担社会资本方进行共谋交易时，政府部门代理人员拥有完全的讨价还价能力（这与事实是贴近的，因为政府具备强行政能力和强否决权），政府部门代理人员在获知公租房运营成本 c_B 前进行寻租，也就是社会资本方会向政府相关人员进行行贿，行贿受贿情形只有在社会资本方期望政府将正外部性宣布为负外部性时（概率为 σ）才会发生，此时政府部门代理人员获得的贿赂收入（寻租收益）计算为：

$$g\sigma\rho \Delta c_B [n_B^c(\overline{c_B}, \delta_i) - n_B^k(\overline{c_B}, \delta_i)] \quad (6-11)$$

其中 $0 \leq g \leq 1$，表示由于项目公司的私利和纪委等监管部门、监管制度的存在，公租房相关政府部门代理人员所获得的贿金会发生损耗。从式（6-11）可以看出：如果降低 $n_B^c(\overline{c_B}, \delta_i)$ 或提高 $n_B^k(\overline{c_B}, \delta_i)$，政府部门代理相关人员因被俘获而得到的额外收益将会被压缩，当二者被限制到 $n_B^c(\overline{c_B}, \delta_i) \leq n_B^k(\overline{c_B}, \delta_i)$ 时，政府相关人员将得不到任何寻租收益，在这种情形下，政府俘获将不再发生。因此，对于政府人员而言，其收入应修正为：

$$g\sigma\rho \Delta c_B \max\{0, [n_B^c(\overline{c_B}, \delta_i) - n_B^k(\overline{c_B}, \delta_i)]\} \quad (6-12)$$

在这样的情形下，社会福利的期望值计算为：

$$E = \sigma \begin{Bmatrix} \rho[W^c(i_A^c(c_B, \delta_i), e_A^c(c_B, \delta_i), i_B^c(c_B, \delta_i), e_B^c(c_B, \delta_i), \delta_i) - \Delta c_B n_B(\overline{c_B}, \delta_i)] + \\ (1-\rho)W^c(i_A^c(\overline{c_B}, \delta_i), e_A^c(\overline{c_B}, \delta_i), i_B^c(\overline{c_B}, \delta_i), e_B^c(\overline{c_B}, \delta_i), \delta_i) \end{Bmatrix} +$$

$$(1-\sigma)\begin{cases}\rho[\,W^k(i_A^{i,k}(c_B,-\delta_i),e_A^k(c_B,-\delta_i),i_B^{i,k}(c_B,-\delta_i),\\e_B^k(c_B,-\delta_i),-\delta_i)-\Delta c_B n_B(\overline{c_B},-\delta_i)\,]+\\(1-\rho)W^k(i_A^{i,k}(\overline{c_B},-\delta_i),e_A^k(\overline{c_B},-\delta_i),\\i_B^{i,k}(\overline{c_B},-\delta_i),e_B^k(\overline{c_B},-\delta_i),-\delta_i)\end{cases}-$$

$$g\sigma\rho\Delta c_B\max\{0,(n_B^c(\overline{c_B},\delta_i)-n_B^k(\overline{c_B},\delta_i))\}$$

上文以公租房 PPP 模式的组织形式为切入点，研究了政府可能被俘获情形下的公租房 PPP 组织形式问题。研究发现：信息不对称的存在导致公租房项目相关政府人员可能会被社会资本方利益集团所俘获，俘获发生意味着政府隐瞒建造阶段和运营阶段的外部性信息，向公众发布虚假成本信息而获得寻租收益。研究表明，降低政府被俘获这一现象发生的方案和措施有：(1) 减少信息不对称性的发生；(2) 减少高效率企业及政府人员在信息不对称下因隐藏信息而获得的潜在租金，政府应该向部门代理人员提供低效能的激励政策，使其所隐藏的信息租金价值变小，或者根本毫无租金可言。

6.4 PPP 模式下公租房建设工期的政府激励

在公租房的典型 PPP 模式下，建设工期是一个重要的时间变量。公租房的建设工期，指的是公租房 PPP 项目自招投标结束后开始施工到公租房及配套设施建设完工、验收到可以入住的总过程。一直以来，项目建设工期的确定和调整（进度控制）是项目管理研究领域的一个重要研究内容。张云波（2004）、王家远等（2006）、刘睿等（2007）都曾研究过项目建设工期的延误因素以及延误风险处置问题；而 Chelaka（2001）、Choi 和 Callahan（2002）、李万庆等（2002）、苏鸣鸣（2011）、马世昌（2018）等学者则研究了项目建设工期的合理确定问题。

然而，从国内 PPP 项目的运营实践来看，项目的建设工期都是在招投标之前就已确定的，这主要是地方政府源于公共服务、行政、绩效等方面的压力。尤其是对于公租房的建设而言，保障性住房的如期开工与建设完毕是上级政府的政治要求，也是本级政府为广大中低收入人群提供公共服务的基本要求。因此，无论何种模式，公租房的建设工期确定问题都无研究必要。然而，因为政府比参与项目的社会资本方更加具有尽快建设完成公租房的动力和诉求，因此如何激励中标企业尽早建设完成公租房成了值得研究的问题。公租房 PPP 项目的建设工期决策问题，演变为项目工期的激励协调问题。

关于项目工期的激励问题,已有部分学者作出研究:Etgar 等(1998)将激励机制引入项目工期问题,不过他的研究是以业主的角度而展开的;汪嘉旻等(2000)研究了单合同下业主和承包商之间的主从博弈和工期激励问题;汪应洛(2005)将其扩展到多合约情形;Tareghian 等(2006)从成本角度出发,研究了成本费用最小化目标下的工期激励问题;陈建华(2007)从业主和承建商的中立立场出发,建立了主从递阶收益激励模型,而且进一步地利用遗传算法求解了模型;吴孝灵(2011)考虑到项目建设过程中的信息不对称和道德风险,建立了激励博弈模型,并就博弈结果设计了最佳激励方案;刘亚昆(2013)研究了大中型工程项目的工期和进度激励问题,基于帕累托最优理论对均衡结果进行了评价和改进。

已有研究表明为了缩短建设工期,有效的激励和惩罚机制是必要的。然而,结合本书所要研究的公租房 PPP 项目的建设工期决策问题,现有的研究存在的不足主要是:

首先,几乎所有的研究都是针对项目公司和具体的承建商之间的博弈而展开的,其博弈情形都是主从博弈,这与本书所要研究的工期决策问题是不相符的。本书所要研究的工期决策问题的博弈主体是政府和项目公司(特许经营企业),建设工期要在开工建设之前就确定好并写入合同。

其次,如第 3 章所述,政府和特许经营企业之间的信息不对称是长期存在的,那么在公租房的建设阶段,项目公司的真实建设效率是否可观测成为影响公租房建设工期的重要因素,因此,对施工效率是否可观测进行区别研究是非常必要的。

最后,公租房建设关系到社会福祉保障和政府官员的政治前途,因此对于建设工期的要求更为迫切,对于拖延完工的容忍度更低,这是公租房 PPP 模式区别于其他建设项目的重要特征。基于以上现有研究的不足和公租房 PPP 建设的特殊性,本节拟建立招标人(政府)和投标人(社会资本方)之间的最优工期博弈模型,分别研究施工效率可观测和施工效率不可观测的博弈结果,为公租房 PPP 项目的建设工期决策提供理论依据。

6.4.1　工期激励模型建立

在固定特许经营期限下最优标准竞标模式下,由于特许经营的期限已经确定,因此竞标企业会为了节省建设成本而尽可能长地制定项目建设工期;然而竞标企业同时又受到来自同时竞标的其他企业的竞争压力,在不存在串标合谋等违规行为的情形下,竞标企业又会为了最大可能中标而缩短其建设工期报价。对于投标企业和政府之间的博弈而言,为了对公租房项目建设工期有大致的估计,各方都会以自己的知识和技能提前评估一个建设工期定额。建设工期定额,是指在平均的建设管理水平、施工工艺和机械装备水平及正常的建设条件下,工程建设项目或单项工程从正式开工到全部建成、验收合格交付使用的全过程所需要的额定时间。同时,由于保障性住房建设项目受到上级政府较为严格的要求以及内生的对民生工程的特殊重视,因此公租房PPP项目的建设工期定额还与此两项因素有关。

建设工期定额是计算和确定建设项目工期的最重要参考标准,记为 t_0,招标人和投标人之间的博弈即以此为标准而展开。如果投标企业的建设工期短于政府的建设工期定额,那么将拥有更大的中标概率,也将会获得政府的奖励;如果投标企业的建设工期长于政府的建设工期定额,那么中标概率将会更小,也将会受到政府的惩罚。为了便于博弈分析,从收益角度来讲,可以将其理解为:如果企业先于建设工期定额完成公租房的项目建设,那么将会获得政府的收益奖励;如果企业晚于建设工期定额完成公租房建设,那么将会获得政府的收益惩罚。因此,特许经营企业的收益可表示为:

$$w(t) = \begin{cases} w_0 + (t_0 - t)w_{\alpha 1} & \text{if} \quad t < t_0 \\ w_0 - (t - t_0)w_{\alpha 2} & \text{if} \quad t > t_0 \end{cases} \quad (6-13)$$

其中,w_0 表示如果按照建设工期定额 t_0 完工,当完工时间 t 小于 t_0 时,获得政府奖励,奖励系数为 $w_{\alpha 1}$;当完工时间 t 大于 t_0 时,获得政府惩罚,惩罚系数为 $w_{\alpha 2}$。由于各级政府对于保障性住房的工期进度要求非常高,对工期延误的容忍度和对工期缩短的鼓励度是不同的,也就是 $w_{\alpha 1}$ 与 $w_{\alpha 2}$ 在数值上是不同的,具体而言,$|w_{\alpha 1}| < |w_{\alpha 2}|$,这与吴孝灵(2011)在研究项目公司和承包商之间工期激励问题时所做的奖惩系数相同的假设是不同的。为了简化起见,下文在不区分二者实际数值时暂以 w_α 代替,在需要区分二者数值时再以 $w_{\alpha 1}$ 和 $w_{\alpha 2}$ 表征。

从公租房项目的建设来看,其建设工期和进度的影响因素主要包括:特许经营企业的施工效率(本书只考虑特许经营企业作为项目承接主体而与政府作为项目授权主体之间的博弈情形,不考虑具体是项目公司建设还是继续承包给承包商建设),即单位时间内建设公司的建设工作量,将其记为 e;外部环境不确定性,这是指在公租房的建设过程中所受到的天气、地质、灾害等外部环境的影响,将其对施工时间的影响记为 λ。如果记公租房项目的工程量为 k,那么特许经营企业的公租房项目完工时间 t 是 e 和 λ 的函数:

$$t = t(e,\lambda) = k/e + \lambda \qquad (6-14)$$

从以上公租房 PPP 项目完工时间函数可以看出,影响完工时间的最重要的两个变量是 e 和 λ,然而这两个变量却都是难以观测的,因此特许经营企业会利用其不可观测性和信息不对称的优势尽可能地拖延工期,并将其归咎于外部环境的不确定性,也就是存在一定程度的道德风险。在这样的情况下,招投标开始之前的工期博弈,实质上就是政府与特许经营企业之间展开以式(6-13)所示的工期收益。

对于投标企业/特许经营企业而言,在固定特许经营期限最优标准竞标模式下,中标企业的特许经营期限是确定的,记为 T,由于政府对公租房实施较为严格的价格管制,因此其未来单位时间内的收益也是基本确定的,记为 R,那么特许经营企业不计入奖惩后的收益可以计算为:

$$\pi = R(T-t) = R[T - t(e,\lambda)] \qquad (6-15)$$

这是一个与 e 和 λ 有关的函数,简记为 $\pi(e,\lambda)$。以上收益函数表明如果提前完工,那么特许经营企业将赢得更多的特许经营时间,这就涉及特许经营期限的界定问题。E Auriol(2011)对特许经营期限是否包含建设工期进行了界定,将其分为一期特许经营期限和两期特许经营期限,前者是将工期和工程建设完成之后的特许经营时间一起纳入特许经营期限,后者是将建设工期剥离,认为工期是一个时间长度概念,特许经营期限是另外一个时间长度概念。由于中国即使是在 PPP 模式应用相对较为成熟的发电厂、污水处理等领域,其 PPP 模式的实践探索都非常有限,国内首个经国家批准采用 PPP 投资方式建设的国际招标试点项目——广西来宾电厂 B 厂自 1997 年投入建设,迄今为止特许经营期限都尚未结束,因此在特许经营期限界定的实践方面尚未明晰,即便是招投标时以两期特许经营期限为标准,在特许经营过程中由于再谈判、特许经营期限变更等情况的发生,特许经营期限的界定亦模糊化。在这样的现实背景下,为了便于研究的展开,本书采用一期特许经营期限的定义,因此,如果公租房项目提前完工,那么能带来稳定收益,特许经营期限将延长,反之则会占用特许经营时间。

由于公租房是关系到人民福祉和社会和谐的重大民生工程,因此在公租房建设过程当中,公租房的建设质量显然受到政府较为严格的约束,而建设质量与建设成本(记为 C)存在正向相关关系。由于特许经营模式下,公租房出租之后房屋的修葺和管理工作仍由建设单位即特许经营企业负责。因此,建设成本越高的公租房的建设质量越高,建设质量 Q 越高的公租房所需要的维护成本越低,所以,可以将单位时间的公租房维护成本

第6章 公共租赁住房PPP模式的政府行为问题

M 记为建设成本 C 的指数函数 $M = M(C) = mC^{-\eta}$，其中 $m > 0$ 表示维护成本系数，$\eta > 0$ 表示维护成本衰减系数，它们都可以通过历史数据拟合得到。公租房建设、维护和管理的总成本可以计算为：

$$Z = C + M * [T - t(e, \lambda)] = C + mC^{-\eta}[T - t(e, \lambda)] \quad (6-16)$$

以上的总成本函数也是一个与 e 和 λ 有关的函数，简记为 $Z(e, \lambda)$。特许经营企业的效用函数与其利润有关，记为 $E_2\{u[\pi(e, \lambda) + w(t(e, \lambda)) - Z(e, \lambda)]\}$。

那么，特许经营企业有意愿参与公共租赁住房PPP项目的基本条件之一，就是项目的效用函数至少达到自身的预期效用（记为 $\bar{\mu}$），即：

$$E_2\{u[\pi(e, \lambda) + w(t(e, \lambda)) - Z(e, \lambda)]\} > \bar{\mu} \quad (6-17)$$

这被称作"参与约束"，张维迎（2003）将其定义为"从接受合同中得到期望效用不能小于不接受合同时能得到的最大期望效用"，$\bar{\mu}$ 被 Fudenberg Jean（1991）称作"保留效用"。

除了特许经营企业有意愿参加招投标和公租房PPP项目建设管理即受到"参与约束"之外，肖条军（2002）认为"激励相容约束"也是必不可少的。激励相容约束，是指无论政府采取何种方式激励，特许经营企业都要选择使其期望效用最大化的施工水平，也就是：

$$\max_{e \geq 0} U = E_2\{u[\pi(e, \lambda) + w(t(e, \lambda)) - Z(e, \lambda)]\} \quad (6-18)$$

对于政府而言，政府的期望在于：以最低的成本获得最快期限建成的、最高质量的公租房，虽然政府提供保障性住房的行为是非营利性的，但是如果能获得额外收益，政府是有足够动力去选择的。也就是说，政府的效用是政府付出的成本 C_g、公租房的建设工期 t 和建设质量 Q 的函数，$E_2 = f(C_g, t, Q)$。在PPP建设模式下，政府的收益（效用）主要包括：向社会提供公租房的社会保障福利、提前交付公租房所获得的社会福利和政治福利；政府需要付出的成本包括：公租房的中标建设成本、公租房延误交付的社会福利成本、公租房提前完工所额外付出的奖励。如前所述，建设质量是建设时间和建设成本的正相关函数。如果记正常时间完工政府的社会福利为 V_0，那么，在公租房提前完工的情形下，政府的收益为 $V_0 + V(t_0 - t) - \pi(e, \lambda) - [w(t) - w_0]$；在公租房延期完工的情形下，政府的收益为 $V_0 - V(t_0 - t) - \pi(e, \lambda) + [w(t) - w_0]$。合并在一起，可得政府的期望效用为：

$$E_1\{v[V_0 + v(t(e, \lambda)) - \pi(e, \lambda) + w(t(e, \lambda)) - w_0]\} \quad (6-19)$$

因此，得到政府和特许经营企业最优工期决策模型转化为以下最优化问题：

$$\max_{w(t)} \quad E_1\{v[V_0 + v(t(e,\lambda)) - \pi(e,\lambda) + w(t(e,\lambda)) - w_0]\}$$

$$\text{s.t.} \quad E_2\{u[\pi(e,\lambda) + w(t(e,\lambda)) - Z(e,\lambda)]\} > \bar{\mu}$$

$$\max_{e \geq 0} \quad U = E_2\{u[\pi(e,\lambda) + w(t(e,\lambda)) - Z(e,\lambda)]\}$$

(6-20)

公租房 PPP 项目的建设工期的最优决策,就是上述模型的求解和均衡分析。在进行求解之前,需要对部分变量进行解释和简化:

(1) 特许经营企业参与公租房 PPP 建设的一个最基本条件是未来利润为正值(更严格的条件应当是未来收益不少于其收益期望值),也就是收益要能够覆盖成本,以公式表达为: $R - M = R - MC^{-\eta} > 0$。

(2) 公租房项目建设进度的外部影响因素较多,其中有负面的影响因素,如极端恶劣天气、恶劣地形等,同时也有正面的影响因素,如当年的天气状况好于往年等,因此本书认为将施工时间的外部影响 λ 视为正态分布是合理的,即 λ 的期望为 0,方差为 σ^2。

(3) 中标企业建设公租房工程的施工建设成本和边际成本受施工效率影响,即 $dc(e)/de > 0$,$d^2c(e)/de^2 > 0$,那么,可以把成本函数简记为 $c(e) = \beta e^2$,其中 β 代表施工成本系数。作出这样的假设是因为施工效率的提高意味着施工资源(劳动力资源等)的增加,所以成本会随之增加,施工成本系数 β 反映了施工单位的技术水平。

(4) 政府是风险中性的,而中标的特许经营企业是风险规避的,即 $u(x) = -\exp(-\rho x)$,ρ 代表绝对风险规避度。按照张维迎(2003)的理论分析,承建公司对于项目完工的风险是规避的,其效用函数具有风险规避特征,这是中标企业要面对的,其期望效用等于期望利润。

由于中标企业的施工效率会直接影响建设工期和进度,而作为项目招标方的地方政府不一定对其施工效率有准确的观察,因此接下来本节将分别研究施工效率可观测和施工效率不可观测情形下的最优工期问题。

6.4.2 施工效率可观测的最优工期激励

如上节所述,民间资本参与公租房 PPP 项目建设,在政府和投标企业决策工程建设工期和激励工程建设时,受到参与约束和激励相容约束。政府可以依据历史经验等方式获知企业的施工效率,当建设企业的施工效率能够被政府观测到时,激励相容约束便无须纳入考虑,因为任何满足参与约束和施工企业利益最大化大的施工效率都可通过强制合同来实现。在施工效率可观测的情形下,最优工期决策问题演变为如下最优化问题:

第6章 公共租赁住房 PPP 模式的政府行为问题 141

$$\max \quad V = [R - M(C)]\left(T - \frac{k}{e}\right) - w_0 - w_\alpha\left(t_0 - \frac{k}{e}\right) - c \tag{6-21}$$

$$\text{s.t.} \quad w_0 + w_\alpha t_0 - \frac{k}{e}w_\alpha - \beta e^2 - \rho w_\alpha^2 \delta^2 \sigma^2 \geqslant \bar{w}$$

为了简化研究，本节将施工单位的效用转化成了收益，式（6-21）中的 $\bar{w}$ 即对应着式（6-20）中的 $\bar{\mu}$，代表特许经营企业的期望利润。这是可以通过以下方程变换得到的：

$$U = E_2(u(\pi(e,\lambda) + w(t(e,\lambda)) - Z(e,\lambda)))$$

$$= \int_{-\infty}^{+\infty} -\exp(-\rho(w-c(e)))\frac{1}{\sqrt{2\pi}\sigma_w}\exp\left(-\frac{(w-\mu_w)^2}{2\sigma_w^2}\right)\mathrm{d}w$$

$$= \int_{-\infty}^{+\infty} -\exp(-\rho(\sigma_w y + \mu_w - c(e)))\frac{1}{\sqrt{2\pi}}\exp\left(-\frac{y^2}{2}\right)\mathrm{d}y$$

$$= u(\mu_w - c(e) - \rho\sigma_w^2)\int_{-\infty}^{+\infty}\frac{1}{\sqrt{2\pi}}\exp\left(-\frac{(y+\rho\sigma_w)^2}{2}\right)\mathrm{d}y$$

$$= u(w_0 + w_\alpha t_0 - \frac{k}{e}w_\alpha - \beta e^2 - \rho w_\alpha^2 \delta^2 \sigma^2) = u(\bar{U}) \tag{6-22}$$

进一步，作为施工主体的特许经营企业的效用函数是单调递增的，也就是其一阶导数大于 0，$\partial u/\partial x = \rho\exp(-\rho x) > 0$，因此，对于式（6-21）的最优化问题，如果记 Kuhn-Tucker 乘子为 θ，那么其 Karush-Kuhn-Tucker 条件为：

$$\nabla V(e^*, w_0^*, w_\alpha^*) + \theta \nabla \bar{U}(e^*, w_0^*, w_\alpha^*) = 0 \tag{6-23}$$

$$\theta(\bar{U} - \bar{w}) = 0 \tag{6-24}$$

结合式（6-22），可知 $\theta = 1$，也就得到上述最优化模型的解为：

$$\begin{cases} e^* = \sqrt[3]{k(R - hC^{-\eta})/\beta} \\ t^* = k/\sqrt[3]{k(R - hC^{-\eta})/\beta} \\ w_0^* = \bar{w} + c(e^*) \\ w_\alpha^* = 0 \end{cases} \tag{6-25}$$

在以上的解的情况下，中标企业的利润为：

$$V(e^*, w_0^*, w_\alpha^*) = [R - hC^{-\eta}]\left(T - \frac{k}{\sqrt[3]{k(R - hC^{-\eta})/\beta}}\right) - \bar{w} - c(e^*) - c \tag{6-26}$$

式（6-25）和式（6-26）的最优结果表明：如果政府能够获知中标企业所进行施工效率的信息，也就是在信息完全对称的情况下，政府并不需要向中标企业提供任何有关工期的奖励或惩罚措施，施工单位的最优利润状况也不依赖于政府所提供的奖励或惩罚，中标企业的最优利润状况只依赖于自身的施工技术水平，且为正相关。那么，在施工效率可观测的情况下，政府与特许经营企业之间就公租房建设工期所签订的最优合约为：

$$t^* = k/\sqrt[3]{k(R - hC^{-\eta})/\beta} \qquad (6-27)$$

$$w(e) = \begin{cases} \bar{w} + c(e^*), & \text{if } e = e^* \\ w < \bar{w}, & \text{if } e \neq e^* \end{cases} \qquad (6-28)$$

以上合约被称为帕累托最优合约，说明在施工信息是完全对称的情况下，政府不必施加奖励或惩处，让特许经营企业按照它们正常的——也即政府所知道的——施工效率建设公租房就可以了，公租房项目的建设工期与项目的工程量、成本和特许经营企业的施工技术水平有关。在这样的情形下，特许经营企业建设公租房的收益状况就是其所期望的收益，即机会收益加所付出的成本。帕累托最优合约使得公租房 PPP 项目的让渡方——政府和承接方（特许经营企业）的利益目标朝向一致。

6.4.3 施工效率不可观测的最优工期激励

上节分析了政府可以准确观测施工单位的施工效率情形下最优的建设工期状况和政府的奖惩激励措施，然而现实情况是，一方面政府不可能准确地观测到施工单位的施工效率，另一方面即使政府意图观测施工效率也需要付出极高的成本，这是政府欠缺相关知识和技能所导致的。因此，研究施工效率不可观测情形下的最优工期激励显得更为必要、更具现实意义。

在施工单位的施工效率不能被政府有效观测时，特许经营企业的激励相容约束条件式 (6-18) 可以被转化为如下：

$$\max \bar{U} = w_0 + w_\alpha t_0 - \frac{k}{e}w_\alpha - \beta e^2 - \rho w_\alpha^2 \delta^2 \sigma^2 \qquad (6-29)$$

求一阶偏导可得施工单位（特许经营企业）的最优施工效率为 $e = \sqrt[3]{w_\alpha k/\beta}$，将其代入最优化模型式 (6-20)，可得施工效率不可观测情形下的最优工期激励模型：

$$\max \quad V = [R - hC^{-\eta}]\left(T - \frac{k}{e(w_\alpha)}\right) - C - w_0 - w_\alpha\left(t_0 - \frac{k}{e(w_\alpha)}\right)$$

$$s.t. \quad w_0 + w_\alpha t_0 - \frac{k}{e(w_\alpha)}w_\alpha - \beta e^2 - \rho w_\alpha^2 \delta^2 \sigma^2 \geq \bar{w}$$

$$(6-30)$$

第6章 公共租赁住房 PPP 模式的政府行为问题   143

同样依据 Karush–Kuhn–Tucker 条件，得到上述模型中的约束条件取等号，因此公租房建设工期的最优激励模型转化成以下模型：

$$\max_{w_{\alpha 1}\geq 0} \quad V = [R - hC^{-\eta}]\left(T - \frac{k}{e(w_{\alpha 1})}\right) - C - \beta[e(w_{\alpha 1})]^2 - \rho w_{\alpha 1}^2 \delta^2 \sigma^2 - \bar{w}$$
(6-31)

$$\max_{w_{\alpha 2}\geq 0} \quad V = [R - hC^{-\eta}]\left(T - \frac{k}{e(w_{\alpha 2})}\right) - C - \beta[e(w_{\alpha 2})]^2 - \rho w_{\alpha 2}^2 \delta^2 \sigma^2 - \bar{w}$$
(6-32)

其中式（6-31）代表工期提早于 t_0 完工情况下政府施以奖励的工期激励模型，式（6-32）代表工期延误于 t_0 情况下政府施以惩罚的工期激励模型。如果将惩罚 $-w_{\alpha 2}$ 视为负的奖励，那么二者也可以归于 $[-\infty, +\infty]$ 的变量，那么以上模型可合并为：

$$\max \quad V = [R - hC^{-\eta}]\left(T - \frac{k}{e(w_{\alpha})}\right) - C - \beta[e(w_{\alpha})]^2 - \rho w_{\alpha}^2 \delta^2 \sigma^2 - \bar{w}$$
(6-33)

求解上述最优化问题，需要对 w_{α} 求解一阶偏导，得：

$$\frac{\partial V}{\partial w_{\alpha}} = \frac{1}{3}[R - hC^{-\eta}]k^{\frac{2}{3}}\beta^{\frac{1}{3}}w_{\alpha}^{-\frac{4}{3}} - \frac{2}{3}k^{\frac{2}{3}}\beta^{\frac{1}{3}}w_{\alpha}^{-\frac{1}{3}} - 2\rho\delta^2\sigma^2 w_{\alpha} = 0$$
(6-34)

如果记 $g(w_{\alpha}) = 2k^{\frac{2}{3}}\beta^{\frac{1}{3}}w_{\alpha} + 6\rho\delta^2\sigma^2 w_{\alpha}^{\frac{7}{3}} - [R - hC^{-\eta}]k^{\frac{2}{3}}\beta^{\frac{1}{3}}$，那么式（6-34）可以记为 $-\frac{1}{3}w_{\alpha}^{-\frac{4}{3}}g(w_{\alpha})$。为了研究模型解的性质，首先研究 $g(w_{\alpha})$ 的单调性质，对 $g(w_{\alpha})$ 求解一阶导数可得，$g(w_{\alpha})$ 在 $[-\infty, 0]$ 是单调递减的，而 $g(-\infty) > 0$，$g(0) < 0$，所以必然存在唯一的 $-w_{\alpha 2}^{**}$，满足 $g(w_{\alpha 2}^{**}) = 0$；$g(w_{\alpha})$ 在 $[0, +\infty]$ 是单调递增的，而 $g(0) < 0$，$g(+\infty) > 0$，所以必然存在唯一的 $w_{\alpha 1}^{**}$，满足 $g(w_{\alpha 1}^{**}) = 0$。

进一步分析式（6-34）的单调性：（1）在 $[-\infty, 0]$ 区间，当 $w_{\alpha} \in (-\infty, -w_{\alpha 2}^{**})$ 时，$\partial V/\partial w_{\alpha} > 0$；当 $w_{\alpha} \in (-w_{\alpha 2}^{**}, 0)$ 时，$\partial V/\partial w_{\alpha} < 0$；因此，当 $w_{\alpha} < 0$ 时，效用函数在 $w_{\alpha} = -w_{\alpha 2}^{**}$ 处取得最大值。（2）在 $[0, +\infty]$ 区间，当 $w_{\alpha} \in (0, w_{\alpha 1}^{**})$ 时，$\partial V/\partial w_{\alpha} > 0$；当 $w_{\alpha} \in (w_{\alpha 1}^{**}, +\infty)$ 时，$\partial V/\partial w_{\alpha} < 0$；因此，当 $w_{\alpha} > 0$ 时，效用函数在 $w_{\alpha} = w_{\alpha 1}^{**}$ 处取得最大值。由此得到如下命题：对于公租房建设工期的最优激励模型（6-33），存在唯一的奖励最优解 $w_{\alpha 1}^{**}$ 和唯一的惩罚最优解 $w_{\alpha 2}^{**}$。

进一步分析最优解的数值情况，在 $[0, +\infty]$ 区间，令 $g(w_{\alpha}) = 0$，可

得 $R - hC^{-\eta} - w_\alpha^{**} = 6\rho\delta^2\sigma^2(w_\alpha^{**})^{\frac{7}{3}}\beta^{-\frac{1}{3}}k^{-\frac{2}{3}} \geq 0$，由此可知当且仅当时 $\rho\delta\sigma = 0$，$w_{\alpha 1}^{**} = R - hC^{-\eta}$。又通过隐函数定理，可分别得到 $\dfrac{\partial w_{\alpha 1}^{**}}{\partial(R - hC^{-\eta})} > 0$，$\dfrac{\partial w_{\alpha 1}^{**}}{\partial(\beta k^2)} > 0$，$\dfrac{\partial w_{\alpha 1}^{**}}{\partial(\rho\delta^2\sigma^2)} < 0$，因此可得 $0 \leq w_{\alpha 1}^{**} \leq (R - hC^{-\eta})$。同理，可以得到在 $[-\infty, 0]$ 区间，最优解 $w_{\alpha 2}^{**}$ 满足 $0 \leq |w_{\alpha 2}^{**}| \leq (R - hC^{-\eta})$。结合式（6-13）的条件，可以得到公租房 PPP 项目建设工期的最优激励模型式（6-33）的最优解 $w_{\alpha 1}^{**}$ 和 $w_{\alpha 2}^{**}$ 满足：$0 \leq w_{\alpha 1}^{**} \leq w_{\alpha 2}^{**} \leq (R - hC^{-\eta})$。那么，在特许经营企业的施工效率不可观测的情形下，公租房 PPP 项目建设的最优工期激励合约为：

$$t^{**} = \sqrt[3]{\beta k^2 / w_\alpha^{**}} \qquad (6-35)$$

$$w(t) = \begin{cases} \bar{w} + 3\beta^{\frac{1}{3}}k^{\frac{2}{3}}(w_{\alpha 1}^{**})^{\frac{2}{3}} + \rho\delta^2\sigma^2(w_{\alpha 1}^{**})^2 + w_{\alpha 1}^{**}t \\ \bar{w} + 3\beta^{\frac{1}{3}}k^{\frac{2}{3}}(-w_{\alpha 2}^{**})^{\frac{2}{3}} + \rho\delta^2\sigma^2(-w_{\alpha 2}^{**})^2 - w_{\alpha 2}^{**}t \end{cases} \qquad (6-36)$$

通过以上最优工期合约的研究发现：承建企业会根据政府所施以的奖励或惩罚来决策自己建设公共租赁住房的施工效率，虽然政府对于公租房的建设工期有较为严格和急迫的要求，但这属于政府向社会提供公共产品和服务的基本经济职能，是政府的责任所在，而企业参与经济活动的根本动力则是获取经济利益而不是所谓的社会福利或责任。研究表明，政府实施的激励强度越大，承建企业的施工效率将越高，但是边际施工效率会出现衰减。

对比施工效率可观测和施工效率不可观测两种情形下的最优工期合约模型及解的性质可以得到：

$$V^* - V^{**} = \frac{\beta^{\frac{1}{3}}k^{\frac{2}{3}}[7(R - hC^{-\eta}) + 2w_\alpha^{**} - 9(R - hC^{-\lambda})^{\frac{2}{3}}(w_\alpha^{**})^{\frac{1}{3}}]}{3(w_\alpha^*)^{\frac{1}{3}}}$$

如果记上式为 $f(w_\alpha^{**})$，那么对其一阶求倒数可以得到在区间 $[-\infty, R - hC^{-\eta}]$ 上 $\partial f / \partial w_\alpha^{**} < 0$，也就是 $f(w_\alpha^{**}) \geq f(R - hC^{-\eta})$，在 $w_\alpha^{**} = R - hC^{-\lambda}$ 处取得最小值。这表明，施工效率不可观测情形下政府的效用是不会高于施工效率可观测情形的效用的，二者之间的差值是由于信息不对称而造成的，因此通常被称为信息的价值（张维迎，1993）。为了实现帕累托最优，政府需要为信息不对称付出一定的成本。

在此基础上，比较两种情形下最优工期的期望值，得到：

$$E[t(e^*, \lambda)] = \frac{\beta^{\frac{1}{3}}k^{\frac{2}{3}}}{\sqrt[3]{(R - hC^{-\eta})}} \leq \frac{\beta^{\frac{1}{3}}k^{\frac{2}{3}}}{\sqrt[3]{w_{\alpha 1}^{**}}} = E[t(e^{**}, \lambda)] \qquad (6-37)$$

也就是说,在施工效率不可观测的情况下,施工企业的建设工期肯定不会短于施工效率可观测的情形,在极端情况 $w_\alpha^{**} = R - hC^{-\lambda}$ 时二者的工期才会相同。每一种情形下的最优工期合约及其对比研究结果带来的启示是:在信息不对称的情况下,为了尽可能地实现帕累托最优工期,政府在招投标的过程中注重选择施工技术好的、风险规避度低或风险中性的企业予以建设和特许经营;为了降低信息不对称程度,政府应尽可能多地进行现场勘查或提前了解公租房的建设成本和建设进度信息;此外,较为重要的是,政府还应当尽可能地提高奖励的程度。当然,项目的整体收益状况是吸引企业参与招投标和特许经营的最重要因素。因此,合理估计公租房PPP项目的帕累托最优建设工期,除了要综合考虑项目的作业总量、建设企业的施工技术水平等内在因素,还要注意到项目的未来运营状况对特许经营企业的外在激励作用。

第 7 章

基于长沙市椰梨公租房项目的案例研究

7.1 项目简介

椰梨公租房项目，位于长沙市长沙县，具体地理位置为：长沙经济技术开发区三一学校以东，阳光东路以南，东十线以西，机场高速北辅道以北（见图 7-1）。椰梨公租房项目建设总面积为 42 000 平方米，总套数为 750 套，平均单套建筑面积为 56 平方米（国务院的指导意见规定"公租房应以小户型为主，单套建筑面积以 40 平方米为主"，长沙住房保障局细化规定"公租房单套面积不超过 60 平方米"，平均 56 平方米的建筑规模是项目立项时达成的），容积率为 3，绿化率为 32.44%，建安等工程造价为 9 270 万元，建设工期为 1 年。

湖南省和长沙市一直以来重视引进民间资本解决保障性住房的融资问题。早在 2010 年 5 月，湖南省人民政府就出台了《关于鼓励和促进民间投资健康发展的实施意见》（湘政发〔2010〕21 号），鼓励和引导民间资本进入法律法规未明确禁止准入的所有行业和领域，全力消除非公经济发展遇到的"玻璃门""弹簧门"和"旋转门"。此后，2011 年 8 月，长沙市人民政府发布《关于加快发展公共租赁住房的工作意见》（长政发〔2011〕16 号），明确提出"资金投入坚持政府与社会相结合。在政府加大对公共租赁住房专项投入的同时，要通过土地、财税、补贴、贴息等支持措施，引导、支持各类用人单位通过建设、租赁员工公寓或发放租房补贴等有效措施解决本单位职工的居住问题，并大力吸引社会资本投资、建设和运营公租房。"2013 年 9 月，长沙市人民政府又出台了《长沙市人民政府关于

第7章 基于长沙市榔梨公租房项目的案例研究

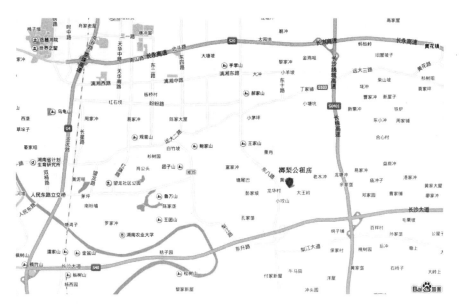

图 7-1　榔梨公租房项目地理位置示意图

加快市场化改革促进民间投资发展的意见》（长政发〔2013〕19号）（以下简称《意见》），明确提出"（二）鼓励和引导民间资本进入的重点领域……3.保障性住房和城镇建设。支持引导民间资本投资建设保障性住房和参与棚户区、城中村改造。积极创造条件，吸引民间资本参与重大片区、特色街区、重点城镇的整体开发建设"。《意见》发布的同时，公布了包含59个项目的《长沙市拟对民间投资领域放开项目名单（第一批）》，其中与保障性住房和城镇建设相关的项目共12个，并且在项目名单的回报方式中明确注明了为"特许经营""采用PPP建设模式，经营权收益分成""通过经营性项目收入提供回报"等模式。2014年5月，"长沙民间投资项目对接会"举行，与此同时，长沙市政府发布第二批共86个面向民间投资开放的项目，项目涉及6大类，总投资1 010亿元。其中，保障性住房和城镇建设项目11个，总投资238亿元，主要涉及八一桥、黄土塘、南湖片、书院路、夏家冲、望城坡等地段的棚户区改造、公共租赁住房建设及其他部分安置房建设。2016年，中共湖南省委湖南省人民政府发布《关于深化投融资体制改革的实施意见》。2017年湖南省财政厅发布《关于推广运用政府和社会资本合作模式的指导意见》，制定了《湖南省部分公共服务领域PPP项目前期费用补助资金实施细则》。2018年湖南省政府发布《关于实施PPP和政府购买服务负面清单管理的通知》，标志着湖南省PPP项目进入从起飞转向平飞的新阶段。

按照长沙市公共租赁住房的建设计划,长沙县榔梨公租房第三期项目于 2014 年进入招投标和投资建设阶段,而在此之前,长沙县榔梨公租房已经完成了第一期和第二期项目的建设,并且第一期项目已经于 2014 年初投入使用。对于榔梨公租房第三期项目(以下简称榔梨公租房项目)可以采取 PPP 建设方式展开,这是一种典型的 PPP 模式。本书以此为案例阐述 PPP 模式如何在公租房建设当中进行应用。在数据来源方面,下文将要用到的关于本项目的具体数据,如建筑面积等客观性数据,均来自长沙市住建局关于该榔梨公租房第三期项目的备案资料;建设成本、建设工期、缴纳税费的费率等都是根据榔梨公租房前两个项目的实际数据推算得到的;投资回报率、折现率、商业配套回报等行业性数据,都是通过保障性住房建设行业的平均水平测算而获得。

7.2 实际租金的定价

7.2.1 基础租金的计算

榔梨公租房三期项目位于长沙市,按照 4.1 节所建立的实际租金定价模型,首先应当依据长沙市的经济状况和长沙市中低收入家庭的收入支持水平,计算出长沙市公租房的基础租金。由于该项目是 2014 年建设,因此相关数据采用 2014 年之前的数据,特此说明。

基于长沙市自 1980 年至 2013 年统计年鉴的数据,基于扩展线性支出模型求得长沙市普通居民和低收入人群的居住支出,进而可以得到:在 2013 年,长沙市普通居民的家庭非住房消费支出和剩余收入计算为:

家庭非住房消费支出 = 家庭总支出 − 居住支出

$$= 1\ 636.59 - 151.33 = 1\ 485.26\ (元/月)$$

家庭剩余收入 = 家庭可支配收入 − 基本非住房支出

$$= 2\ 586.96 - 1\ 485.26 = 1\ 101.7\ (元/月)$$

低收入人群的家庭非住房消费支出和剩余收入计算为:

家庭非住房消费支出 = 家庭总支出 − 居住支出

$$= 1\ 259.89 - 114.38 = 1\ 145.51\ (元/月)$$

家庭剩余收入 = 家庭可支配收入 − 基本非住房支出

$$= 1\ 984.60 - 1\ 141.51 = 843.09\ (元/月)$$

2013 年年底,长沙市的平均商品住房成交均价为 6 536 元/m^2,按照长沙市单套建筑面积以 40 平方米为主的指引原则,基于以上的计算结果,可以计算得到长沙市公租房的基础租金为：

$$R_1 = I \times H_a = I \times \frac{P_r}{P_c} = 1984.6 \times 0.21/40 = 10.42(元/月/m^2)$$

由此计算得到整个长沙市公租房的基础租金为 10.42（元/月/m²），这与长沙市住房保障局公布的"每平方米公租房的月租金在 6~17 元不等"的定价区间是相符合的，而对于具体项目、具体公租房的定价则需进一步细化。

7.2.2 基于区位因素和特征价格模型的租金修正

考虑到榔梨公租房项目的区位等因素，对榔梨公租房项目的租金标准做更加深入和具体的计算。按照 4.1.4 节所构造的模型，经过调研得到榔梨公租房项目周边的商品房和公租房及其租赁价格，如表 7-1 所示。由于项目是在 2014 年启动的，所以在租金等对比与测算方面，是按照 2014 年的租金水平而展开的，后来年份的租金标准是按照动态调整机制而计算的。

表 7-1 榔梨公租房周边的公租房与商品房情况

公租房	公租房周边商品房及编号		商品房租金/ (元·月⁻¹·m⁻²)	与公租房距离/ km
榔梨公租房 (A_0)	1	凯旋帝景	14.08	3.0
	2	领东汇	13.33	2.1
	3	鸿润园	11.91	3.3
板桥小区（A_1）与 A_0 距离 9.4km	1	东业早安星城	15.45	1.3
	2	才子佳郡	15.55	1.5
	3	楚天世纪城	15.26	0.9
幸福家园（A_2）与 A_0 距离 15.8km	1	水印山城	14.82	4.9
	2	紫华郡	11.44	4.1
	3	深业睿城	13.20	5.5

数据来源：搜房网（http://cs.fang.com/），百度地图。

那么，根据 4.1.4 节所构造的模型，取参数的幂 $k=2$ 的情况下，分别按照如下模型和步骤求得榔梨公租房周围的市场租金 $R_2 = 13.22$（元/月/m²），板桥小区周围的市场租金 $R_{21} = 15.37$（元/月/m²），幸福家园周围的市场租金 $R_{22} = 12.92$（元/月/m²），区位修正因子 $\partial = -1.51$（元/月/

m²），梼梨公租房的修正租金 $R_3 = 8.91$（元/月/m²）。

$$\begin{cases} \gamma_i = (d_i)^{-k} / \sum_{i=1}^{n} (d_i)^{-k} \\ R_2 = \sum_{i=1}^{n} \gamma_i \times r_i \\ \partial = \sum_{i=1}^{x} \gamma_i \times (R_{2i} - R_2) \\ R_3 = R_1 + \partial \end{cases}$$

也就是，基于区位因素修正后的梼梨公租房项目的实际租金 R_3 为 8.91（元/月/m²），将其与所在区域的商品房租金 $R_2 = 13.22$（元/月/m²）相比较，可以得到梼梨公租房项目的保障系数为 $\theta = R_3/R_2 = 67.40\%$，符合长沙市住房保障局规定的"长沙公租房租金不高于市场均价70%"。

除了区位因素对公租房租金标准产生影响之外，如第4章所言，房屋的建筑年龄、楼层、朝向等也会对房屋租金的最终定价产生影响，而这则需要在公租房的实际分配和运营管理中进行微调，本书对此不再进行更深入的研究，以计算得到的8.91（元/月/m²）作为梼梨公租房项目的实际租金标准。

7.2.3 梯度公租房租金标准制定

实际上，到此就已经计算出了梼梨公租房项目的实际租金标准。然而，如4.1节所述，由于公租房承租人的收入和支出水平亦存在，因此尚再依据受保障对象的家庭收入情况，制定公租房分档补贴和梯度租金标准，参考表4-2，得到梯度租金标准如表7-2所示。

表7-2 公租房分档补贴和梯度租金标准

分档等级	依收入的分档标准	补贴系数/%	公租房租金标准/（元·月⁻¹·m⁻²）
一级	低保收入线以下	85	1.34
二级	低保收入线 ~ 低保收入线×2倍	60	3.56
三级	低保收入线×2倍 ~ 低保收入线×3倍	40	5.35
四级	低保收入线×3倍 ~ 准入标准线	15	7.57

7.3 名义租金的定价

7.3.1 实证结果

在计算榔梨公租房 PPP 项目的名义租金时,首先获得相关参数指标的基础数据如下:榔梨公租房项目的建设工期 T_B 为 1 年,建设阶段的开发建设成本 C_{DB} 为 9 270 万元,建设阶段的资金成本为 1 000 万元,公租房建设和运营期间享受政府的税费减免优惠,按照行业实际水平和政府相关政策估计,公租房的入住率 ρ 暂定为 80%,公租房运营期间的维护修缮成本为每年 310 万元,资金成本为 35 万元,公租房周边商业配套每年获得的收入为 700 万元,项目公司的期望收益率为 5%,年折现率为 6%,那么,在固定特许经营期限 T_O 为 15 年的情形下,将模型 4 - 13 中的不等式换为等式,可得到最低标准的名义租金,即:

$$E_R = \frac{\sum_{t=1}^{T_O} \frac{M_S + R_n S\rho \times 12 - (C_{DO} + C_{FO} + Tax_O)}{(1+r)^{T_B+t}} - \sum_{t=1}^{T_B} \frac{(C_{DB} + C_{FB} + Tax_B)}{(1+r)^t}}{\sum_{t=1}^{T_O} \frac{(C_{DO} + C_{FO} + Tax_O)}{(1+r)^{T_B+t}} + \sum_{t=1}^{T_B} \frac{(C_{DB} + C_{FB} + Tax_B)}{(1+r)^t}}$$

将参数指标的数据代入上述模型,可以求解得到榔梨公租房项目的名义租金为 19.16 元/月/m²。结合上一节得到的榔梨公租房项目的实际租金,可以得到政府补贴如表 7 - 3 所示。

表 7 - 3 榔梨公租房租金和补贴标准

分档等级	依收入的分档标准	租金标准/(元·月⁻¹·m⁻²)	补贴标准/(元·月⁻¹·m⁻²)
一级	低保收入线以下	1.34	17.82
二级	低保收入线 ~ 低保收入线 ×2 倍	3.56	15.60
三级	低保收入线 ×2 倍 ~ 低保收入线 ×3 倍	5.35	13.81
四级	低保收入线 ×3 倍 ~ 准入标准线	7.57	11.59

这样,就得到了在既有数据情况下的公租房租金定价。下文将根据模型 4 - 13,借助 Matlab 数学软件,仍然基于榔梨公租房项目的实际,详细分析在其他指标数据不变的情况下,公租房租住率指标、折现率指标等具体指标与公租房租金定价之间的关系,并给出相关的政策性建议。

7.3.2 关于公租房租住率的分析

以榔梨公租房项目为案例，本书仿真了在除公租房租住率 ρ 之外的指标数据都不变的情况下公租房租住率与公租房名义租金之间的变化关系，如图7-2所示。

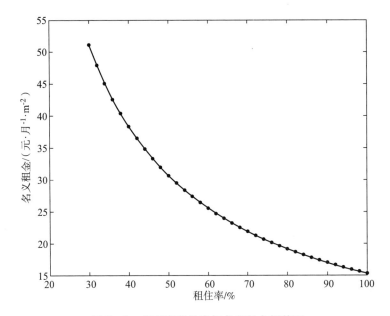

图7-2 公租房租住率与名义租金间关系

从仿真结果图可以看出，公租房的租住率与名义租金之间存在反比例函数关系，也就是租住率越高，PPP模式建设的公租房租金要求就越低，这是可以直观理解的，因为租住率越高意味着公租房的租金收入越高，成本回收越多，在固定时间期限内，调低公租房租金定价即可实现预期的收益率水平。当然，反之就是公租房租住率越低，则公租房的名义租金定价会更高。

无论是完全由政府建设管理还是采取PPP模式，都需要切实提高公租房的租住率水平，这一方面是公租房社会保障职能的要求，也是降低名义租金、节省政府财政支出的需要。公租房的空置不仅是巨大的公共资源损失，而且对运营公司的正常运转以及长期的投资、回报都提出了挑战。如第4章所言，根据调研发现，当前公租房入住率并不高，主要原因是公租房选址偏远、公租房周边商业配套不足、入住须先缴纳较大额费用等其他附加条件过多等。因此，为了切实提高公租房的租住率水平，有效控制公租房名义租金，笔者认为政府部门和项目公司应从以下方面作出努力。

（1）公租房项目应合理选址。对于PPP模式的公租房而言，由于在项目招投标之前已然完成了项目选址等相关项目论证，项目公司只能在既定的选址上建设和运营公租房，因此项目公司对公租房选址问题不具备任何控制能力，甚至不具备任何议价和谈判能力，这就要求政府部门在公租房项目立项之前就对项目选址进行多元目标思考。在近几年已经建成和正在建设的公租房项目中，公租房一般选在了城郊等土地成本相对低廉的偏远地区，而这些地区的公交车或轨道交通往往极不发达，且距离中心城区较远，影响承租人的出行，继而会影响到中低收入人群申请租住。笔者认为，公租房的选址应尽可能靠近中心城区，体现其在公共设施配套、交通出行、就业、综合生活质量保障等方面优势。在公共交通方面，公租房应尽量限定在轨道交通站点周边1.5~3.5km，3站内公交车接驳的距离内。当行人以正常速度步行时，上述距离能保证在20分钟之内到达轨道交通站点。考虑到实际用地的困难，建议可以设计距离轨道交通站点周边3.5km范围内的基地为优选区域。当公交车以每小时20km左右的速度行进时，可以保证乘客在10分钟（大约3站路）内到达轨道交通站点。此外，还可以在中心城区见缝插针地建设一些小规模的公共租赁住房。

（2）项目公司应更多地参与建设和运营公租房社区配套商业设施。社区配套商业设施主要配置超市、便利店、专业店、菜市场、餐饮网点、生活服务等网点，适当设置大型综合超市、文化娱乐网点和专卖店。其功能主要是提供当地和周边人群日常生活需要的商品和服务，同时根据社会经济的发展和人们生活水平的提高，增加现代服务业的门类，发挥"家的延伸"作用，满足现代人个性发展，创造自由生存空间的需求。PPP模式下项目公司在公租房社区建设和运营配套商业的作用有两方面：一方面，配套商业的完善能够提高公租房的租住率；另一方面，商业配套是公租房特许经营阶段收入的重要组成部分。因此给予项目公司适度建设和运营公租房社区配套商业的权利能够为项目公司带来显著的收入，进而可以有效控制公租房的租金水平。商业配套和租住水平之间存在互相强化的螺旋函数关系，如图7-3就展示了公租房的配套商业收入、租住率和公租房名义租金之间的关系。从图7-3中可以明显看出，租住率越高，商业配套收入越高，公租房的租金越低。笔者建议政府部门给予项目公司一定的权利空间，出售和出租一部分商业铺面用于超市、餐饮、诊所、文体中心等商业配套设施，这将成为民间资本参与公租房PPP特许经营的重要动力和激励。

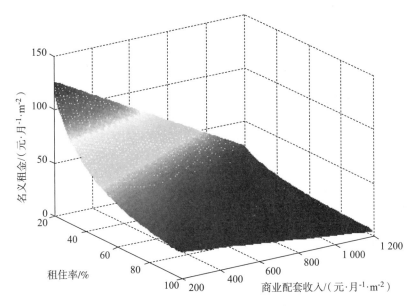

图7-3 租住率、配套商业与名义租金间关系

（3）合理设置准入条件，简化公租房申请、租住附加条件。当前各地在公租房申请和分配过程中，存在过多附加条件，部分城市公租房申请条件苛刻，对申请者的户籍、住房、收入等有严格要求，如武汉市规定住房困难家庭人均面积必须在8平方米以下、人均月收入在1 500元以下，对于新就业人员要求月收入2 500元以内、毕业不超过5年等。此外，还有部分城市的公租房在分配时要求租户入住前须先缴纳一笔大额的费用等，这都限制了城市中低收入人群的租住。笔者认为，在公租房的实际运营管理中，政府部门承担着制定、执行和监督准入标准的政策性责任，项目公司则承载着保本盈利的经济性任务，在公租房特许经营阶段，政府部门应当简化公租房的申请和租住附加条件，制定合理的公租房准入条件，保证足够水平的入住率；当然，政府部门还应当监督管理项目公司的运营行为，虽然特许经营阶段的经济收益状况与政府部门无关，但政府部门应当保证公租房分配和运营维护的公正合理，防止公租房分配的紊乱和社会保障职能的失效。实际上，这涉及政府行为和企业行为的边界问题，这需要在特许经营契约缔约之前就商定并写入特许经营协议当中，以获得法律保证。

7.3.3 关于项目公司期望收益率与折现率的分析

以榔梨公租房项目为案例，本书接下来仿真在除项目公司期望收益率 E_R 之外的指标数据都不变的情况下项目公司期望收益率与公租房名义租金之间的变化关系，如图 7-4 所示。

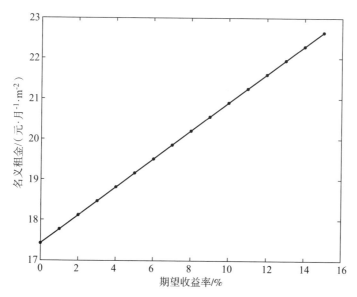

图 7-4　项目公司期望收益率与公租房名义租金间关系

从仿真结果图可以看出，项目公司的期望收益与公租房的名义租金呈线性正向相关关系，也就是项目公司的期望收益率越高，则需要制定越高水平的公租房租金，这也是较为易于直观理解的。

项目公司的收益水平是民间资本参与公租房这一利润水平相对微薄的行业的根本动因。当前大部分城市的公租房建设管理都是采用政府统筹统管的方式，如上海市尝试了公租房运营机构的市场化机制运作，根据上海市发布的《本市公共租赁住房运营机构组建办法》，上海公租房运营机构按照市场化机制运作，以保本微利为营业目标。在公租房建设运营初期，上海的数家公租房管理公司都是国有企业性质，比如尚景园的运营管理机构杨浦区公共租赁住房运营管理有限公司，就是由杨浦区住房保障中心和杨浦国资卫百辛集团共同出资组建的，上海市财政提供相应的资金配比，而且在经济考核方面并未向这些管理公司下达任务或指标。据杨浦区公共租赁住房运营管理有限公司测算，理想情况下（100%的承租率），运营公司能够获得 4.5% 的年收益率。而对于 PPP 建设模式而言，社会资本方的收益率要求势必更高，在国内基础设施特许经营的项目中，投资人对项目的预期内部收益率一般为 8%～12%。这就要求项目能够为投资人带来更多收益，除了提高名义公租房租金水平外，还可以在中标企业的其他开发项目上给予一定的优惠和补贴（如税收减免等）；此外，笔者认为招投标方式的灵活调整也是必要的，政府可以采取以收益率为标的的招投标方式，以锁定项目公司的期望收益，进而减少政府的财政支出。

项目公司的期望收益率表示了项目公司对项目收益的要求，而另外一个变量——未来收益的折现率，则关系到了实际收益对现值的计算结果。在净现值法中，就是在企业持续经营条件下，通过估算特许经营权经济寿命期内的合理预期收益，并以适当的折现率折算成现值，借以确定项目价值，其核心变量就是收益年限、收益率和折现率。如图 7-5 描述了项目公司的期望收益率、未来收益的折现率与公租房名义收益之间的复杂关系。

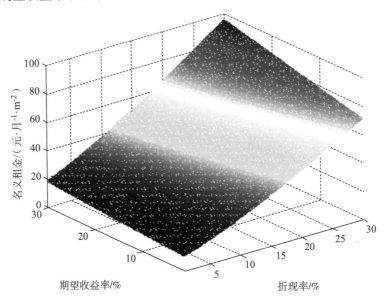

图 7-5　期望收益率、折现率与名义租金间关系

从概念上来讲，折现率是将未来有限期预期收益折算成现值的比率，折现率关系到项目公司实际运营过程中的内部收益率（内涵报酬率）。笔者认为，公租房 PPP 项目的折现率的确定，应以建筑行业的平均水平为参考，在项目达成之前，应当由政府部门和中标公司协商确定合理的折现率。由于更深入的探讨将涉及特许经营权的会计实务问题，这并不在本书的研究范畴，故不再做更加深入研究。

7.3.4 关于特许经营期限的分析

以榔梨公租房项目为案例，本书接下来仿真了在除特许经营期限 T_0 之外的指标数据都不变的情况下公共租赁住房特许经营期限与公租房名义租金之间的变化关系，如图 7-6 所示。

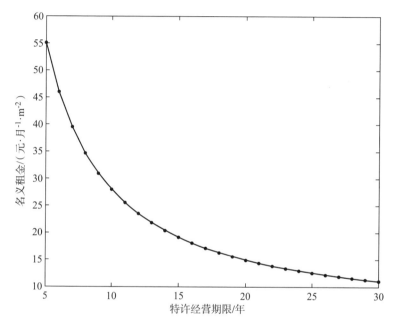

图 7-6 特许经营期限与名义租金间关系

特许经营期限与特许经营价格（名义租金）之间的复杂关系在前文模型建立章节已多次表述，图 7-6 描述的是在其他变量均不发生任何变化的情况下二者之间的基本关系走势，可以比较直观地看到，公租房的特许经营期限越长，公租房的名义租金将越低，但二者之间并非简单的反比例函数关系。如果将特许经营期限设定长达 30 年，那么公租房的名义租金将基本与实际租金持平，也就是不需要政府的任何补贴，那么将大大减轻地方政府的财政压力。本书在 7.3.1 节的计算中采用的是 15 年，这是国内诸多 PPP 特许经营项目的平均期限。

当然，由于特许经营期限与名义租金之间关系的复杂性，图 7-6 更多的意义在于描述二者之间的关系趋势，对于更加详尽的特许经营期限与名义租金间关系研究，将在 7.4 节展开。

7.3.5 其他参数的分析

除了上述研究中的公租房租住率水平、项目公司期望收益、折现率和公租房特许经营期限以外,从模型(4-13)中可以发现,还有其他的变量会对公租房的名义租金产生影响,这主要包括综合建设成本 C_B(建安成本、融资成本、税赋成本)、综合运营成本 C_O(修缮维护成本、资金成本、税赋成本)、建设工期 T_B 等。

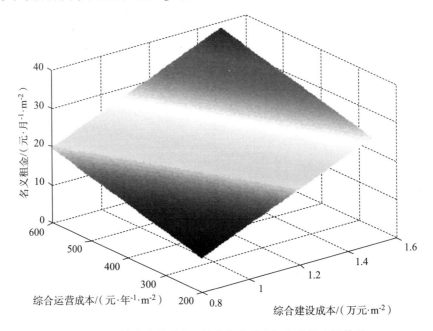

图 7-7　综合建设成本、综合运营成本与名义租金间关系

图7-7展示了综合建设成本、综合运营成本与公租房的名义租金之间的关系,是一个近似的平面,表明建设成本与名义租金、运营成本与名义租金之间均呈现出线性关系,即成本越高租金回报则要求越高。因此,有效控制租金标准的另外一种手段就是控制建设和运营成本,如果将成本项目细分,那么可以得知公租房的建安成本、修缮维护成本是不可知的,因此也就是政府不可控的,而资金成本、税赋成本等则可以由政府部门实现适度调控。因此,如果政府财政压力较大,要适度降低公租房的名义租金也就是降低政府的补贴力度,那么政府可以给予项目公司适度税费减免,同时在融资难度和借贷利率方面可以给承建企业一定程度的倾斜和优惠。这样的政策扶持,除了能够有效控制公租房租金外,还能够对社会资本方参与公租房建设和运营带来激励作用。

对于公租房的建设工期，一方面由于工期在项目招投标之前就已确定，且国家和政府对此有较为强烈的管控；另一方面从模型（4-13）来看，在工期和特许权期限完全独立的中国情形下，工期长短对项目收益/成本的影响仅体现在建设成本的贴现值方面，而建设工期较之特许经营权期限一般非常短，对建设成本的贴现影响亦非常小。在这两种因素的作用下，导致工期对公租房租金的影响是非常微弱的，因此本书不对其进行更加深入的分析。

7.4 特许经营期限的确定

上节实证研究了在榔梨公租房项目特许经营期限已定的情况下，如何科学地制定榔梨公租房的实际租金和名义租金。本节将实证研究，如果在榔梨公租房项目招投标前尚未确定该公租房项目的特许经营期限，政府部门和社会资本方应科学决策该项目特许经营期限长度的步骤和结果。

本书 5.2 节的研究已经描述了模型的建立过程，简单概括为：首先，计算公租房项目的净现值；然后得到每一年净现值的分布状况，即得到均值 $\mu(t)$ 和方差 $\sigma(t)$；在比较净现值和相应的特许期长之后，再平衡双方利益后选择最优特许期限；接下来，计算不同置信水平下任意年的 NPVa 值。这使双方的风险水平评估纳入考虑，具体研究过程和结果如下。

7.4.1 仿真结果

在本节的实证研究当中，对于建设成本、折现率等客观数据指标变量，均采用与上节实证研究同样的数据，即建设工期 T_B 为 1 年，建设阶段的开发建设成本 C_{DB} 为 9 270 万元，建设阶段的资金成本为 1 000 万元，公租房运营期间的维护修缮成本为每年 310 万元，资金成本为 35 万元，公租房周边商业配套每年获得的收入为 700 万元；对于特许经营期限长度的影响因素变量，如利率、通货膨胀率等有历史数据的指标，则考虑这些变量的历史波动和均值方差等分布情况，通过蒙特卡罗模拟的随机算法得到影响因素的随机数值，其中历史数据来源长沙市统计年鉴。值得注意的是，即使在全国范围内，公租房项目建成并投入租赁使用的时间都不长，只有寥寥数年，因此对于公租房租住率的数据，本书的处理方式是在过去两三年数据的基础上做随机化处理，初始值定为 0.8。公租房的名义租金标准定为 19 元/月/m²。那么，通过对利率、通货膨胀率、公租房租住率、商业配套收入等的蒙特卡洛模拟，代入公租房 PPP 项目的净现值模型（式（5-5）和式（5-6）），得到榔梨公租房项目每一年的累积净现值，如图 7-8 所示，由于篇幅和研究方便起见，只展示了前 18 年的净现值状况。

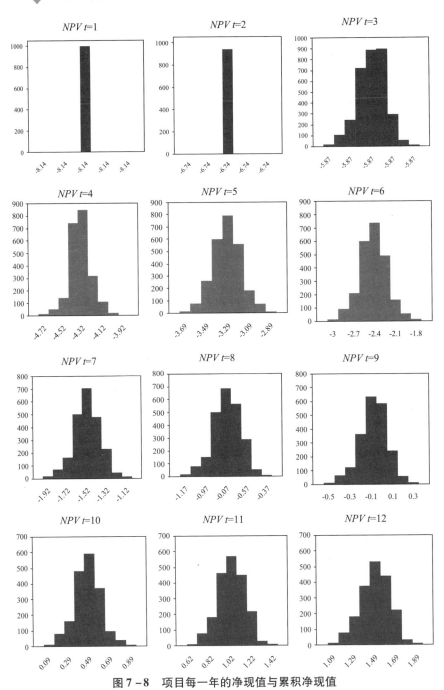

图 7-8 项目每一年的净现值与累积净现值

注：横坐标为累计净现值，单位为千万元；纵坐标为净现值，单位为万元。

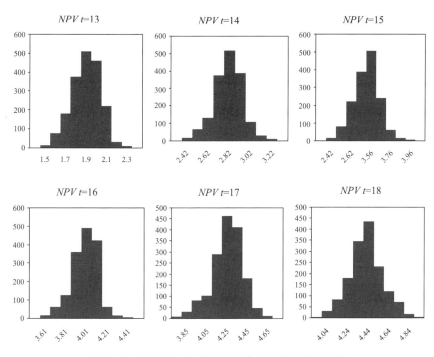

图7-8 项目每一年的净现值与累积净现值（续）

注：横坐标为累计净现值，单位为千万元；纵坐标为净现值，单位为万元。

图7-8展示了该公租房项目在每一年的净现值和累积净现值的分布，横坐标单位为千万元，纵坐标单位为万元。对于每一年的累积净现值，可以用（最大值，最小值，最可能在值）来表示。造成这种现象出现的原因是影响特许经营期限的因素存在着波动变化，在不同因素的综合作用下，不同净现值出现的概率不同，导致出现图7-8的分布。比如在公租房特许经营的第5年，可能的最大累积净现值为-2.89千万元，可能的最小累积净现值为-3.69千万元，而在该年最可能的累积净现值则是-3.29千万元。其中累积净现值为负值表明项目公司的成本尚未能全部收回，前两年的净现值都是固定的，这是因为在项目运营初期影响特许经营期限的因素尚未发生任何波动。

7.4.2 最优特许经营期限

从图7-8中可以看出，在公租房项目进入特许经营阶段之后，从第1年到第8年，累积净现值都是负值，表示在前8年都没有达到收支平衡点。

直到第 9 年，公租房项目的累积净现值落在了 [0.3，-0.5，-0.1] 的范围，表示在第 9 年项目的累积净现值是 -100 万元的可能性最大，从图 7-8 中也看到了累积净现值是 0 的可能性也非常大；而到了第 10 年后，公租房项目的累积净现值落在了 [0.89，0.09，0.49] 的范围，累积净现值已为正值，这表明公租房项目在第 9 年或第 10 年会实现收支平衡，此后项目将实现净盈利。

将每一年最可能的累积净现值数据挑选出来绘制成曲线图，如图 7-9 所示。图 7-8 只展示了 18 年的特许经营时间累积净现值状况，而在项目生命周期之内，累积净现值曲线图 7-9 展示了 28 年特许经营时间的累积净现值情况。由于项目是在 2014 年开工、2015 年完成建设，因此特许经营时间的起点定为 2016 年。

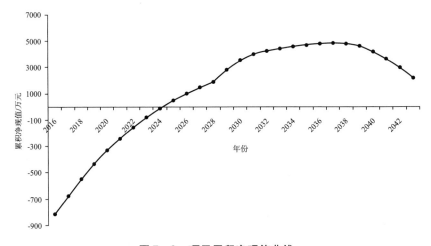

图 7-9　项目累积净现值曲线

图 7-8 和图 7-9 都展示了随着特许经营时间的增加，项目公司的净现值收益逐步由负转正，逐年增加。对于项目公司而言，在公租房尚不需高成本维护之前，项目公司愿意持续运营以获得更多收益；对于政府部门而言，则期望特许经营期限越短越好。在这样的情况下，更高的收益或更低的收益都不是适合公私双方的合理结果，政府和项目公司期望达成一个均衡的特许经营期限。那么，此时有两种处理方式：

一种是以约定的项目公司收益或收益率为目标，达到目标收益或收益率即终止特许经营阶段，进行项目转交。在本书的椰梨公租房项目中，按照 5% 的期望收益率目标进行计算的话，在第 15 年或 16 年可以实现，也就是最优特许经营权期为 15 年或 16 年，这与上节的研究结果是较为一致的，出现波动的原因是影响特许经营期限因素的波动。

另外一种处理方式，则是根据影响因素的波动获得净现值的波动，基于净现值的波动和公私双方对待风险的接受态度，而确定合理的特许经营期限。这就是下一节将展开的实证研究。

7.4.3 纳入风险信心水平的分析

根据净现值的波动，将风险因素纳入考虑而计算得到的特许经营权期是另外一种处理政府和项目公司关于特许经营期限长度博弈的方式，也是一种更加合理的方式。如果将风险因素纳入考虑，将会获得未来某年的净现值的分布情况而非单一的数值，这时决策者（政府和社会资本方）就可以通过权衡项目的收益和风险来确定合适的特许经营期限长度。

如前文模型建立时所述，信心水平 β 指的是决策者对未来净现值预测的相信程度，信心水平越高表示决策者越乐观，越相信预测结果，也就认为预测结果在平均值之上，反之则表示认为预测结果的可信度越低。本书选择 -1.5、-0.5、0、0.5 和 1.5 五个信心水平（β），计算不同信心水平下每年的累积净现值，如图 7-10 所示。

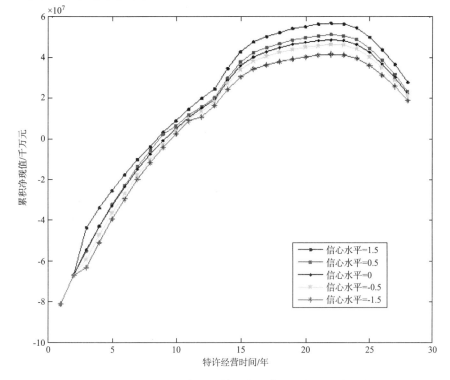

图 7-10 不同信心水平下的特许经营时间与累积净现值

其中，$\beta=1.5$ 表示在 95% 的置信水平下决策者认为净现值是高于预测均值的；$\beta=0.5$ 表示在 35% 的置信水平下决策者认为净现值是高于预测均值的；$\beta=0$ 取的就是累积净现值分布的平均值；$\beta=-0.5$ 表示在 35% 的置信水平下决策者认为净现值是低于预测均值的；$\beta=-1.5$ 表示在 95% 的置信水平下决策者认为净现值是低于预测均值的。

以第 12 年为例，累积净现值的均值为 1 490 万元，在 $\beta=0$ 时，双方认为累积净现值就是 1 490 万元，在这样的认知水平下，在第 15 年、16 年就可以达到预期的收益率水平，因此特许经营期限长度为 15 年。

在 $\beta=1.5$ 时，累积净现值在 95% 置信水平下大于均值 1 490 万元。若政府和社会资本方坚持选择这个风险认知水平，说明双方都认为未来风险很大可能会下降，净现值也会比预期大得多（见图 7-10）。因此，项目公司盈利比预期早得多就能弥补初始投资。因此，在不考虑公租房租金水平调整的情况下，如果政府提出要求，特许期将会被缩短，特许经营期限会小于 15 年。

在 $\beta=0.5$ 时，累积净现值在置信水平 35% 下大于均值 1 490 万元，若政府和社会资本方坚持选择这个风险认知水平，说明双方都认为未来风险可能会下降，净现值也会比预期大。因此，项目公司能够盈利并能比预期更早弥补初始投资，从而特许期能保持初始长度不变甚至更短。具体长度由双方商议决定。

相反，在 $\beta=-0.5$ 时，累积净现值在置信水平 35% 下小于均值 1 490 万元，若政府和社会资本方坚持选择这个风险认知水平，说明双方都认为未来风险可能会增大，净现值也会比预期小。因此，项目公司的盈利水平将受到影响，从而特许期会被延长，或者在风险预期不大的情况下保持不变。

在 $\beta=-1.5$ 时，累积净现值在 95% 置信水平下小于均值 1 490 万元。若政府和社会资本方坚持选择这个风险认知水平，说明双方都认为未来风险很大且可能会上升，净现值也会比预期小得多（见图 7-10）。因此，项目公司获得利润水平将会恶化。在不考虑公租房租金水平调整的情况下，如果项目公司提出要求，特许期将会被延长，特许经营期限会多于 15 年。

第 8 章

结论与展望

8.1 研究结论

在地方政府承受着地方财政危机和亟需提供保障性住房以保障民生福祉的双重压力下，在公租房和棚户区改造已成为我国当前保障性住房体系建设核心的现实背景下，本书研究了以 PPP 模式建设和运营公共租赁住房的相关问题。概括而言，本书依次研究了公租房 PPP 模式的必要性与可行性问题、公租房 PPP 特许经营契约中的租金定价标准问题、公租房 PPP 特许经营契约中的特许经营期限问题、公租房 PPP 特许经营契约在缔约和履约过程中的政府行为，以及公租房 PPP 特许经营中的风险分担策略，最后以椰梨公租房第三期项目为案例进行了实证研究和仿真模拟。经过研究，本书得出了以下主要结论：

（1）无论是从理论上还是在实践中，采用 PPP 模式来建设和管理公租房是必要且可行的。一方面，公租房的建设面临着严重的资金缺口；另一方面，国家审计署的审计数据显示各地方政府均面临着不同程度的财政压力，这构成了公租房引入社会资本参与的现实必要性。同时，一方面，近年来社会资本规模持续快速增长，充裕的民间资本面临着投资渠道不足的现实；另一方面，公租房能够带来较为稳定的租金收入，这构成了社会资本参与公租房建设和管理的现实可行性。此外，本书所构建的比较模型，比较了在不同情形下 PPP 模式与公共管理模式的优劣，本书研究认为在政府的自利倾向和以促进效率为主要诉求的改革动机的联合作用下，政府采用 PPP 建设模式修建公租房将明显强于公共管理模式，PPP 模式建设公租房在理论上亦是可行的，且 BOT 模式是最适合于公租房建设的 PPP 模式。

（2）公租房的租金标准和公租房特许经营的期限是公租房 BOT 模式特许经营契约最重要的组成要素。为了保障社会资本方的收益和保证公租房社会保障职能的发挥，不能采用固定特许经营期限、固定公租房租金标准的契约模式，必须采取灵活的契约设计和履行机制。本书研究认为，可以采用三种灵活的公租房 BOT 特许经营契约设计模式：固定特许经营期限下的租金动态调整契约模式；固定租金标准下的弹性特许经营期限契约模式和弹性特许经营期限下的灵活租金标准契约模式。

（3）鉴于 BOT 模式公租房兼具公租房的社会保障属性和特许经营的盈利属性，本书认为在公租房租金定价时应当将公租房的租金区分为实际租金和名义租金，二者的差值则为政府补贴。对于公租房的实际租金定价，本书所构建的定价思路和模型是可行的，即：首先根据项目所在城市的经济状况基于剩余收入法确定该城市的基础公租房租金；然后基于区位因素、价格特征等进行修正；最后基于公租房申请者的收入状况进行梯度划分。对于固定特许经营期限情形下的名义租金，可采用净现值法进行求解。基于椰梨公租房项目的实证研究同时表明，为了切实保证公租房 BOT 项目的成功运作，政府需要作出的努力包括：为公租房项目合理选址；给予项目公司适度建设和运营公租房社区配套商业的权利；在项目建设融资等方面给承建企业一定程度的倾斜和优惠；合理设置准入条件，简化公租房申请和入住附加条件。项目公司应当作出的努力包括：设置合理的期望收益率和折现率；在运营阶段应严格公租房的分配与管理等。

（4）在固定特许经营期限的模式下，如果外部经济、政策等环境发生变化，应当对公租房名义租金进行适当调整，公租房租金调整的触发点、调整的幅度与调整的次数可依据本书所构建的 4.3 节的模型所计算得到。借鉴价格调节基金制度，本书提出了公租房租金调整的调节基金制度，认为应当以公租房专项资金、社保资金、公积金等为来源建立公租房租金调节基金，本书还详细探讨了该调节基金的释放与管理工作。

（5）在计算公租房 BOT 固定特许经营期限时，应当考虑到影响特许经营期限的要素的波动和分布情形，还应当将政府和社会资本方双方的风险偏好纳入研究，本书基于此而建立的决策支持系统较之传统的研究和决策方法更加科学准确，基于椰梨公租房项目的案例研究也证实了这一点。此外，如果公租房租金定价不采用调节机制，那么应当制定公租房 BOT 项目的弹性特许权期模式，基于 LPVR 模型的研究是适于公租房特许经营项目的。

（6）由于信息不对称和政府机构代理人员逐利性的存在，导致公租房

PPP 特许经营契约在缔约和履约中可能存在过度保证、俘获规制等非理性行为，进而导致所签订契约为不完全契约。PPP 特许经营中的政府过度保证问题普遍存在，本书认为规避政府过度保证的办法是：政府加强对项目的论证和理解；鼓励项目公司通过市场和自身高效经营来降低风险；更重要的是加强和完善 PPP 法，要制定专门的 PPP 法，提高法律位阶；建立统一体系，消除法规冲突；排除商业担保，纠正认识误区。对政府的俘获规制问题研究表明：信息不对称的存在导致政府代理人被俘获的发生；降低政府代理人被俘获的方案是减少信息不对称性的发生、减少高效率企业及政府代理人在信息不对称下因隐藏信息而获得的潜在租金，政府应该向代理人提供低效能的激励政策，使其所隐藏的信息租金价值变小。此外，本书还研究了在公租房建设工期已事先写入特许经营契约的情形下的政府激励问题，研究表明：合理估计公租房 PPP 项目的帕累托最优建设工期，除了要综合考虑项目的作业总量、建设企业的施工技术水平等内在因素，还要注意到项目的未来运营状况对特许经营企业的外在激励作用。

8.2 研究展望

然而，由于国内公租房项目利用 PPP 模式而展开建设和管理的实践探索尚处于非常初级的阶段，理论探索更是寥寥无几，再加上笔者的时间精力和知识水平有限，导致所展开的研究难免存在缺陷和不足。在课题的开展和论文的研究写作过程中，笔者认为还需要在以下几个方面做更深入的努力：

（1）虽然近五年来，国内 PPP 模式已经在各个行业如火如荼地开展和应用，但是从国内 PPP 项目的建设运营来看，在契约设计和招投标方面的机制还很不灵活。在国外 PPP 项目招投标中，建设工期、特许经营期、特许经营价格、特许经营收益率等都可以成为特许经营招投标的标的物，而国内还多以工程造价和质量为标的，这样的机制大大地限制了契约设计的灵活性和社会资本方参与的动力。本书没有受到当前国内招投标模式的限制，所展开的研究具有开放性和灵活性，但是这样的机制和模式在国内公租房 PPP 的实践操作中，可能会与本书的研究存在差异，但笔者认为本书的研究是更全面合理的。

（2）本书主要从模式设计的角度研究了公租房 PPP 建设模式相关问题。然而，需要特别注意的是，为了保证公租房的社会保障职能的充分发挥，必须强化公租房的运营管理，严格遵守《公共租赁住房管理办法》等公租房相关管理政策与制度。因为即便当前是在尚由政府主导建设和运营的情况下，公租房低价承租后高价转租、公租房门面"内部消化"等管理漏洞问题仍层出不穷。在有社会资本参与的 PPP 模式下，民间资本为了追逐更多经济利益，如果在公租房的市场化运作与管理中不加以有效监管和约束，此类违背社会保障本愿的行为势必将会更多，这在本书的研究当中并未涉及。因此，如何在公租房运营阶段划清政府与企业的权责、如何规范社会资本方在公租房 PPP 过程中的行为，也是一个非常重要、不能忽视的问题，这需要在后续的研究中得以深入。

附录1 2014—2019年4月PPP政策梳理

2014—2019 年 4 月 PPP 政策梳理

序号	发文时间	文号	文件名
1	2014/05/18	发改基〔2014〕981号	关于发布首批基础设施等领域鼓励社会投资项目的通知
2	2014/07/04	财税〔2014〕55号	关于公共基础设施项目享受企业所得税优惠政策问题的补充通知
3	2014/09/12	发改投资〔2014〕2091号	关于加快推荐健康与养老服务工程建设的通知
4	2014/09/21	国发〔2014〕43号	国务院关于加强地方政府性债务管理的意见
5	2014/09/23	财金〔2014〕76号	关于推广运用政府和社会资本合作模式有关题的通知
6	2014/09/26	国发〔2014〕45号	国务院关于深化预算管理制度改革的决定
7	2014/10/23	财预〔2014〕351号	关于印发《地方政府存量债务纳入预算管理清理甄别办法》的通知
8	2014/10/31	财社〔2014〕105号	关于做好政府购买养老服务工作的通知
9	2014/11/16	国发〔2014〕60号	关于创新重点领域投融资机制鼓励社会投资的指导意见
10	2014/11/18	财建〔2014〕1692号	关于新能源汽车充电设施建设奖励的通知

续表

序号	发文时间	文号	文件名
11	2014/11/29	财金〔2014〕113号	关于印发政府和社会资本合作模式操作指南（试行）的通知
12	2014/11/30	财金〔2014〕112号	关于政府和社会资本合作示范项目实施有关问题的通知
13	2014/12/2	发改投资〔2014〕12724号	关于开展政府和社会资本合作的指导意见
14	2014/12/15	财综〔2014〕96号	关于印发《政府购买服务管理办法（暂行）》的通知
15	2014/11/26	财建〔2014〕839号	关于开展中央财政支持地下综合管廊试点工作的通知
16	2014/12/30	财金〔2014〕156号	关于规范政府和社会资本合作合同管理工作的通知
17	2014/12/31	财建〔2014〕838号	关于开展中央财政支持海绵城市建设试点工作的通知
18	2014/12/31	财库〔2014〕214号	关于《政府采购竞争性磋商采购方式管理暂行办法》的通知
19	2014/12/31	财库〔2014〕215号	关于《政府和社会资本合作项目政府采购管理办法》的通知
20	2015/01/15	发改委令第25号	基础设施和公用事业特许经营法（征求意见稿）
21	2015/01/20	国能新能〔2015〕8号	关于鼓励社会资本投资水电站的指导意见
22	2015/01/20	财办建〔2015〕4号	关于组织申报2015海绵城市建设试点城市的通知
23	2015/01/30	国务院令第658号	中华人民共和国政府采购法实施条例
24	2015/02/03	民发〔2015〕33号	关于鼓励民间资本参与养老服务业发展的实施意见
25	2015/02/13	财建〔2015〕29号	关于市政公用领域开展政府和社会资本合作项目推介工作的通知
26	2015/03/10	发改投资〔2015〕445号	关于推进开发性金融支持政府和社会资本合作有关工作的通知

续表

序号	发文时间	文号	文件名
27	2015/03/17	发改农经〔2015〕488号	关于鼓励和引导社会资本参与重大水利工程建设运营的实施意见
28	2015/04/07	财金〔2015〕21号	关于印发《政府和社会资本合作项目财政承受能力论证指引》的通知
29	2015/04/09	财建〔2015〕90号	关于推进水污染防治领域政府和社会资本合作的实施意见
30	2015/04/10	财预〔2015〕47号	关于印发《2015年地方政府一般债券预算管理办法》的通知
31	2015/04/14	民发〔2015〕78号	关于开发性金融支持社会养老服务体系建设的实施意见
32	2015/4/20	财建〔2015〕111号	关于在收费公路领域推广运用政府和社会资本合作模式的实施意见
33	2015/4/21	财综〔2015〕15号	关于运用政府和社会资本合作模式推进公共租赁住房投资建设和运营管理的通知
34	2015/04/25	改革委等六部委第25号令	基础设施和公用事业特许经营管理办法
35	2015/05/05	国办发〔2015〕37号	国务院办公厅转发文化部等部门关于做好政府向社会力量购买公共文化服务工作意见的通知
36	2015/05/05	交财审发〔2015〕67号	关于深化交通运输基础设施投融资改革的指导意见
37	2015/05/06	国办发〔2015〕38号	国务院办公厅关于城市公立医院综合改革试点的指导意见
38	2015/05/07	发改基础〔2015〕969号	关于当前更好发挥交通运输支撑引领经济社会发展作用的意见
39	2015/05/15	国发〔2015〕40号	转发财政部、人民银行、银监会关于妥善解决地方政府融资平台公司在建项目后续融资问题意见的通知

续表

序号	发文时间	文号	文件名
40	2015/05/18	国发〔2015〕26号	国务院批转发展改革委关于2015年深化经济体制改革重点工作意见的通知
41	2015/05/19	发改办农经〔2015〕1274号	关于开展社会资本参与重大水利工程建设运营第一批试点工作的通知
42	2015/05/19	国办发〔2015〕42号	转发财政部、发展改革委、人民银行关于在公共服务领域推广政府和社会资本合作模式指导意见的通知
43	2015/05/22	财综〔2015〕15号	关于运用政府和社会资本合作推进公共租赁住房投资建设和运营管理的通知
44	2015/05/25	发改办财金〔2015〕1327号	关于充分发挥企业债券融资功能支持重点项目建设促进经济平稳较快发展的通知
45	2015/06/19	国发〔2015〕35号	关于印发推进财政资金统筹使用方法的通知
46	2015/06/24	财金〔2015〕201号	关于印发《城市管网专项资金管理暂行办法》的通知
47	2015/06/25	财金〔2015〕57号	关于进一步做好政府和社会资本合作项目示范工作的通知
48	2015/06/30	国发〔2015〕37号	关于进一步做好城镇棚户区和城乡危房改造及配套基础设施设有关工作的意见
49	2015/06/30	财库〔2015〕124号	关于政府采购竞争性磋商采购方式管理暂行办法有关题的补充通知
50	2015/07/02	发改法规〔2015〕1508号	关于切实做好《基础设施和公用事业特许经营管理办法》贯彻实施工作的通知
51	2015/07/10	发改基础〔2015〕1610号	关于进一步鼓励和扩大社会资本投资建设铁路的实施意见

续表

序号	发文时间	文号	文件名
52	2015/07/24	财库〔2015〕135号	关于做好政府采购信息公开工作的通知
53	2015/07/31	财税〔2015〕61号	关于印发《排污权出让收入管理暂行办法》的通知
54	2015/08/03	发改基础〔2015〕1788号	关于加强城市停车设施建设的指导意见
55	2015/08/10	国办发〔2015〕61号	关于推进城市地下综合管廊建设的指导意见
56	2015/08/10	银监发〔2015〕43号	关于银行业支持重点领域重大工程建设的指导意见
57	2015/08/11	国力发〔2015〕62号	国务院办公厅关于进一步促进旅游投资和消费的若干意见
58	2015/08/12	水规计〔2015〕321号	关于印发推进海绵城市建设水利工作的指导意见的通知
59	2015/08/26	财综〔2015〕57号	关于做好城市棚户区改造相关工作的通知
60	2015/09/07	国力发〔2015〕68号	国务院办公厅关于加快融资租赁业发展的指导意见
61	2015/09/09	国发〔2015〕51号	关于调整和完善固定资产投资项目资本金制度的通知
62	2015/09/22	农加发〔2015〕5号	关于积极开发农业多种功能大力促进休闲农业发展的通知
63	2015/09/25	国发〔2015〕54号	国务院印发《关于国有企业发展混合所有制经济的意见》
64	2015/09/25	财金〔2015〕109号	关于公布第二批政府和社会资本合作示范项目的通知
65	2015/09/29	国办发〔2015〕73号	关于加快电动汽车充电基础设施建设的指导意见
66	2015/10/16	国办发〔2015〕75号	关于推进海锦城市建设的指导意见
67	2015/11/12	财预〔2015〕210号	关于印发《政府投资基金暂行管理办法》的通知

续表

序号	发文时间	文号	文件名
68	2015/11/17	发改能源〔2015〕1454号	关于印发《电动汽车充电基础设施发展指南（2015—2020年)》的通知
69	2015/11/18	国办发〔2015〕84号	关于推进医疗卫生与养老服务相结合指导意见的通知
70	2015/11/22	国办发〔2015〕85号	关于加快发展生活性服务业促进消费结构升级的指导意见
71	2015/11/23	国发〔2015〕66号	关于积极发挥新消费引领作用加快培育形成新供给新动力的指导意见
72	2015/11/26	发改价格〔2015〕2754号	关于城市地下综合管廊实行有偿使用制度的指导意见
73	2015/12/02	银监发〔2015〕43号	中国银监会国家发展和改革委员会关于银行业支持重点领域重大工程建设的指导意见
74	2015/12/08	财金〔2015〕158号	关于实施政府和社会资本合作项目以奖代补政策的通知
75	2015/12/18	财金〔2015〕167号	关于印发《PPP物有所值评价指引（试行)》的通知
76	2015/12/18	财金〔2015〕166号	关于规范政府和社会资本合作（PPP）综合信息平台运行的通知
77	2015/12/21	财预〔2015〕1225号	关于对地方政府债务实行限额管理的实施意见
78	2016/01/03	建城〔2015〕165号	关于推进开发性金融支持海绵城市建设的通知
79	2016/01/11	财建〔2016〕7号	关于"十三五"新能源汽车充电基础设施奖励策及加强新能源汽车推广应用的通知
80	2016/01/25	发改基础〔2016〕159号	关于印发《加快城市停车场建设近期工作要点与任务分工》的通知
81	2016/02/02	财综〔2016〕4号	关于规范土地储备和资金管理等相关问题的通知

续表

序号	发文时间	文号	文件名
82	2016/02/02	国发〔2016〕8号	国务院关于深入推进新型城镇化建设的若干意见
83	2016/02/10	国发〔2016〕14号	国务院关于进一步健全特困人员救助供养制度的意见
84	2016/02/16	财办建〔2016〕21号	关于开展2016年中央财政支持地下综合管廊试点工作的通知
85	2016/02/22	财建〔2016〕34号	关于推进交通运输领域政府购买服务的指导意见
86	2016/02/25	财办建〔2016〕25号	关于开展2016年中央财政支持海绵城市建设试点工作的通知
87	2016/03/16	2016年两会授权发布	中华人民共和国国民经济和社会发展第十三个五年规划纲要
88	2016/03/21	银发〔2016〕65号	关于金融支持养老服务业加快发展的指导意见
89	2016/03/24	发改振兴〔2016〕623号	关于推进东北地区民营经济发展改革的指导意见
90	2016/03/25	财综〔2016〕11号	关于《进一步做好棚户区改造相关工作》的通知
91	2016/03/31	国能法改〔2016〕96号	关于《在能源领域积极推广政府和社会资本合作模式》的通知
92	2016/04/05	发改能源〔2016〕621号	关于实施光伏发电扶贫工作的意见
93	2016/04/15	环大气〔2016〕45号	关于积极发挥环境保护作用促进供给侧结构性改革的指导意见
94	2016/04/19	财综〔2016〕11号	关于进一步做好棚户区改造相关工作的通知
95	2016/05/28	财金〔2016〕132号	财政部发展改革委关于进一步共同做好政府和社会资本合作（PPP）有关工作的通知
96	2016/05/31	国发〔2016〕31号	土壤污染防治行动计划
97	2016/06/12	财金函〔2016〕47号	关于组织开展第三批政府和社会资本合作示范项目申报筛选工作的通知

续表

序号	发文时间	文号	文件名
98	2016/06/18	发改基础〔2016〕1198号	关于推动交通提质增效提升供给服务能力的实施方案
99	2016/06/21	国办发〔2016〕47号	国务院办公厅关于促进和规范健康医疗大数据应用发展的指导意见
100	2016/07/03	主席令〔2016〕2号	保险资金间接投资基础设施项目试点管理办法
101	2016/07/04	国办发明电〔2016〕12号	国务院办公厅关于进一步做好民间投资有关工作的通知
102	2016/07/17	财金〔2016〕92号	政府和社会资本合作项目财政管理办法（征求意见稿）
103	2016/08/10	发改办基础〔2016〕1818号	国家发展改革委办公厅关于国家高速公路网新建政府和社会资本合作项目批复方式的通知
104	2016/08/10	发改投资〔2016〕1744号	国家发展改革委关于切实做好传统基础设施领域政府和社会资本合作有关工作的通知
105	2016/09/02	发改办投资〔2016〕1963号	关于请报送传统基础设施领域PPP项目典型案例的通知
106	2016/09/07	建村〔2016〕147号	关于开展特色小镇培育工作的通知
107	2016/09/14	建城〔2016〕19号	关于进一步完善城市停车场规划建设及用地政策的通知
108	2016/09/21	发改办投资〔2016〕1722号	各地促进民间投资典型经验和做法
109	2016/09/29	财金〔2016〕185号	普惠金融发展专项资金管理办法
110	2016/10/10	建村〔2016〕220号	关于推进政策性金融支持小城镇建设的通知
111	2016/10/11	发改振兴规〔2016〕1966号	关于支持老工业城市和资源型城市产业转型升级的实施意见
112	2016/10/1	发改投资〔2016〕2068号	关于开展重大市政工程领域政府和社会资本合作（PPP）创新工作的通知

续表

序号	发文时间	文号	文件名
113	2016/10/12	财金〔2016〕90号	关于在公共服务领域深入推进政府和社会资本合作工作的通知
114	2016/10/13	财金〔2016〕91号	关于联合公布第三批政府和社会资本合作示范项目加快推动示范项目建设的通知
115	2016/10/20	财金〔2016〕92号	政府和社会资本合作项目财政管理暂行办法
116	2016/10/20	建域〔2016〕208号	关于进一步鼓励和引导民间资本进入城市供水、燃气、供热、污水和垃圾处理行业的意见
117	2016/10/21	中评协〔2016〕38号	PPP项目资产评估及相关咨询业务操作指引
118	2016/10/24	财办金〔2016〕118号	关于征求《政府和社会资本合作物有所值评价指引(修订版征求意见稿)》意见的函
119	2016/10/27	发改投资〔2016〕2231号	传统基础设施领域实施政府和社会资本合作项目工作导则
120	2016/10/31	发改规划〔2016〕2125号	关于加快美丽特色小(城)镇建设的指导意见
121	2016/11/16	国发〔2016〕62号	国务院关于深入推进实施新一轮东北振兴战略加快推动东北地区经济企稳向好若干重要举措的意见
122	2016/1/17	国办发〔2016〕82号	国务院办公厅关于对真抓实干成效明显地方加大激励支持力度的通知
123	2016/11/29	国发〔2016〕67号	国务院关于印发"十三五"国家战略性新兴产业发展规划的通知
124	2016/12/21	发改投资〔2016〕2231号	国家发展改革委办公厅印发《传统基础设施领域政府和社会资本合作(FP)项目库管理办法(试行)》

续表

序号	发文时间	文号	文件名
125	2016/12/26	发改投资〔2016〕2698号	国家发展改革委中国证监会关于推进传基础设施领域政府和社会资本合作（PPP）项目资产证券化相关工作的通知
126	2016/12/29	财金〔2016〕98号	中央财政拨付2.6亿元PPP项目奖补资金的通知
127	2017/01/23	财金〔2017〕1号	政府和社会资本合作（PPP）综合信息公开平台信息管理暂行办法
128	2017/02/17	国办发〔2017〕17号	国务院办公厅关于创新农村基础设施投融资体制机制的指导意见
129	2017/03/16	国办发〔2017〕21号	关于进一步激发社会领域投资活力的意见
130	2017/03/24	环办水体函〔2017〕430号	关于印发《近岸海域污染防治方案》的通知
131	2017/03/27	财金〔2017〕8号	财政部关于印发《政府和社会资本合作（PPP）咨询机构库管理暂行办法》的通知
132	2017/04/10	银监发〔2017〕6号	中国银监会关于银行业风险防控工作的指导意见
133	2017/04/26	财金〔2017〕50号	关于进一步规范地方政府举债融资行为的通知
134	2017/05/04	保监发〔2017〕41号	中国保监会关于保险资金投资政府和社会资本合作项目有关事项的通知
135	2017/05/28	财金〔2017〕87号	关于坚决制止地方以政府购买服务名义违法违规融资的通知
136	2017/05/31	财金〔2017〕50号	财政部农业部关于深入推进农业领域政府和社会资本合作的实施意见
137	2017/06/27	财金〔2017〕55号	关于规范开展政府和社会资本合作项目资产证券化有关事宜的通知

续表

序号	发文时间	文号	文件名
138	2017/06/27	财预〔2017〕97号	关于印发《地方政府收费公路专项债券管理办法（试行）》的通知
139	2017/07/01	财建〔2017〕455号	财政部住房城乡建设部农业部环境保护部关于政府参与的污水、垃圾处理项目全面实施PPP模式的通知
140	2017/08/01	财金函〔2017〕76号	文化部办公厅《关于做好文化类政府和社会资本合作（PPP）示范项目申报工作的补充通知》
141	2017/08/14	财金〔2017〕86号	关于运用政府和社会资本合作模式支持养老服务业发展的实施意见
142	2017/09/15	国发〔2017〕79号	国务院办公厅印发《关于进一步激发民间有效投资活力促进经济持续健康发展的指导意见》
143	2017/10/19	上海证券交易所、深圳证券交易所、机构间私募产品报价与服务系统三部门共同发布	政府和社会资本合作（PPP）项目资产支持证券挂牌条件确认指南和信息披露指南
144	2017/11/06	国家发展和改革委员会令第9号	工程咨询行业管理办法
145	2017/11/10	财金〔2017〕92号	财政部办公厅印发《关于规范政府和社会资本合作（PPP）综合信息平台项目库管理的通知》
146	2017/11/17	国资发财管〔2017〕192号	国务院国有资产监督管理委员会发布《关于加强中央企业PPP业务风险管控的通知知》
147	2017/11/28	发改投资〔2017〕2059号	国家发展改革委天于鼓励民间资本参与政府和社会资本合作（PPP）项目的指导意见
148	2017/1/29	交办审〔2017〕173号	交通运输部发布关于印发《收费公路政府和社会资本合作操作指南》的通知

续表

序号	发文时间	文号	文件名
149	2017/12/07	发改农经〔2017〕2119号	国家发展改革委水利部关于印发《政府和社会资本合作建设重大水利工程操作指南（试行）》的通知
150	2018/02/08	发改办财金〔2018〕194号	国家发展改革委办公厅财政部办公厅关于进一步增强企业债券服务实体经济能力严格防范地方债务风险的通知
151	2018/03/30	财金〔2018〕23号	财政部关于规范金融企业对地方政府和国有企业投融资行为有关问题的通知
152	2018/04/19	文旅旅发〔2018〕3号	文化和旅游部财政部关于在旅游领域推广政府和社会资本合作模式的指导意见
153	2018/04/24	财金〔2018〕54号	财政部印发关于进一步加强政府和社会资本合作（PPP）示范项目规范管理的通知
154	2018/05/04	财库〔2018〕61号	财政部关于做好2018年地方政府债券发行工作的意见
155	2018/05/11	财预〔2018〕61号	财政部关于印发《地方财政预算执行支出进度考核办法》的通知
156	2018/05/11	发改外资〔2018〕706号	国家发展改革委财政部关于完善市场约束机制严格防范外债风险和地方债务风险的通知
157	2018/05/14	国发〔2018〕35号	国务院办公厅关于转发财政部、国务院扶贫办、国家发展改革委扶贫项目资金绩效管理办法的通知
158	2018/05/16	国务院国有资产监督管理委员会财政部中国证券监督管理委员会令第36号	上市公司国有股权监督管理办法
159	2018/05/21	交通运输部令（2018年第8号）	城市轨道交通运营管理规定
160	2018/06/04	深府办函〔2018〕76号	深圳市人民政府办公厅关于印发《深圳市政府和社会资本合作（PPP）联席会议制度》的通知

续表

序号	发文时间	文号	文件名
161	2018/06/06	发改法规〔2018〕843号	国家发展改革委关于印发《必须招标的基础设施和公用事业项目范围规定》的通知
162	2018/06/27	国发〔2018〕22号	国务院关于印发打赢蓝天保卫战三年行动计划的通知
163	2018/06/28	国办发〔2018〕52号	国务院办公厅关于进一步加强城市轨道交通规划建设管理的意见
164	2018/06/30	新华社授权发布	中共中央国务院关于完善国有金融资本管理的指导意见
165	2018/07/30	财综〔2018〕42号	财政部于推进政府购买服务第三方绩效评价工作的指导意见
166	2018/08/14	财库〔2018〕72号	财政部关于做好地方政府专项债券发行工作的意见
167	2018/08/30	发改规划〔2018〕1041号	国家发展改革委办公厅关于建立特色小镇和特色小城镇高质量发展机制的通知
168	2018/09/01	新华社授权发布	中共中央国务院关于全面实施预算绩效管理的意见
169	2018/09/13	新华社授权发布	中共中央办公厅国务院办公厅印发《关于加强国有企业资产负债约束的指导意见》
170	2018/09/26	新华社授权发布	中共中央国务院印发《乡村振兴战略规划（2018—2022年）》
171	2018/09/27	财办〔2018〕34号	财政部贯彻落实实施乡村振兴战略的意见
172	2018/10/11	国办发〔2018〕101号	关于保持基础设施领域补短板力度的指导意见
173	2018/11/8	财金函〔2018〕95号	关于加强中国政企合作投资基金管理的通知
174	2018/11/13	发改办财金〔2018〕1442号	关于鼓励相关机构参与市场化债转股的通知

续表

序号	发文时间	文号	文件名
175	2019/1/23	发改社会〔2019〕0160号	财政部、国家发展改革委等18部门鼓励采用PPP等模式推动社会领域公共服务补短板强弱项提质量 促进形成强大国内市场的行动方案
176	2019/2/15	交运规〔2019〕1号	城市轨道交通初期运营前安全评估管理暂行办法
177	2019/3/6	财金函〔2019〕8号	关于做好2019年中央财政普惠金融发展专项资金管理工作的通知
178	2019/3/8	财金〔2019〕10号	关于推进政府和社会资本合作规范发展的实施意见
179	2019/3/14	文旅政法发〔2019〕29号	关于促进旅游演艺发展的指导意见
180	2019/3/19	工信厅联节〔2019〕6号	关于加快推进工业节能与绿色发展的通知
181	2019/4/4	农计财发〔2019〕6号	关于做好2019年农业生产发展等项目实施工作的通知
182	2019/4/16	国办发〔2019〕1号	国务院办公厅关于全面开展工程建设项目审批制度改革的实施意见

附录2 公共租赁住房定价问题的调查问卷

尊敬的女士/先生：

您好！我们是北京建筑大学的研究人员，受委托开展关于"公共租赁住房PPP模式"的专题调查研究。本问卷的调研目标是研究制定公共租赁住房的定价机制和租金标准。本次调查实行匿名方式，回答内容仅供学术研究之用，您所提供的所有信息结果没有对错之分，敬请按照真实情况在您认为合适的选项上打"√"，完成本问卷大约需要10分钟时间。非常感谢您的支持与合作！

1. 您的性别为_____，年龄为_____岁，已在本地生活的时间为_____年，工作时间为_____年（包括在其他地方工作的时间）

2. 与您共同居住的家庭成员为_____人。

3. 您的受教育程度为_____。
   A. 初中及以下　　　　B. 高中或中专、技校
   C. 大专　　　　　　　D. 本科　　　　　　E. 硕士及以上

4. 您目前的住房基本情况为_____。
   A. 自有住房　　　　　B. 租住私房
   C. 租住单位住房　　　D. 其他，请说明

5. 您目前住房的套型是_____。
   A. 集体宿舍　　　　　B. 一居室　　　　　C. 两居室

D. 三居室　　　　　　E. 四居室及以上

6. 您目前住房的建筑面积是_____平方米，使用面积是_____平方米。

7. 您目前的月家庭收入水平为_____。
A. 2 000 ~ 3 000 元　　B. 3 001 ~ 4 000 元
C. 4 001 ~ 5 000 元　　D. 5 001 ~ 6 000 元
E. 6001 ~ 8000 元　　　F. 8001 ~ 10 000 元
G. 其他，请注明

8. 若您目前是租房，则租金是_____元/月，占您家庭月收入水平的比重约_____；工作单位给您发放的住房补贴为_____元/月；您认为承担当前住房的租金_____。（注：若不是租房住，第9题跳过不填）
A. 不困难　　　　　　B. 可以承受
C. 有些困难　　　　　D. 困难较大

9. 您家庭用于日常交通通勤的支出约为_____元/月，占月家庭收入约_____%。

10. 若将来入住公租房，你希望租住的公租房建设方式为_____（配建，集中建设），租住的建筑面积大约为_____平方米，套型结构为_____（一居室，两居室），装修状况为_____（毛坯，简装，精装），基本家具状况为_____（有，无），您是否愿意共用卫生间以降低租金_____（愿意，不愿意）。

11. 若将来入住公租房，您愿意将家庭月收入的_____用于支付住房租金。
A. 10% ~ 15%　　　B. 16% ~ 20%　　　C. 21% ~ 25%
D. 26% ~ 30%　　　E. 31% ~ 35%　　　F. 36% ~ 40%
G. 40%以上，请注明

12. 若将来入住公租房，您愿意支付的租金最多为_____元/月（不含水电费、物业管理费等）。

13. 在这样的租金水平上，您可以承受的日常交通通勤的支出最多为_____元/月。您可以承受的上下班单程通勤时间的极限是_____。
    A. 0～30分钟   B. 31～60分钟
    C. 61～90分钟   D. 91～120分钟
    E. 120分钟以上

14. 您认为公租房的租金水平应该为市场租金水平的_____。
    A. 40%以下   B. 40%～50%
    C. 51%～60%   D. 61%～70%
    E. 71%～80%   F. 81%～90%
    G. 91%～100%   H. 100%以上

15. 相比市场化租赁住房而言，您认为公租房有哪些优势？（可多选，若多选请按照公租房相对优势的程度排序）
    A. 公租房租金相对较低
    B. 公租房社会治安较好，安全感强
    C. 租住公租房相对稳定，可以作为安家立业的基础
    D. 公租房为新建住房，环境较好，有助于提高生活满意度
    E. 公租房产权关系明晰，减少不必要的纠纷
    F. 其他，请注明

16. 相比市场化租赁住房而言，您认为公租房有哪些劣势？（可多选，若多选请按照公租房相对劣势的程度排序）
    A. 公租房租金可能相对较高
    B. 公租房5年居住年限偏短
    C. 公租房小区居民素质可能相对较差
    D. 申请公租房需要较长的轮候时间
    E. 公租房申请及续租条件过于苛刻
    F. 财富积累和收入增加后需要迁出
    G. 其他，请注明

17. 如果获准租住公租房，您希望最短的居住时间是_____年。当

您的家庭财富积累和收入增加到超过公租房准入水平后,您是否愿意主动迁出?(　　)

  A. 愿意　　　　　　　B. 不愿意

18. 从您的切身体会出发,您认为目前公租房在制度及实施层面上分别还存在哪些问题?

附录3　特许经营期限研究中的调查问卷

尊敬的女士/先生：

您好！我们是北京建筑大学的研究人员，受委托开展关于"公共租赁住房 PPP 模式"的专题调查研究。本问卷的调研目标是获取公共租赁住房在采用 PPP 模式时影响特许经营期限长度的关键因素，您的回答将有助于我们更加深入地理解公租房的 PPP 特许经营模式，在您回答问卷的基础上，我们将为政府和社会资本合理达成特许经营期限而构造一个决策支持系统。本次调查实行匿名方式，回答内容仅供学术研究之用，您所提供的所有信息结果没有对错之分，敬请按照真实情况在您认为合适的选项上打"√"，完成本问卷大约需要 10 分钟时间。非常感谢您的支持与合作！

一、背景调查

1. 你是否参与过 PPP 项目？
   A. 参与过　　　　　B. 未曾参与
   如果参加过，该 PPP 项目的领域是_____？
   A. 收费公路　　　　B. 隧道　　　　　C. 污水处理厂

2. 你是否参与过保障性住房建设运营项目？
   A. 参与过　　　　　B. 未曾参与

3. 你是否参加过公租房 PPP 项目？
   A. 参与过　　　　　B. 未曾参与

4. 你从事房地产建设相关工作有多少年了?
A. 1~5 年　　　　B. 6~10 年　　　　C. 11~15 年
D. 16~20 年　　　E. 超过 20 年

5. 你的工作岗位是在哪个部门?
A. 设计部门　　　B. 工程建设部门　　C. 财务部门
D. 投资发展部　　E. 其他部门

二、项目内容调查

1. 公租房 PPP 项目特许经营期限的影响因素

序号	影响因素	很不重要	不重要	一般	重要	很不重要
1	特许经营期内的总收入					
1.1	特许经营期内的公租房租住率					
1.2	特许经营期内的公租房租金标准					
2	特许经营期内公租房的运营成本					
3	通货膨胀率					
4	利率					
5	特许经营企业的期望回报收益					
5.1	特许经营企业的期望回报率					
5.2	特许经营企业的资本投入					
6	你认为重要的其他因素					
7	你认为重要的其他因素					
	……					

2. 公租房 PPP 项目特许经营期限的子影响因素

序号	影响因素	很不重要	不重要	一般	重要	很不重要
1	内部因素					
1.1	公租房的质量					
1.2	公租房的维护修缮成本					

续表

序号	影响因素	很不重要	不重要	一般	重要	很不重要
1.3	公租房的租金水平					
1.4	公租房的租金调节机制					
2	外部因素					
2.1	微观因素					
2.1.2	公租房项目的区位状况					
2.1.2	公租房项目周边的商品房/公租房市场状况					
2.2	宏观因素					
2.2.1	所在城市的经济增长状况					
2.2.2	对公租房的市场需求状况					
2.2.3	人口收入结构变化					
2.2.4	保障性住房政策变化					
2.2.5	商品性住房市场变化					
2.2.6	政府财政状况					
2.2.7	你认为重要的其他因素					
2.2.8	你认为重要的其他因素					
	……					

参 考 文 献

[1] Abdul – AzizA R. Unraveling of PPP scheme: Malaysia's Indah water konsortium [J]. Journal of Construction Engineering and Management, 2001, 127 (6): 457 –460

[2] Alexander C, Barrow M. Seasonality and co – integration of regional house prices in the UK [J]. Urban Studies, 1994, 31 (10): 1667 –1689.

[3] Algarni, A. M., D. Arditi and G. Polat, Build – operate – transfer in infrastructure projects in the United States. Journal of Construction Engineering and Management, 2007. 133 (10): 728 –735.

[4] Arndt, R. Optimum risk transfer in build – own – operate – transfer projects: the challenge for governments. Transactions of multi – disciplinary engineering, Australia, 1999 GE 22: 1 –8.

[5] Anthony C, Kitti S. Analysis of regulation and policy of private toll roads in a build – operate – transfer scheme under demand uncertainty [J]. Transportation Research Part A, 2007, 41 (6): 537 –558.

[6] Auriol E, Picard P M. A theory of PPP concession contracts [J]. Journal of Economic Behavior & Organization, 2011.

[7] Austin P M. Public private partnerships for funding affordable housing developments in New Zealand [J]. School of Architecture and Planning: University of Auckland, 2008.

[8] Authorities in a Brave New World [J]. Housing Policy Debate, 1997, 8 (3): 535 –569.

[9] Baum – Snow N, Marion J. The effects of low income housing tax credit developments on neighborhoods [J]. Journal of Public Economics, 2009, 93 (5): 654 –666.

[10] Burge G S. Do Tenants Capture the Benefits from the Low – Income Housing Tax Credit Program? [J]. Real Estate Economics, 2011, 39 (1): 71 –96.

[11] Carbonara N, Costantino N, Pellegrino R. Concession period for PPPs: A win-win model for a fair risk sharing [J]. International Journal of Project Management, 2014.

[12] Carpintero S, Petersen O H. PPP projects in transport: evidence from light rail projects in Spain [J]. Public Money & Management, 2014, 34 (1): 43-50.

[13] Chen, C. and H. Doloi, PPP application in China: Driving and impeding factors. International Journal of Project Management, 2008. 26 (4): 388-398.

[14] Choi J D, Lee K, Loginov A, et al. Efficient and precise data race detection for multithreaded object-oriented programs [C] ACM SIGPLAN Notices. ACM, 2002, 37 (5): 258-269.

[15] Confoy B, Love P E D, Wood B M. et al. Build-Own-Operate: the procurement of correctional services [A]. In Ogunlana S, ed Profitable Partnering in Construction Procurement [C]. E&E N Spon, London, 1999: 461-474.

[16] Cushing Dolbeare. Housing grants for the very poor [R]. Report of the Committee on Low Income Housing, Philadelphia Housing Association, 1966.

[17] Darrin Grimsey & Mervyn K. Lewis. Public Private Partnerships: The Worldwide Faulkner, K. Public-private partnerships. In: Ghobadian, A., Gallear, D., O'Regan, N., Viney, H. (Eds.), Public-Private Partnerships: Policy and Experience. Palgrave Macmillan, Houndmills, England, 2004, 65-70. New York, N. Y.

[18] Fahad Al-Azemi K, Bhamra R, Salman A F M. Risk management framework for build, operate and transfer (PPP) projects in Kuwait [J]. Journal of Civil Engineering and Management, 2014: 1-19.

[19] Felipe V, Stephen A. Private sector participate on in the delivery of highway in frastructure in Central America and Mex ico [J]. Construction Manag ement and Economics, 2004, 22: 745-754.

[20] Fudenberg D, Jean T. Game Theory [M]. MIT Press, 1991 Chapters6-7.

[21] Grigsby W G. Housing finance and subsidies in the United States [J]. Urban Studies, 1990, 27 (6): 831-845.

[22] Hanaoka, S. H. P. Palapus, Reasonable concession period for build-op-

erate – transfer road projects in the Philippines [J]. International Journal of Project Management, 2012. 30 (8): 938 – 949.

[23] Hanson M A. On sufficiency of the Kuhn – Tucker conditions [J]. Journal of Mathematical Analysis and Applications, 1981, 80 (2): 545 – 550.

[24] Hayford, O. Successfully allocating risk and negotiating a PPP Contract. Proceedings of 6th Annual National Public Private Partnerships Summit: Which Way Now for Australia's PPP Market? Rydges Jamison, Sydney, Australia. 2006 (3): 16 – 17.

[25] Holmans A. House prices: changes through time at national and sub – national level [R]. Government Economic Service Working Paper, 1990.

[26] Huang, C. Effective PPP host detection based on network failure models. Computer Networks, 2013. 57 (2): 514 – 525.

[27] James E. Wallace. Financing Affordable Housing in the United States [J]. Housing Policy Debate, 1995, Volume 6, Issue 4: 785 – 814.

[28] Jin, X H. Determinants of efficient risk allocation in privately financed public infrastructure projects in Australia [J]. ASCE Journal of Construction Engineering and Management. 2010, 136 (2), 138 – 150.

[29] Jin X H, Zhang G. Modelling optimal risk allocation in PPP projects using artificial neural networks [J]. International journal of project management, 2011, 29 (5): 591 – 603.

[30] John E S, Isr W. Alternate financing strategies for Build Operate Transfer projects [J]. Journal of Construction Engineering and Management, 2003, 129 (2): 205 – 213.

[31] Kang, C., C. Feng, H. A. Khan, Risk assessment for build – operate – transfer projects: a dynamic multi – objective programming approach. Computers \ & operations research, 2005. 32 (6): 1633 – 1654.

[32] Kang C, C Feng, Risk measurement and risk identification for PPP projects: A multi – attribute utility approach [J]. Mathematical and Computer Modelling, 2009. 49 (9 – 10): 1802 – 1815.

[33] Karley N K, Whitehead C. The mortgage – backed securities market in the UK: Developments over the last few years [J]. Housing Finance International, 2002, 17 (2): 31 – 36.

[34] Khanzadi M, F Nasirzadeh and M. Alipour, Integrating system dynamics and fuzzy logic modeling to determine concession period in PPP pro-

jects. Automation in Construction, 2012 (22): p. 368-376.

[35] Kumaraswamy, M M and D. A. Morris, Build-operate-transfer-type procurement in Asian megaprojects [J]. Journal of construction Engineering and Management, 2002. 128 (2): p. 93--102.

[36] Malpezzi S, Vandell K. Does the low-income housing tax credit increase the supply of housing? [J]. Journal of Housing Economics, 2002, 11 (4): 360-380.

[37] Medda, F. A game theory approach for the allocation of risks in transport public private partnerships. International Journal of Project Management. 2007, 25 (3): 213-218.

[38] Menchhoff G, Zegras C Experiences and issues in urban transport infrastructure concessions [R]. The World Bank Group, TWU-38, 1999: 1-49

[39] Min C L. Contract design of private infrastruc-ture concessions [D]. University of California, Berkeley, 2000: 114-126.

[40] Morin, R. A. Regulatory Finance: Utilities' Cost of Capital, Public Utilities Reports, Inc. 1994.

[41] Nasirzadeh F, Khanzadi M, Alipour M. Determination of Concession Period in Build-Operate-Transfer Projects Using Fuzzy Logic [J]. Iranian Journal of Management Studies, 2014, 7 (2): 423-442.

[42] Ng A, Loosemore, M. Risk allocation in the private provision of public infrastructure [J]. International Journal of Project Management 2007, 25 (1), 66-76.

[43] Nisang ul C. Private participation in infr astruc-ture: a risk analysis of long term contr acts in pow er sector [D]. George Mason University, 2002: 1-5.

[44] Niu, B. and J. Zhang, Price, capacity and concession period decisions of Pareto-efficient PPP contracts with demand uncertainty [J]. Transportation Research Part E: Logistics and Transportation Review, 2013 (53): 1-14.

[45] O'Regan K M, Horn K M. What Can We Learn About the Low-Income Housing Tax Credit Program by Looking at the Tenants? [J]. Housing Policy Debate, 2013: 1-17.

[46] Orlebeke C J. The Evolution of Low-Income Housing Policy, 1949 to

1999 [J]. Housing Policy Debate, 2000, 11 (2): 489-520.

[47] Pietroforte R, Miller J B. Procurement methods for US infrastructure: historical perspectives and recent trends [J]. Building Research and information, 2002, 30 (6): 425-434

[48] Ping Ho S. Bid compensation decision model for projects with costly bid preparation [J]. Journal of construction engineering and management, 2005, 131 (2): 151-159.

[49] Priankans, Malik. Transportation Infrastructure Financing: Evaluation of Alternatives [J]. Journal o f Infrastructure Systems, 1997 (3): 111-118.

[50] Revolution in Infrastructure Provision and Project Finance. Edward Elgar Publishing Inc. 2004.

[51] Razin E, Hazan A. Municipal – private partnerships in Israel: from local development to budgetary bypass [J]. Geography of Governance: Dynamics for Local Development, 2013: 77.

[52] Rice D, Sard B. Decade of neglect has weakened federal low-income housing programs [J]. Washington, DC: Center on Budget and Policy Priorities. Retrieved March, 2009 (8): 2011.

[53] Roberto G. Quercia, George C. Galster. The Challenges Facing Public Housing Sinai T, Waldfogel J. Do low-income housing subsidies increase the occupied housing stock? [J]. Journal of Public Economics, 2005, 89 (11): 2137-2164.

[54] Shaw L N, Kenneth GM, Thompson L S Concessions in transport [R]. The World Bank Group, 1WU-27, 1996: 1-127.

[55] Shen L Y, Bao H J, Wu Y Z, et al. Using bargaining – game theory for negotiating concession period for PPP – type contract [J]. Journal of construction engineering and management, 2007, 133 (5): 385-392.

[56] Smith N, H Zhang and Y. Zhu, The Huaibei power plant and its implications for the Chinese PPP market [J]. International Journal of Project Management, 2004, 22 (5): 407-413.

[57] Smit S, Musango J K. Kovacic Zetal. Conceptualising Slum in an Urban African Context [J]. Cities, 2017 (62): 107-119.

[58] Stegman M A. The excessive costs of creative finance: Growing inefficiencies in the production of low-income housing [J]. Housing Policy Debate, 1991, 2 (2): 357-373.

[59] Tam C M. Build – Operate – Transfer model for infrastructure developments in Asia: reasons for successes and failures [J]. International Journal of Project Management, 1999, 17 (6): 377 – 382.

[60] Tareghian H R, Taheri H. An application of randomized minimum cut to the project time/cost tradeoff problem [J]. Applied mathematics and computation, 2006, 173 (2): 1200 – 1207.

[61] Thomas A V, Kalidindi SN, Ananthanarayanan K. Risk perception analysis of PPP road project participants in India [J]. Construction Management and Economics. 2003, 21 (4), 393 – 407.

[62] Tiong R L K. PPP projects: risks and securities [J]. Construction Management and Economics, 1990, 8 (3): 315 – 328.

[63] Toulabi H M. Identify Criteria Success for PPP Projects in IRAN [J]. Advances in Environmental Biology, 2013, 7 (8): 2037 – 2040.

[64] Tyabji A, Ching L K. The financing of public housing in Singapore [J]. Southeast Asian Journal of Social Science, 1989, 17 (1): 21 – 43.

[65] Wang S Q, Tiong R L K. Case study of government initiatives for PRCs PPP power plant project [J]. International Journal of Project Management, 2000, 18 (1): 69 – 78.

[66] Wibowo A, Kochendoerfer B. Selecting PPP/PPP infrastructure projects for government guarantee portfolio under conditions of budget and risk in the Indonesian context [J]. Journal of Construction Engineering and Management, 2010, 137 (7): 512 – 522.

[67] Woodward D G. Use of sensitivity analysis in build – own – operate – transfer project evaluation [J]. International Journal of Project Management, 1995. (4): 239 – 246.

[68] Xenidis Y, D Angelides. The financial risks in build – operate – transfer projects [J]. Construction Management and Economics, 2005. 23 (4): 431 – 441.

[69] Xu J, Moon S. Stochastic Revenue and Cost Model for Determining a PPP Concession Period under Multiple Project Constraints [J]. Journal of Management in Engineering, 2013, 30 (3).

[70] Yeo K T, Tiong R L K. Positive management of differences for risk reduction in PPP projects [J]. International Journal of Project Management, 2000, 18 (4): 257 – 265.

[71] Ye S D, Robert L K T NPV-at-risk method in infrastructure project investment evaluation [J]. Journal of Construction Engineering and Management, 2000, 126 (3): 227-233.

[72] Ye S D, Tiong R L K. The effect o f concession period design on completion risk management o f PPP project [J]. Construction Management and Economics. 2003, 21 (5): 471-482.

[73] Yu C, Lam K, Yung P. Factors That Influence the Concession Period Length for Tunnel Projects under PPP Contracts [J]. Journal of Management in Engineering, 2013, 30 (1): 108-121.

[74] Zayed, T. M. and L. Chang, Prototype model for build-operate-transfer risk assessment. Journal of Management in Engineering, 2002. 18 (1): 7-1

[75] Zhang X, Kumaraswamy M M. Hong Kong experience in managing PPP projects [J]. Journal of Construction Engineering and Management, 2001, 127 (2): 154-162.

[76] 巴曙松,张旭,王淼. 廉租房建设融资现状和创新趋势 [J]. 国际融资, 2006 (9): 40-45.

[77] 北京市金融学会课题组,等. 我国保障性住房金融支持体系创新研究 [J]. 北京金融评论, 2013 (1): 19-27.

[78] 鲍海君, 土地开发整理的 PPP 项目融资研究 [D]. 杭州: 浙江大学, 2005.

[79] 程鸿群, 袁宁, 杨洁. 我国住房保障投入合理值测算与地区差异研究 [J]. 统计与决策, 2018, 34 (4): 53-57.

[80] 陈伟, 李振英, 马世昌. 采用 PPP 模式建设公租房是否可行——基于效用理论视角的比较研究 [J]. 财经理论与实践, 2018, 39 (2): 59-64.

[81] 陈建华, 马士华. 基于工期协调的项目公司与承包商收益激励模型 [J]. 中国管理科学, 2007, 15 (3): 114-122.

[82] 陈杰, 朱旭丰. 住房负担能力测度方法研究综述 [J]. 城市问题, 2010 (2): 91.

[83] 陈伦盛. 保障性住房建设中的 REITs 融资研究 [J]. 经济论坛, 2011 (8): 109-111.

[84] 陈伟, 陆婉灵. 我国保障性住房融资效率研究——基于 30 省市面板数据 [J]. 统计与管理, 2018 (5): 13-16.

[85] 戴友英. 公积金贷款支持保障房建设"新政"探源［J］. 地方财政研究，2011（2）：28－31.

[86] 董再平. 中国 PPP 模式的内涵、实践和问题分析［J］. 理论月刊，2017（5）：41－43.

[87] 杜传忠. 政府规制俘获理论的最新发展［J］. 经济学动态，2006（11）：72－76.

[88] 冯柳江，罗知颂，等. 来宾方式——PPP 投资方式在中国的实践［M］. 南宁：广西人民出版社，1999.

[89] 冯宗容. 房改攻坚：住房保障制度的构建［J］. 四川大学学报（哲学社会科学版），2001（3）：47－52.

[90] 高峰. 我国城镇廉租住房融资模式研究［D］. 武汉：武汉理工大学，2007.

[91] 管红兵. 基于效用理论在公租房 PPP 建设项目中的公私双方风险分担研究［J］. 攀枝花学院学报，2019，36（02）：9－13.

[92] 桂玉. 公用事业民营化与政府规制研究［D］. 杭州：郑州大学，2006.

[93] 贾康. 保障房巨额资金由谁买单——PPP 机制：保障房融资新尝试［J］. 紫光阁，2012（8）：21.

[94] 贾康，孙洁. 公私伙伴关系（PPP）的概念、起源、特征与功能［J］. 财政研究. 2009（10）：2－10.

[95] 柯永建，王守清，陈炳泉. 私营资本参与基础设施 PPP 项目的政府激励措施［J］. 清华大学学报（自然科学版），2009（49）：1480－1483.

[96] 李进涛，孙峻，李红波. 城市居民住房承受能力测度研究［J］. 技术经济与管理研究，2011（3）：74－77.

[97] 李静静，杜静. 保障性住房融资中运用 REITs 的探讨［J］. 工程管理学报，2011（1）：75－79.

[98] 马达敏. 我国保障房资金供给研究［J］. 经济体制改革，2015（1）：169－173.

[99] 李万庆，王文鹏，李文华，等. 基于遗传算法的网络计划工期——费用优化［J］. 建筑技术开发，2002，29（4）：51－53.

[100] 李香花，王孟钧，张彦春. 模糊多维偏好群决策的 PPP 项目风险管理研究［J］. 科技进步与对策，2011，28（13）：85－89.

[101] 林积昌. 对保障性住房价格机制及其监管的思考［J］. 价格理论与

实践，2010（9）：29 - 30.
[102] 刘亚昆. 基于帕累托最优的大中型工程项目群进度激励博弈分析［J］. 项目管理技术，2013（7）：9.
[103] 刘锦，郑晓亚，骆铁. 保障性住房建设的融资路径研究——历史沿革、资金困局与国际经验［J］. 吉林金融研究，2015（3）：20 - 25.
[104] 楼望赟. 保障性安居工程 PPP 模式的可行性研究——从社会资本的角度［J］. 经营与管理，2016（8）：134 - 137.
[105] 卢现祥、朱巧玲. 新制度经济学［M］. 北京：北京大学出版社，2012.
[106] 黄卫根，马世昌. PPP 机遇下的建筑央企转型动力与转型路径分析［J］. 企业改革与管理，2018（3）：189 - 190.
[107] 黄卫根，马世昌. 规范发展形势下基础设施建设 PPP 项目融资渠道研究［J］. 中国财政，2018（21）：46 - 47.
[108] 陆婉灵，我国住房保障资金的可持续投入问题研究［D］. 北京：北京邮电大学，2018.
[109] 彭莉. 中国保障房建设融资模式探索［J］. 合作经济与科技，2016（17）：56 - 57.
[110] 祁宁，汪定伟. 允许不完全拍卖的多轮逆向组合拍卖机制［J］. 管理科学学报. 2013（3）：61 - 67.
[111] 亓霞，柯永建，王守清. 基于案例的中国 PPP 项目的主要风险因素分析［J］. 中国软科学，2009（5）：12 - 20.
[112] 施建刚，李俊明. 数字地价模型建立过程中的插值方法研究——以上海内环线地区为例［J］. 土木工程学报，2007，40（1）：91 - 93.
[113] 沈玮. PPP 中政府保证的相关法律问题［J］. 现代法学，2001（2）：18.
[114] 盛和太，臧崇晓，王守清. 基于 PPP 模式的公租房定价机制研究［J］. 工程管理学报，2013（27）：64 - 68.
[115] 宋金波，宋丹荣，孙岩. 垃圾焚烧发电 PPP 项目的关键风险：多案例研究［J］. 管理评论，2012，24（9）：40 - 48.
[116] 孙洁. 城市基础设施的公私合作管理模式研究［M］. 北京：中国人事出版社，2007.
[117] 孙淑云，戴大双，杨卫华. 高速公路项目特许定价中的风险分担研

究 [J]. 科技管理研究, 2006, 26 (10): 154-157.
[118] 谭志加, 杨海, 陈琼. 收费公路项目 Pareto 有效 PPP 合同与政府补贴 [J]. 管理科学学报, 2013, 16 (3): 10-20.
[119] 王东波, 宋金波, 戴大双, 等. 弹性需求下交通 PPP 项目特许期决策 [J]. 管理工程学报, 2011, 25 (3): 116-122.
[120] 王家远, 申立银, 郝晓冬. 公共建设项目工期延误风险研究 [J]. 深圳大学学报 (理工版), 2006, 23 (4): 303-308.
[121] 王俊豪, 周小梅. 中国自然垄断产业民营化改革与政府管制政策 [M]. 北京: 经济管理出版社, 2004.
[122] 王守清. 项目融资的一种方式——PPP [J]. 项目管理技术, 2003 (5): 46-48.
[123] 王松涛, 杨赞, 刘洪玉. 我国区域市场城市房价互动关系的实证研究 [J]. 财经问题研究, 2008 (6): 122-128.
[124] 王学军, 胡小武. 论规制失灵及政府规制能力的提升 [J]. 公共管理学报, 2005, 2 (2): 46-54.
[125] 汪嘉旻, 孙永广, 吴宗鑫. 收益激励的优化与最优工期的选择 [J]. 系统工程, 2000, 18 (3): 5-10.
[126] 汪应洛, 杨耀红. 多合同的激励优化与最优工期确定 [J]. 预测, 2005, 24 (2): 60-63.
[127] 吴孝灵, 周晶, 王冀宁, 等. 基于 CAPM 的 PPP 项目"有限追索权"融资决策模型 [J]. 管理工程学报, 2012, 26 (2): 175-183.
[128] 吴荫强. 基于住房公积金与 PPP 的廉租房融资模式研究 [D]. 西安: 西安建筑科技大学, 2009.
[129] 夏刚, 任宏, 杨莉琼. 城市不同收入家庭住房支付能力研究 [J]. 建筑经济, 2008 (8): 51-54.
[130] 夏岩松. 住房公积金贷款支持保障性住房建设的思考 [J]. 中国房地产业, 2011 (3): 11.
[131] 肖条军, 盛昭瀚, 周晶. 交通 PPP 项目投资的对策分析 [J]. 经济数学, 2002, 19 (4).
[132] 谢恒, 周雯珺. 国外保障性住房建设融资方式借鉴 [J]. 宏观经济管理, 2012 (5): 87-89.
[133] 杨宏伟, 何建敏, 周晶. 在 PPP 模式下收费道路定价和投资的博弈决策模型 [J]. 中国管理科学, 2003, 11 (2): 30-33.
[134] 杨宏伟, 周晶, 何建敏. 基于博弈论的交通 PPP 项目特许权期的决

策模型［J］. 管理工程学报, 2003, 17（3）: 93 - 95.

［135］ 杨卫华. 基于风险分担的高速公路 PPP 项目特许定价研究［D］. 大连: 大连理工大学, 2007.

［136］ 杨卫华, 戴大双, 韩明杰. 污水处理 PPP 项目特许定价的关键风险实证研究［J］. 大连理工大学学报（社会科学版）, 2006, 26（6）: 14 - 18.

［137］ 杨耀红, 汪应洛, 王能民. 工程项目工期成本质量模糊均衡优化研究［J］. 系统工程理论与实践, 2006, 26（7）: 112 - 117.

［138］ 杨屹, 郭明靓, 扈文秀, 基于期权博弈的基础设施 PPP 项目二阶段特许权期决策模型. 中国软科学, 2007（6）: 81 - 85.

［139］ 杨赞, 易成栋, 张慧. 基于"剩余收入法"的北京市居民住房可支付能力分析［J］. 城市发展研究. 2010, 17（10）: 36 - 40.

［140］ 姚亮, 周晶, PPP 项目风险及来源分析. 东南大学学报（哲学社会科学版）, 2002（S2）: 9 - 12.

［141］ 叶苏东. 公共基础设施项目的混合开发模式研究［J］. 公共管理学报, 2008, 5（2）: 66 - 72.

［142］ 袁平. 论住房公积金贷款支持保障性住房建设风险防范［J］. 中国房地产金融, 2012（4）: 3 - 5.

［143］ 张国兴, 郭菊娥与龚利, 基础设施 PPP 项目特许权期的决策模型. 统计与决策, 2007（12）: 57 - 58.

［144］ 张万志. 保障性住房建设资金面临的问题及对策分析［J］. 科技经济导刊 2018, 26（17）: 183 - 184.

［145］ 张维迎, 博弈沦与信息经济学［M］. 上海: 上海人民出版社, 2003.

［146］ 张彦春, 丁传明, 李香花. 保障性住房 REITs 发展路径研究［J］. 中南大学学报（社会科学版）, 2012（2）: 117 - 120.

［147］ 赵国富, 王守清. 城市基础设施 POT/ PPP 项目社会评价方法研究［J］. 建筑经济, 2006（12）: 113 - 116.

［148］ 赵进东, 何凌, 杨士海. 基于我国保障性住房并轨后的融资模式研究［J］. 城市发展研究, 2016, 23（2）: 22 - 24.

［149］ 赵冬竹. 我国保障性住房可持续金融创新模式研究［J］. 中国市场, 2014（46）: 104 - 107.

［150］ 赵立力, 游琦. 高速公路 PPP 项目调节基金决策机制研究［J］. 管理工程学报, 2013（3）: 81 - 86.

[151] 赵美英,徐邓耀.PPP投资方式及对我国古城旅游开发模式创新的启示[J].生态经济,2005(2):90-93

[152] 赵瑞安,吴方.非线性最优化理论和方法[M].杭州:浙江科学技术出版社,1992:1-40.

[153] 郑彦璐,邓小鹏,李启明.保障性住房PPP模式的风险分配理论分析[J].东南大学学报(哲学社会科学版),2010(1):22-25.

[154] 周晶,黄园高.具有弹性需求收费道路的定价策略分析[J].系统工程学报,2005,20(1):19-23.